조선시대
양반과
선비

삶
그
리
고
이
상

조선시대 양반과 선비

❶

삶 그리고 이상

정진영 지음

산처럼

이 책을
부모님과 형제자매, 가족,
가르쳐주신 선생님
그리고 격려와 용기와 영감을 주었던 모든 분께
감사의 마음을 담아 바칩니다.

책머리에 붙여

정년을 앞두고 한 학술발표회장에서 농담 반, 진담 반으로 퇴직하면 절필하겠다고 말했다. 안 하면 그만이지 굳이 공개적으로 절필 선언까지야 할 것이 있겠느냐고 할지 모른다. 사실은 남에게 한 말이 아니라 필자 자신에게 한 말이었다. 선배 교수들이 퇴직 후에도 왕성한 학문 활동으로 후배들의 귀감이 되기도 했지만, 더러는 학문적 신비주의에 빠지거나 나이를 권위 삼아 새롭지도 않은 이야기나 자기주장을 반복해 되뇌는 것이 민망했기 때문이다.

살면서 무수한 약속을 지키지도 못 했고, 해야 할 일이나 역할도 제대로 못 했지만 절필 약속만은 잘 지킬 수 있으리라 자신했다. 그러나 마음 한구석에는 그간의 연구를 마무리하지 못한 아쉬움이 잠시 비치는 붉은 저녁놀처럼 가끔씩 나를 충동질해댔다. 아, 저렇게 찬연히 마지막까지 불태울 수 있다면!

그뿐이 아니었다. 그냥 지내면 편할 줄 알았다. 그런데 가끔씩은 이래도 되는 건지 스스로에게 반문해야만 했다. 연구자로서, 그것도 역사 연구자로서 세상에 대한 최소한의 책무나마 다한 건지 자문해 보지 않을 수 없었다. 마음이 편치 않았다.

용기를 내기로 했다. 그러나 그간의 연구 주제를 다시 마무리하기에는 너무 늦은 듯했다. 남은 문제는 또 다른 연구자의 몫으로 남겨 두고 그간 관심을 가져왔던 주제를 정리해 보다 많은 사람과 소통해 보기로 했다. 이 역시 늘 꿈꿔왔던 일이었으니 마음의 빚 하나쯤은 덜 수 있겠다는 생각에서였다.

주제는 '양반과 선비'였다. 조선시대 연구자로서 양반과 선비는 피할 수 없는 주제다. 어떤 이들은 지배층 중심의 역사관을 가진 것은 아닌지 의심하기도 한다. 연구자들 역시 자신의 주제에 애정을 가지게 마련이니 간혹 그것으로만 세상을 보려는 어리석음을 범하기도 한다. 필자 또한 이를 전적으로 부정하기 어려울지 모른다.

필자는 역사 연구를 19세기 민중운동으로부터 시작했다. 그러나 그것은 곧 한계에 부딪히고 말았다. 공부가 미진했으니 당연한 것이긴 했지만, 더 구체적으로는 민중의 삶과 그들의 꿈을 이해하지도, 민중에 대한 지배와 억압의 구조를 제대로 파악하지도 못했기 때문이다.

한때 민중에 대한 막연한 환상과 상상은 우리를 들뜨게 했다. 세상을 바꿀 수 있을 것만 같았다. 그러나 그것은 결코 우리 현실에 보탬이 되지 못했다. 도리어 실망과 좌절감만 더 보태는 결과를 가져오고 말았다. 그것은 마치 있지도 않은 또 실현할 수도 없는 절대화되고 이상화된 '선비정신'을 현실인 양 마구 읊어대는 것과 조금도 다름이 없다. 양반과 민중은 우리 역사를 구성하는 동전의 앞뒷면이다. 어느 하나를 배제할 수도, 소외해서도 안 된다. 이런 생각은 이 책에서도 여전히 유효하다.

처음에는 몇 편의 글로 조그만 책 한 권 펴내려는 계획이었다. 그러나 이런저런 생각에 밤잠을 설치는 동안 어느덧 그것이 두툼한 분량으로 바뀌었고, 마침내는 예상치도 못한 두 권이 되고 말았다. 마무리된 글은 그 자체로 생명력을 가진 주체인 양 필자를 유혹했다. 과감하게 덜어내거나 버리지 못했다. 목동이 우물에 비친 제 모습에 스스로 도취했듯이 필자도 그랬다. 목동은 고운 수선화로 피어났지만, 필자는 이름 모를 들꽃이나마 피울 수 있을지 이제야 걱정이 된다.

이 책, 『조선시대 양반과 선비: 삶 그리고 이상』은 제목 그대로 조선시대 양반과 선비의 삶과 이상을 펼쳐낸 것이다. 양반과 선비는 구태의연한 주제일 수도 있다. 특히 젊은 세대는 너무 고리타분하고 까마득한 옛 봉건제의 유물로만 치부하여 아예 관심조차 두려 하지 않을지도 모른다. 그러나 조선시대를 이해하기 위해서는 피해갈 수 없는 문제다. 그렇다고 박제된, 아니면 공허한 제도나 사상을 나열하고자 한 것은 아니다. 어느 때 없이 진지하고 치열할 수밖에 없는 삶으로 접근하고자 한다. 삶은 계속될 수밖에 없다. 그리고 삶을 이해할 수 있다면 우리는 역사 앞에 좀 더 겸손해지게 될 것이다. 역사에 대한 무관심은 역사와의 단절을 의미한다. 이것은 결국 자신에 대한 부정과 자기 비하로 귀결되기 마련이다. 역사는 계승과 함께 극복되어야 한다. 이 책이 이에 조금이라도 부응할 수 있길 기대한다.

어떤 이들은 또 이렇게도 이야기한다. 지나간 과거, 사라진 양반과 선비가 오늘날과 같은 이런 세상에 무슨 도움이 되느냐고. 그렇다. 과거는 멀리 지나가버렸고, 양반과 선비도 저만치 사라지고 없다. 그러나 역사의 과거는 늘 살아 있다. 그것으로 언제나 오늘의 우리를, 우리 사는 세상을 비춰볼 수 있다. 오늘이 궁금하다면 말이다. 죽어버린 양반과 선비를 위해 헌사獻辭를 쓸 생각은 없다.

한동안 생활사라는 이름의 책이 많이 출간되었고, 이를 통해 대중의 역사에 대한 관심도 크게 높아졌다. 그러나 그 주제들은 개별적이었고, 또 그 대상은 하층의 노비로부터 왕실에 이르기까지 다양했다. 따라서 이를 통해 개별적인 삶을 이해하거나 살필 수는 있었지만, 조선시대 역사상을 그리거나 역사의 큰 흐름 속에서 그들의 삶이 가지는 의미를 되새겨보기에는 한계가 있었다.

조선시대는 양반의 사회였고, 선비의 시대였다. 양반과 선비는 국정을 주도하고 세상을 이끌어갔다. 법과 제도를 만들고, 그들 아래의 신분층을 지배했다. 그리고 이들 또한 일상생활을 꾸려가야 했다. 이런 양반과 선비의 삶은 결국 사회 전반에 두루 걸쳐진다. 따라서 이들 삶을 통해 역사에서 무엇보다 중요한 구체성과 실증성의 확보는 물론 파편화된 일상이 아니라 조선시대 전체사의 구조와 변화를 조망할 수 있게 될 것이다.

양반과 선비는 유학을 그들의 학문적·정치적 이념으로 삼았다. 이들은 지식인으로서 그리고 치자治者로서 유학적 이상理想을 실현하기 위해 부단히 노력했다. 그것은 국정 운영에서뿐만 아니라 향촌 사회나 가정생활에서도 그러했다. 따라서 이런 양반과 선비의 삶을 맹목적인 일상의 행위로서만 서술할 수는 없다. 아니 그들의 이상을 헤아리지 못한다면, 그들의 삶 또한 알맹이 없는 껍데기에 불과하게 된다. 유학적 이상이 오늘날 우리에게 의미 없다 하더라도, 우리가 이를 무시할 권리를 가진 것은 아니다. 유자儒者에게 삶과 이상은 분리될 수 없다. 이 책에서 삶과 함께 이상을 주목한 이유는 바로 여기에 있다.

역사란 과거를 위해 존재하는 학문이 아니다. 역사가 오늘날의 삶에 의미를 주지 않고 우리가 우리의 현실을 역사에 비추어보지 않는다면, 그것은 아무도 없는 장례식장에서 추도사를 읽는 것이나 다름없다. 따라서 이 책에는 필자의 삶과 생각이 은연중에 혹은 드러나게 투영되어 있다. 혹시나 읽는 이들이 그냥 지나칠까 조바심이 난 탓이다. 이를 통해 독자 또한 나름의 '역사 읽기'를 할 수 있길 기대한다.

이 책은 8부 40장으로 구성되어 있다. 8부로 구분한 것은 그냥 편의적일 뿐이다. 따라서 부와 장이 잘 조화되지 못한 부분도 있다. 엄밀한 학술 논문이 아니니 그런대로 봐줄 만할 것이다. 40장의 주제는 공부하는 과정에서 관심을 가졌던 문제들이다. 더러는 개별 논문으로도 발표되었다. 그렇다고 논문을 그대로 옮겨놓은 것은 아니다. 일반 독자의 눈높이에 맞추고자 했지만, 그건 너무 어려운 일이었다. 공부를 한다고 했지만, 제대로 되새김하지 못한 탓이다.

헤아려보니 역사에 입문한 지 반세기가 되었다. 짧지 않은 시간인 듯하다. 그동안 관심을 가졌던 이런저런 문제를 '양반과 선비'라는 이름으로 이 책에 담았지만, 많은 부분은 선배나 동료 또는 후배의 학문적 성과로부터 얻어온 것이다. 그러면서도 책의 성격상 그 성과 하나하나를 드러내지 못했다. 대신에 장마다 그리고 마지막에 필자의 연구 목록을 정리해놓았다. 연구자라면 한 번쯤 자신을 정리해봐야 한다는 생각에서였다. 혹 필요하다면, 번거롭긴 하지만 들추어본다면 열거하지 못한 그 소중한 성과를 확인할 수 있을 것이다.

필자가 빚진 것은 이뿐만이 아니다. 더 크게는 우리 시대를 온몸으로 살아온 많은 이들의 희생이다. 어디 그뿐이랴. 그저 묵묵히 자신의 삶을 살아온 우리 아버지, 어머니 또한 그러하다. 이 책은 이런 희생과 삶에도 크게 빚지고 있다. 그 빚을 조금이라도 감당하기에 필자의 능력은 턱없이 부족했고, 삶은 너무 미미했다. 어쩔 수 없는 일이다. 다만 그 숭고한 삶을 크게 왜곡하지나 않았기를 바랄 뿐이다.

이 책으로 어느 것 하나 제대로 하지도, 이루지도 못한 한 연구자의 학문적 또는 세상에 대한 빚을 조금이라도 덜고자 한다. 감히 표현하자면, 꿩 대신 닭인 셈이다. 그런데 닭이 필자의 빚을 대신 변명해주기에는 세상이 너무 많이 앞서가고 있다. 시계가 너무 흔한 세상이라 닭이 외치는 새벽을 아무도 귀 기울여주지 않는다. 도리어 소음에 불과하다. 그래서 차라리 노랗고 예쁜 병아리이길 바랄 뿐이다. 다만, 병아리에게도 보잘것없지만 그 나름의 삶이 있음을 명심해주길 바란다. 이제 병아리를 키울지 말지는 독자 여러분의 몫이다. 키운다면 삶이 더 풍성해질지 모른다.

이 책은 한 역사 연구자의 70여 년 삶을 버무린 것이다. 감히 학문

적 자서전이라 부르고 싶다. 그래서 희망한다. '역사'로 썼지만 보잘
것없더라도 필자의 '삶'과 '이상'으로 읽어주길 바란다.

2024년 1월 10일
원림院林 우거寓居에서
'역사텃밭' 텃밭지기 정진영

제2부

학문과 과거

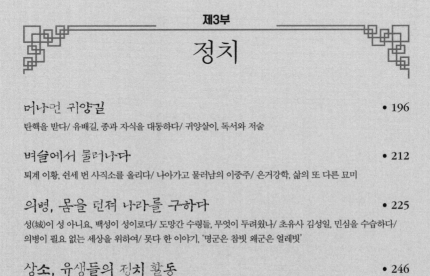

제3부

정치

제4부

시대와 인물

차 례

조선시대 양반과 선비 2

책머리에 붙여

신분

양반은 누구이고, 선비란 무엇인가

양반, 뜻도 많고 이름도 많다

'양반兩班'을 정의하기란 참으로 어렵다. 그만큼 애매하기 때문이다. 그것은 첫째, 양반이라는 말이 법제적으로 규정되지 못하고 사회적·관습적 의미로 사용되어왔기 때문이고, 둘째, 오랜 세월 동안 그 의미가 조금씩 바뀌거나 확대되어갔기 때문이다. 양반이라는 말이 얼마나 폭넓게, 또 다양하게 쓰였는지를 살펴보자.

① "우리는 양반의 후손이다. 긍지를 가져야 한다."
② "그 사람 참 양반이네."
③ "우리 집 바깥양반, 서울에 갔어."
④ "야, 이 양반아, 눈깔도 없어?!"

①은 조선시대 지배 신분층이란 의미로, 우리가 흔히 쓰는 '상놈常漢'의 상대어다. 따라서 평민이나 천민이 아니라는 뜻이다. 역사책에 나오는 양반이란 바로 이 같은 의미로 사용된다. 이 책에서도 특별한 언급이 없다면 그렇다.

②는 신분적·계급적 의미가 아니라 양반처럼 행동거지가 반듯하다는 말이다. 반대로 예의염치를 모르는 막되어먹은 사람은 '상놈'으로 취급됐다.

③은 아내가 제삼자에게 자기 남편을 지칭하는 말이다. 남편이 양반이니 아내인 자신도 당연히 양반인 셈이다. 은연중에 "우리는 양반이다" 하고 외치고 싶은 건지도 모른다. 조선시대에 양반이 아닌 사람에게 양반이란 너무나 절실한, 그러면서도 두려운 이름이었다.

④는 시장판이나 길거리에서 서로 눈을 부라리고 삿대질하면서 하는 말이다. 여기에는 양반에 대한 경멸과 적대감이 강하게 배어 있다. 양반이 사회적·도덕적 책임을 다하지 못하면서 그 권위만을 앞세우는 것에 대해, 혹은 양반도 아닌 주제에 양반 행세를 하고자 하는 장돌뱅이 가짜 양반에게 퍼붓는 저주다.

이뿐 아니다. 양반의 어원을 들먹이고, 그 동의어로 '선비'니 '사대부士大夫'니 혹은 '사족·사림·사림파·유자·유생·학생·처사·유학' 등을 거론하면 더욱더 복잡해진다. 그렇다고 피할 수 있는 문제도 아니다. 이 책에서도 이런 말이 아주 흔하게 쓰이기 때문이다. 그러나 모르면 복잡해 보이지만, 알면 간단해진다.

양반이란 우리가 알고 있듯이 조선시대의 지배 신분층을 말하지만, 그것은 원래 고려시대 문반과 무반 혹은 동반과 서반을 지칭하던 것에서 유래했다. 말하자면 그냥 문반·무반, 동반·서반 두 개의 반을 의미하다가 점차 그에 소속된 사람과 그 후손 그리고 그에 오를 수 있는 사람과 그 후손·인척 등으로 의미가 확대되어갔다. 따라서 양반과 비양반의 경계나 사회적 지위·특권도 조선 초까지만 하더라도 상당히 애매했다. 양반이라는 실체와 지위·특권 등이 구체화되고 확립된 것은 16세기에 들어오면서였다.

양반의 동의어는 앞에서 제시한 것과 같이 다양하다. 선비니 사대부니 하는 말이 흔하게 쓰였다. 사대부는 가끔 '양반 사대부'라고도 했다. 이러한 말은 그 유래가 양반과는 다른 것에서 왔거나 그 역할이나 직업職業·직역職役 등과 관련하여 쓰이는 것이다. 가령 양반이 글 읽는 사람이란 뜻에서 선비가, 선비의 집단인 사림士林, 사림이 정치적 세력이 되어 훈구파勳舊派와 대립하자 사림파士林派가, 유학儒學을 공부하는 사람이라는 의미에서 유자儒者·유생儒生이, 유자·유생의 집단을 일컫는 유림儒林 또 국가의 공문서에 일반적인 양반의 신분 표기로 쓰이는 학생學生·유학幼學 등이 그것이다. 양반의 의미는 이런 다양한 동의어를 검토하는 과정에서 그리고 다른 신분층과의 비교를 통해 더욱 분명해질 것이다.

양반은 뭐고, 선비란 무엇인가

'양반'은 '선비'와도 흔히 통용된다. 선비란 사士 혹은 유자 등을 일컫는 우리말이다. 양반과 선비는 이렇듯 통용되지만, 관련성은 없다. 그것은 말의 유래가 서로 다르기 때문이다. 양반이 고려시대의 문반·무반을 지칭하는 것에서 유래했다는 것은 이미 언급했다. 사(선비)란 중국의 선진 유학, 즉 공자·맹자로부터 시작된다. 그리고 보다 직접적으로는 중국 송나라의 사대부에서 유래했다.

공자·맹자의 학문을 배우고 또 그것을 실천하는 이들을 사 또는 유자라고 했다. 이것은 농사에 힘쓰는 사람을 농부라 하고, 부처의 말씀에 따르는 사람을 승려라고 하는 것과 마찬가지다. 공자의 말씀을 적었다는 『논어』나 맹자가 지었다는 『맹자』에는 선비士에 대한 많은 용례가 나온다. 그중 선비의 존재를 가장 분명하게 형상화한 것은 『맹자』다.

> 떳떳한 생업이 없으면서도 떳떳한 마음을 가지고 있는 자는 오직 선비만이 가능하다. 백성은 떳떳한 생업이 없으면 인하여 떳떳한 마음이 없어진다. 만일 떳떳한 마음이 없어진다면 방벽放辟하고 사치邪侈함을 하지 않음이 없을 것이다.
>
> ─「양혜왕梁惠王」상

> 천하의 넓은 곳에 거처하며, 천하의 바른 자리에 서며, 천하의 대도大道를 행하여, 뜻을 얻으면 백성과 함께하고, 뜻을 얻지 못하면 홀로 그 도를 행하여, 부귀도 마음을 방탕하게 하지 못하고, 빈천도 지조를 바꾸지 못하게 하며, 위협과 무력도 그 뜻을 꺾지 못하게 하는 것, 이를 일러 대장부大丈夫라 한다.
>
> ─「등문공騰文公」하

노魯나라 목공繆公이 자사子思를 뵙고 말했다. "옛날에 천승千乘의 임금이 선비와 벗했다고 하니 어떠합니까?" 자사가 기뻐하지 않으시며 말했다. "옛사람이 섬긴다고는 했을지언정 어찌 벗한다고 했겠습니까?" 천승의 임금도 (선비와) 더불어 벗하지 못했는데, 하물며 함부로 부를 수 있단 말인가!

—「만장萬章」 하

『맹자』에서 선비는 우선 백성民과 구별된다. 선비는 일정한 수입이 없어도 떳떳한 마음을 가질 수 있는 유일한 사람이다. 그래서 천하의 넓은 곳에 거처하고 바른 자리에 서서 큰 도를 행하다가 뜻을 얻으면 백성에게 혜택이 돌아가게 한다. 또 뜻을 얻지 못하더라도 홀로 도를 행하여 부귀와 무력으로도 그 뜻을 꺾지 못하며, 빈천하더라도 지조를 바꾸지 않는다. 그래서 인정仁政을 행하는 담당자로서 군주와 대등한 위치에 설 수 있는 존재이니 군주라도 함부로 부를 수 없다. 비록 군주라 하더라도 찾아가 배움을 청해야 하는 대상인 것이다. 이런 선비를 특별히 대장부라고도 하고, 성현이라고도 했다.

이러한 선비상은 어디까지나 절대화되고 이상화된 것이다. 공자와 맹자 시대, 곧 춘추전국시대의 선비는 인仁과 의義로 무장한 정치 전문 지식인이었다. 그들은 세습 귀족과 타협하거나 비판하면서 군주를 통해 인의仁義의 정치를 실현하고자 노력했다. 그러나 현실에서는 그리 성공적이지 못했다. 인의가 필요했지만, 당장은 싸워 이기는 것이 더 급하고 중요했기 때문이다. 선비는 세상에 크게 쓰이지 못했다. 그 때문에 그들은 자신들의 가치관과 존재적 의미를 더욱더 이상화해 나갔다. 불우한 시대에 살아남기 위한 고육책이기도 했다.

중국에서 유학이 국가의 정치이념으로 확고하게 자리 잡은 것은 송나라 때였다. 송나라를 흔히들 사대부 사회라고도 한다. 사대부는 사士와 대부大夫의 합성어다. 사란 독서하는 사람이고, 흔히 선비로 일컬어지는 지식인을 말한다. 선비가 과거를 통해 벼슬길에 나아가 관직에 오르면 대부가 된다. 조선시대로 치면 가선대부嘉善大夫·통정대부通政大夫 등이 바로 그것이다.

조선은 송나라의 영향을 가장 크게 받았다. 바로 앞 시대이기 때문도 있지만, 조선의 학문인 성리학 또는 주자학이라고 하는 신유학이 바로 남송의 주자에 의해 완성됐기 때문이다. 이 성리학을 고려 말부터 적극 수용하여 자신들의 학문과 정치 이데올로기로 삼았던 것이 다름 아닌 조선의 사대부였다. 이들은 불교적이고 서울(개성)에 거주하면서 주로 조상의 음덕을 통해 벼슬에 나아갔던 고려의 귀족과 달리 신유학과 과거를 통해 관료로 성장했고 또 지방에 근거지를 둔 지주이기도 했다. 이들 사대부가 바로 조선 양반의 근간이 됐다. 이런 과정을 통해 선비는 양반의 또 다른 이름으로 조선 사회에 자리 잡게 됐다.

조선 사회에서 사(선비)는 개별적 존재가 아니라 혈연 집단의 한 구성원이고, 신분이란 개인적인 것이 아니었으니 사족士族과도 통용됐다. 선비 집단이 점차 형성되면서 이들을 지칭하는 사림이라는 말이 등장하게 됐고, 이들이 성종 때부터 점차 중앙 정계에 진출하여 훈구 세력과 대립하는 정치 세력이 되면서 사림파로 불렸다.

관료가 되는 일반적인 방법은 과거였다. 양반이 참여하는 과거에는 문과·무과가 있고, 또 여기에 대과·소과가 있었다. 문무의 대과에 합격하는 것을 급제及第라 하고, 소과 합격자를 생원·진사라 했다. 공신 또는 고관을 역임한 자의 자손에게는 음직蔭職이 주어지기도 했고, 충순위·충찬위 등을 두어 국가 유공자의 후손을 예우하기도 했다.

그렇다고 모든 양반이 관직이나 품계를 가질 수 있었던 것은 아니다. 이들의 일부는 한성漢城(한양)의 성균관成均館이나 사부학당四部學堂 혹은 지방의 향교鄕校에 적을 두었는데, 이들을 학생 또는 교생校生이라고 했다. 그러나 점차 관직이나 품계가 없는 이들을 통칭해서 유학이라고 했다. 따라서 양반이란 크게는 유학층을 기반으로 하여 전직·현직 관료와 품계를 가진 사람이라고 할 수 있다. 이들은 농업 등의 생산활동에 참여하지 않았고, 대체로 16세기 이후에는 군역軍役의 부담을 지지 않는 특권층으로 존재했다.

선비란 종종 꼿꼿한 지조와 목에 칼이 들어와도 두려워 않는 강인한 기개, 옳은 일을 위해서는 죽음도 불사하는 불요불굴의 정신력, 항상 깨어 있는 청정한 마음가짐으로 특징지어진다. 흔히 말하는 '선비 정신'이란 이런 정신을 상징한 것이다. 앞에서 말한 것처럼 원시유학의 선비상이 춘추전국시대의 혼란한 현실에서 만들어졌듯이, 조선시대의 선비상은 양반의 권위와 존재가 흔들리던 조선 후기에 형상화된 것이다. 연암燕巖 박지원朴趾源(1737~1805)은 「원사原士」에서 선비를 다음과 같이 말했다.

무릇 선비는 아래로는 농민農民·공인工人과 나란히 서며 위로는 왕공王

公과 벗하며, 지위는 등급이 없고, 덕을 평상으로 일삼으니 한 선비가 책을 읽으면 은택이 사해四海에 미치고, 공훈功勳이 만세에 드리워진다.[1]

앞의 맹자가 한 말과 큰 차이가 없다. 연암도 큰 뜻을 가지고 있었지만, 제대로 쓰지도 펼쳐보지도 못했던 것은 맹자나 마찬가지다. 연암과 같이 뜻은 높으나 현실은 고단했던 선비가 한둘이 아니었다. 그냥 이름도 없이 사라져버리기에는 아쉬움이 컸다. 그러나 현실로부터는 더 크게 소외되어갔고, 시련은 그만큼 더 혹독했다. 이제 단순한 선비라는 이름만으로는 이러한 소외와 시련을 극복하기가 어려웠다. 그에 비례하여 선비라는 이름에 더 고상하고 의미심장한 뜻을 담아야만 했다. 그래서 그냥 '사'가 아니라 '처사處士'로 자처하고자 했다. 특히 영남의 선비가 그러했다.

처사란 단순한 선비가 아니다. '세속의 때가 묻지 않은 선비'라는 의미다. 과거를 보지도 관직에 나아가지도 않았고, 나아가려고도 하지 않았다. 오직 학문에만 정진하며 세상과 타협하지 않고 고상하게 살았음을 강조하려 했다. 세속에는 왕의 눈과 귀를 막고 있는 노론 세력이 전제 권력을 휘두르고 있다. 비록 학문은 높아서 세상을 구하고도 남음이 있었지만, 왕도王道가 행해지지 않아서 세상에 나아갈 생각조차 하지 않았다는 것이다. 영남의 선비는 이런 처사로 살았음을 강조했다. 그래서 죽어서도 '처사부군處士府君'이 됐다.

조선 후기의 처사적 선비상은 한편에서는 신분제가 해체되어가는 상황에서, 다른 한편에서는 관직에서 소외됨으로써 향촌에서 궁핍한 생활을 해야 했던 양반의 자존적 자화상이었다. 그러나 그것은 어디까지나 선비만의 자화상일 뿐이었다. 백성에게는 양반이나 선비 모두 별반 다르지 않았다. 안동의 하회별신굿탈놀이 마당에 등장하는 양반과 선비가 그러하다.

양반과 선비는 기생 부네를 서로 차지하기 위해 사대부와 팔대부, 사서삼경四書三經과 팔서육경八書六經을 들먹이면서 지체와 학식 다툼을 벌인다. 그러나 학식과 지체가 백성의 곤궁함을 구제할 수 있는 것은 아니었다. 소불알을 둘러싼 다툼에서는 예의염치도 없다. 하층민은 양반과 선비의 이런 허위의식과 위선을 여지없이 폭로하면서 그저 카타르시스를 느낄 뿐이었다. 세상은 선비의 생각보다 저만치 앞서가고 있었다. 또한 선비 스스로 그들의 세상을 만들어가지도 못했고, 세상 역시 이런 선비에게 기회를 줄 리 만무했다.

상한常漢이라 쓰고, '상놈'으로 읽다

양반과 선비가 누구인지는 그들과 다른 부류와의 관계를 통해 보다 분명히 알 수 있다. 전근대사회는 신분으로 사람과 사람의 관계를 질서화했다.

양반은 조선의 특권층이고 지배 신분층이다. 양반을 정점으로 하여 그 아래에 중인·평민·천민이 있다. 그러나 처음부터 이렇게 나뉘어 있었던 것은 아니다. 조선 초기에는 크게 양인과 천인으로 구분될 뿐이었다. 양인 가운데 벼슬아치를 양반이라 했고, 아직 관직에 나아가지 못한 선비를 사족이라고 했다. 이들은 말하자면 양인 중에서도 상층에 속하며, 점차 경제적·사회적 또는 정치적 특권을 장악해 양반 신분층으로 성장했다. 따라서 양인이지만 이러한 특권을 확보하지 못한 평민과는 차별적으로 존재하게 됐다.

이후 17세기에 이르러 다시 양반과 평민 사이에 고급 전문 직종인 법률·의학·통역 종사자와 중앙과 지방 관청의 행정 실무 담당자를 중심으로 한 중인층이 분화됨으로써 마침내 네 개의 신분이 형성됐다.

초기 양인 내부에는 상당한 개방성이 있었지만, 점차 유교적 의식과 체제가 확립되면서 신분 간의 배타적 체계가 확고해졌다. 이러한 과정을 거치면서 양반은 점차 배타적이면서도 특권적 존재로 고정되어갔다. 이제 양반은 그들 외의 계층을 상민常民·상한常漢으로 상대화해 반상제班常制를 확립해 나갔다. 흔히 말하는 '양반과 상놈'의 관계를 폭넓게 형성하기 시작한 것이다. 상놈이란 상민·상한을 말한다.

신분제 사회인 조선에서 신분을 엄격히 구분하는 것은 아주 중요한 문제였다. 바로 체제를 유지하는 문제와 직결되어 있었기 때문이다. 그래서 이를 구분하기 위해 거의 모든 문서에는 신분이 기재됐다. 호적이니, 호패니 하는 국가의 공적 기록이나 신분 증명에는 물론이고, 개인 간의 사문서에도 반드시 신분을 표기했다. 그렇다고 하여 양반이니 평민이니 하는 식으로 적었던 것은 아니고, 개개인의 직역을 기재하는 방식이었다.

직역이란 직업과는 다소 다른, 양인이 지는 국가에 대한 의무를 말한다. 농민의 경우 직업은 농업이지만, 직역은 주로 보병·수군·정병正兵 등이다. 농민은 국가에 군역을 제공해야 했기 때문이다. 이러한

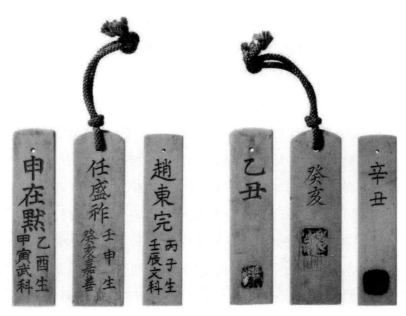

호패의 앞과 뒤 신재묵 등의 호패다. 호패는 조선시대 16세 이상의 남자가 지니고 다녀야 했던 일종의 신분증이다. 신분에 따라 상아나 뿔, 나무 등으로 만들었다. 이름 아래의 을유생(乙酉生)은 출생 연도, 갑인무과(甲寅武科)는 갑인년에 무과에 급제했음을 의미한다. 뒷면의 을축(乙丑)은 발급 연도다. 발행처의 낙인도 찍혀 있다. 국립중앙박물관 소장.

직역이 사실상 신분을 구분하는 근거였다. 그러나 양반을 직역으로만 구분하기에는 어려울 때도 있었다. 가령 관직과 품계를 가졌다 하더라도 실제로는 평민이나 천민일 수 있기 때문이다.

18~19세기 농업이 발달하면서 조선의 신분제는 크게 동요했다. 이에 따라 몰락한 양반도, 경제적 부를 축적한 평민·천민도 생겼다. 몰락 양반이나 잔반殘班은 대체로 양반의 지위를 유지하기 어려웠고, 부의 축적이 가능했던 하층민은 이를 바탕으로 하여 신분의 굴레에서 벗어나고자 끊임없이 노력했다. 하층민의 이러한 노력은 아주 다

양한 방법과 형태로 전개됐다.

평민·천민은 돈을 주고 관직과 품계를 사기도 했다. 임진왜란 이후에는 부족한 국가 재정을 보충하기 위한 방편으로 공명첩空名帖이니 납속첩納粟帖이니 하는 것을 남발해서 상당수의 평민·천민에게 관직과 품계를 주었다. 평민·천민은 나아가 유공자의 후손을 예우하기 위해 두었던 충순위·충의위 등에 투속投屬하기도 했다. 그뿐 아니라 타인의 족보를 사거나 관리와 결탁해 호적에 자신의 직역을 유학幼學으로 함부로 칭하거나冒稱, 아니면 공신·왕실의 후예를 자처하는 등 온갖 비합법적인 방법을 동원했다. 이러한 노력은 경우에 따라서는 신분 상승으로 직결되기도 했다.

이중환李重煥(1690~1752)은 『택리지擇里志』에서 "사대부가 혹 평민이 되기도 하고, 평민이 오래되면 혹 사대부가 된다"라고 했고, 다산茶山 정약용丁若鏞(1762~1836)은 유학층의 증가를 두고 "한 나라의 사람들이 모두 양반이 되면 장차에는 양반이 없어질 것이다"라고 했다. 바로 이 같은 사정을 말한 것이다.

평민이나 천민이 비록 다양한 방법으로 신분 상승에 성공했더라도 지역사회에서 그대로 양반으로 인정받을 수 있었던 것은 아니다. 지역사회는 그 나름대로 누가 양반인지 명확하게 판가름할 수 있는 장치와 기준을 마련하고 있었다.

조선시대 각 고을에는 양반의 명부라고 할 수 있는 '향안鄕案'이 있었다. 그러나 양반이라고 하여 아무나 향안에 이름을 올릴 수 있는 것은 아니었다. 양반 중에서도 신분에 하자가 있는 가문과 그 후손의 참여는 엄격히 제한됐다. 따라서 향안에 이름이 오른 자는 명실공

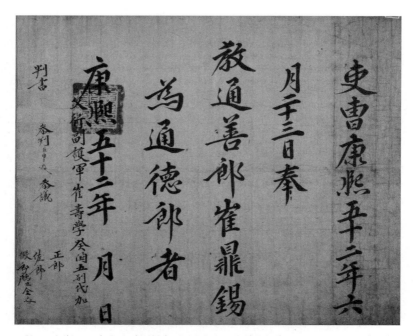

교첩 1713년(숙종 39) 통선랑(通善郎) 최정석에게 통덕랑(通德郎)의 품계를 내린 교첩(敎牒)이다. 교첩이란 조선시대 5품 이하의 문무 관원에게 이조나 병조에서 왕명을 받들어 관직이나 품계를 내릴 때 발급한 일종의 사령장이다. (60×49.5cm). 경주최씨 백불암 종택 소장.

히 그 지역사회에서 모두가 인정하는 양반이었고, 그 기준은 관직의 고하보다는 가문의 혈통이었다. 따라서 전직·현직 관료나 문과 급제자, 생원·진사라 하여 반드시 명문가의 양반으로 인정된 것도, 반대로 유학이라고 해서 하층 양반으로 취급된 것도 아니었다. 향안에 오른 가문은 스스로를 세족世族, 문족門族 혹은 청문사족淸門士族으로 칭하면서 고귀한 신분임을 과시했다.

그뿐 아니라 세족은 무엇보다도 오랫동안 한 지역에서 살아왔다. 따라서 누가 양반인지 아닌지는 훤히 알게 마련이었다. 신분이란 하

성을 쓰는 서로 다른 사람의 구별이 필요했다. 여기서 본관이 생긴 것이다.

본관은 그 성씨를 처음으로 얻은 조상의 거주 지명을 말한다. 중국의 성에 해당하는 셈이다. 그러나 성씨를 취득한 조상이 그 지역사회에서 어떠한 지위에 있었느냐에 따라 본관으로 사용하는 지명은 달랐다. 가령 안동 전체를 대표할 만한 호족이라면 그가 취득한 성의 본관은 안동이라는 군현의 이름이 되지만, 이보다 지위가 낮다면 조그만 고을 이름이나 촌명, 심지어 향·소·부곡의 이름으로 본관지를 삼아야 했다. 그러나 후대에 작은 고을이나 촌의 이름을 딴 본관은 대부분 소멸하고 말았다. 말하자면 본관을 바꾼 것이다. 본관을 바꾸는 일은 조선 중·후기에 이르기까지 계속됐다.

본관을 바꾼다는 것은 성을 바꾸는 것이나 마찬가지다. 성과 본관은 그 자체가 신분적 지위를 나타냈기 때문에 가능하면 큰 성씨나 큰 성씨의 본관으로 바꾸고자 했다. 다른 한편 중국과 같이 성이 같으면 원래 한 조상에서 유래했을 것이라는 오해도 본관을 바꾸는 데 한몫을 했다. 오늘날의 성과 본관은 이러한 과정을 거치면서 정착되고 확립된 것이다.

양반 성이 있고, 상놈 성이 있나

성씨는 고려시대에 지방의 양인에게까지 보급됐다. 그러나 노비를 비롯한 천민에겐 조선시대 중·후기에 이르기까지 여전히 성이 없었다. 그래서 성이 있고 없음은 그 사람의 신분이 양인인지 아니면 천민인지를 구분하는 기준이 됐다. 그런데 문제는 성이 없는 천민이 적지 않았다는 데 있다. 16~17세기, 곧 임진왜란 전후 시기 노비 수는 전체 인구의 절반을 넘었던 것으로 보인다. 실제 17세기 중반의 호적대장을 보면 성이 없는 사람이 전체의 반 이상이다. 물론 이들은 조선 후기에 이르러 점차 성을 가지게 됐다. 성을 가진다는 것은 이제 노비 신분에서 벗어났거나 벗어날 수 있음을 의미한다. 이러한 과정을 거치면서 그리고 1894년의 갑오개혁과 함께 노비제가 폐지된 이후 우리 모두는 이제 당연히도 성을 가지게 됐다.

조선시대에는 평민 이상이면 누구나 성을 가졌다. 그 때문에 성이 있다는 것만으로는 양반인지 아닌지 구별할 수 없었다. 물론 어떤 성을 가졌느냐가 중요했다. 그러나 흔히 생각하듯이 양반 성이 있고, 상놈 성이 따로 있었던 것은 아니다. 다만 큰 성씨, 희귀한 성씨의 구별만이 있었을 뿐이었다. 대성은 후손이 많고 이름난 조상이 많다는 뜻이고, 희성은 후손이 적으니 자연히 출세한 사람도 적을 수밖에 없었다. 그렇다 하더라도 희성에 비해 대성인 경우가 양반일 확률이 높은 편이었다. 그러나 우리에게는 성씨가 아니라 본관이 더 중요했다.

앞에서도 이야기했듯이 본관은 처음으로 성을 취득한 조상이 살던 곳을 말한다. 그래서 경주·안동·김해 등과 같은 고을 이름으로 본관지가 있었다. 그런데 애초의 본관지가 이같이 큰 군현의 명칭이기만 했던 것은 아니다. 고려 태조 왕건은 후삼국 통일과 함께 전국의 크고 작은 호족에게 각기 거주 출신지별로 성을 나누어주는 토성분정을 행했다.

여기서 '크고 작은'이란 그들이 기반하고 있는 세력의 크기를 말한다. 즉 큰 군현을 대표하는 호족과 촌 단위의 지배 세력은 지역 기반에서 현격한 차이가 있게 마련이다. 같은 김씨 성을 받았다 하더라도 큰 군현의 호족은 그 군현의 이름을 본관지로 사용할 수 있었지만, 촌이나 향·소·부곡 같은 작은 단위의 지배 세력은 그 촌이나 향·소·부곡의 이름을 본관지로 삼아야 했다. 그러니 본관의 수는 우리가 생각하는 것보다 훨씬 더 많았다고 할 수 있다.

『세종실록지리지』에는 세종 당시 전국의 성씨와 본관이 기록되어 있는데, 성씨는 대략 250여 개, 본관지는 4,500여 개에 이른다. 그런데 오늘날 성씨 수는 세종 때와 거의 비슷하지만, 본관은 도리어 1,100여 개나 줄어든 3,400여 개에 불과하다. 세종 당시에는 성을 가지지 못한 사람이 적어도 전체 인구의 반이나 됐을 것이다. 이들이 조선 후기를 거치면서 모두 성과 본관을 가지게 됐음에도 도리어 1천여 개의 본관지가 소멸한 것이다. 이것은 성이 없던 사람이 성씨를 가질 때 새로운 성씨를 만든 것이 아니라 기존의 흔한 성씨를 사용했음을 의미한다. 성씨를 사용한다는 것은 적어도 천민이라는 신분적 차별에서 벗어나고자 함이니 굳이 독특하거나 흔하지 않은 성을 사용함으로써 또다시 차별을 자초할 필요는 없었기 때문이다.

본관지 역시 마찬가지였다. 많은 사람들이 한 걸음 더 나아가 적극적으로 기존의 본관지를 바꾸어 나갔다. 촌이나 향·소·부곡 같은 작은 규모의 지역 명칭을 본관으로 사용하던 이들은 지역적·사회적 기반이 미약했기 때문에 큰 인물을 배출하기 어려웠다. 따라서 그들의 본관은 결코 영광스러운 것이 아니었다. 굳이 고수해야 할 이유도 없었다.

　본관을 바꾸는 데 적극적이었던 것은 이들만이 아니었다. 일정한 사회적 기반을 확보한 양반도 더 큰 양반으로 행세하기 위해 슬그머니 조상을 바꾸었다. 이들은 본관을 중국의 씨와 같은 것으로 생각했다. 그래서 같은 성씨는 같은 조상에서 나왔다고 생각했다. 이로써 본관을 바꾸는 공공연한 명분으로 삼았다. 아무튼 오늘날의 본관 역시 이런 과정을 거치면서 형성된 것이다. 그리고 이것이 조선시대에 들어와 족보가 편찬되면서 시조를 중심으로 아주 체계적으로 계보화됐다. 따라서 오늘날 동성동본이라고 해도 사실은 혈연적으로 아주 다양한 사람들로 구성되어 있다고 봐야 한다.

　이렇게 만들어진 본관이라 하더라도 여전히 양반인지 아닌지 혹은 문벌인지 아닌지를 구별하는 중요한 기준으로 작용하고 있었다. 이것이 당시 사람들이 가능한 한 이름난 본관으로 바꾸고자 한 이유였다. 조선 후기에 들어서면서 이렇게 혈연적으로 무관한 사람들이 같은 본관으로 새롭게 편입되고 또 인구가 크게 증가하면서 이제 성씨와 본관만으로는 양반인지 아닌지 혹은 명문인지 아닌지를 가늠하기 어려워졌다. 또 종법宗法이 발달해 특정 촌락에 아버지 계열 친족이 대대로 살게 됐다. 이들은 점차 조상 가운데 뛰어난 사람을 중시조로 내세워 문중門中과 파派를 형성하고, 마을과 문중을 중심으로 결집해 나갔다.

　이제 성과 본관만이 아니라 어느 파이고 어느 마을 출신인지가 양반과 명문을 구분하는 기준이 됐다. 명문 양반가의 성씨 앞에 양동이니 하회니, 내앞이니 하는 촌명이 붙는 형식, 즉 양동이씨, 하회류씨,

내앞김씨 등이 그것이다. 이러한 양반 식별법이 통용되기 위해서는 유명 가문의 족보에 대한 폭넓은 지식이 전제되어야 한다. 성씨와 가문의 혈연 계보에 대한 지식을 보학譜學이라고 하는데, 보학은 조선 양반의 필수 교양이었다. 사정이 이러했으니 조상을 조작해내기도 쉬운 일은 아니었다. 특히 오랫동안 세거해왔던 마을뿐만 아니라 이웃 마을에 이르기까지 웬만한 양반은 혼인과 사제 관계 등을 통해 서로 잘 알고 있었다. 그러니 지역사회에서는 누가 양반이고, 누가 상놈인지 그냥 자연스럽게 파악할 수 있었다.

쓰지도 부르지도 못 하는 이름

이름은 사람을 식별하는 가장 기본적인 기호다. 동서양을 막론하고 많은 나라에서 이름을 중히 여기는 풍조가 있었다. 우리 역시 그랬다. 할아버지의 이름자를 손자의 이름자로 쓰지 않았고, 성현의 이름을 함부로 부르는 것도 불경스러워했다. 양반이 최고의 성현으로 존경하는 공자의 이름은 구丘다. 그런데 대구大丘라는 지명에도 같은 글자가 쓰였다. 그래서 대구大丘가 대구大邱로 바뀌었다. 중국의 황제나 조선 임금의 이름자도 마찬가지로 함부로 사용할 수 없었다. 따라서 심지어 임금의 이름자와 같다는 이유로 대대로 쓰던 성을 바꾸어야 하는 상황이 생기기도 했다.

조선 임금의 이름은 외자에, 그것도 거의 사용하지 않는 글자나 새로운 글자를 만들어 지었다. 만약 임금의 이름을 '영권永權'이라고 했다면, '영' 자와 '권' 자가 들어간 지명과 이름, 심지어 권씨의 성까지도 바꾸어야 하는 큰 혼란이 생기기 때문이다. 이를 미연에 방지하고자 이런 방법을 사용한 것이다. 그러나 미리 대비하지 못한 경우도 있게 마련이다. 이성계가 그러했다. 처음부터 왕위에 오르리라 전혀 예측하지 못했던 것이다. 이성계는 즉위 후 이름을 '단旦'으로 바꿈으로써 혼란을 최소화했다. 이렇듯 이름이란 그냥 사용하기에 좋고 부르기 좋은 것만이 아니었다. 그 영향으로 양반 또한 어려운 글자를 이름자로 쓰기도 했다.

양반 집안에서 이름을 짓는 데 고려해야 할 문제는 한둘이 아니었다. 특히 조선 후기에는 항렬이나 돌림자에 맞추어야 했고, 태어난 시간을 고려해 사주와 팔자를 살피기도 했다. 또한 부모나 집안의 기대와 희망을 담기도 했다. 과거에 급제하라는 의미에서 '문文' 자나 '필筆' 자를 선호하는 경향도 있었다. 이렇듯 조선의 양반에게 이름은 매우 소중한 것이었다.

그러나 아주 정성을 다해 지은 이름이라 해도 그것을 평생 동안 그대로 사용하는 사람은 그리 많지 않았다. 대부분 한두 번 정도는 바꾸었다. 심하면 10여 차례 이상 바꾸기도 했다. 그래서 이름의 종류도 다양했다. 우선 초명 또는 아명이 있다. 대체로 갓 태어난 아들에게는 흔한 이름을 붙여주었다. 유아 사망률이 매우 높았기 때문이다. 천한 이름을 붙이면 목숨이 길다고 생각했다. 홍역을 겪고 10여 세가 되면 생존 확률이 아주 높아진다. 그래서 대체로 이때쯤에야 정식 이름을 썼다. 그러다가 어른이 되어 과거에 연거푸 떨어지고 큰 병에라도 걸리면 이름을 고쳐서 액운이나 운명을 바꾸고자 했다. 그뿐 아니

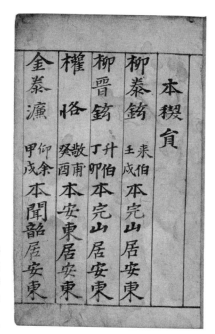

本貫貫

柳㮚鈞 王戌伯 本完山 居安東

柳晉鈞 丁卯伯 本完山 居安東

權㤤 升伯 本安東 居安東

權㤤 癸酉本 敬甫 安東 居安東

金㡾瀘 甲仰 戌余 本 聞韶 居 安東

이름과 자 어떤 계의 계안(契案)이다. 이름과 본관, 거주지가 기록되어 있다. 그리고 이름 아래에 두 줄로 표기된 것은 출생 간지와 자(字)다. 나이는 순서를, 자는 서로 부르는 이름으로 사용했다.

라 생존 당시에 사용하던 이름과 호적 또는 족보에 올린 이름이 다른 경우도 많았다. 이래저래 조선 양반의 이름은 참 혼란스러웠다.

이름을 함부로 부를 수 없다면 그것을 대신할 또 다른 이름이 있어야 했다. 자字니 호號니 하는 것이 바로 그것이다. 가령 이황李滉 (1501~1570)의 호는 퇴계退溪이고, 자는 경호景浩다. 자는 대체로 16세가 될 무렵 오늘날의 성인식에 해당하는 관례冠禮 시에 집안 어른이 지어준 이름이다. 어른 역시 성인이 된 집안 자식의 이름을 함부로 부르기가 어려웠던 탓이다. 따라서 자는 주로 어른이나 친구 사이에서 불렸다.

그러다가 중장년에 이르러 자신의 취향에 맞는 별명, 곧 호를 지었다. 스스로 지은 별명이니 자신의 아랫사람이나 후세 사람들이 주로 불렀다. 호에는 희망이나 인생관을 담기도 했고, 아니면 자신이 거주하는 마을의 산이나 내 이름 등을 붙이기도 했다.

이황의 호인 퇴계는 토계土溪를 퇴계로 바꾼 그의 집 앞을 흐르는 조그만 개울 이름이며, 최흥원崔興遠(1705~1786)의 호인 백불암百弗庵은 '아는 것도 능한 것도 없다百不知 百弗能'는 겸양의 뜻을 담고 있다. 물론 호도 하나만이 아니라 나이에 따라 환경에 따라 자주 바꾸기도 했다. 이황에게는 퇴계 외에도 퇴도退陶·도수陶叟라는 호도 있었다.

양반이라 하여 모두 호를 가진 것은 아니었다. 글이라도 할 줄 아는 선비나 학자가 가질 수 있는 것이었다. 호가 없는 사람이나 친족 간에는 택호宅號를 사용했다. 택호란 말 그대로 집의 이름이다. 보통은 부인의 출신 지명으로 지어지나, 관직명 또는 당호堂號로 지어지기도 했다. 예컨대 '무실댁宅', '참봉댁', '무언재無言齋' 등과 같은 것이다. 이것은 '무실 어른', '참봉 할배', '무언재 큰아들' 등과 같이 개인을 지칭하는 이름으로도 사용됐다.

'무실댁'이라는 택호에서 부인의 출신 지명은 단순한 지명이 아니라 무실마을의 류씨 가문에 장가들었다는 것을 뜻한다. 은연중에 혼반婚班을 드러내는 것이다. 따라서 그러하지 못할 경우에는 감추기도 했다. 어느 집안, 어느 문중과 혼인했느냐가 바로 그 가문의 격을 결정했으니 혼반이란 중요할 수밖에 없었다. "남자들의 택호를 보면 그 가문의 지체를 알 수 있다"라는 말은 이 같은 사정에서 연유한다.

이름을 중시한 것은 물론 양반의 경우다. 특히 노비의 이름은 그들의 주인에 의해 주로 물건, 계절, 동식물 이름 등으로 지어지기도 했다. '막대莫大'·'장대張大'·'삼월三月'·'돼지道也只' 등이 바로 그것이다. 따라서 노비 신분에서 벗어나기 위해서는 성도 있어야 했지만, 이름도 바꾸어야 했다. 막대와 돼지로는 노비 신분에서 벗어나기 어려웠다. 평범한 이름인 김상대·박도천으로 바꾼다고 해서 무슨 문제가 생기는 것은 아니었다. 비록 평민의 이름이라고 해서 다를 것이 없었다. 하층민도 자기 존재에 대한 의식이 점차 강해지면서 그에 걸맞은 이름으로 바꾸어갔다. 어물시장의 '망둥이'만이 아니라 '꼴뚜기'도 당연히 뛰어 그 존재 가치를 스스로 증명해야 할 세상이 됐다.

이렇듯 조선시대 사람의 이름이 가지는 사회적 의미를 이해하는 것, 이것이 조선의 양반과 선비를 이해하는 첫걸음이 된다. 양반 사회라는 것이 그 이름 하나에도 양반과 상놈의 차별이 있음을 이해하게 된다면, 우리는 조선시대 양반과 선비의 실체에 더 가까이 다가가게 될 것이다.

족보,
양반의 가계 기록

족보, 무엇을 기록하고 있나

오늘날 우리는 대부분 족보를 가지고 있지만, 이를 제대로 볼 수 있는 사람은 그리 많지 않다. 그것은 족보의 체계가 일반 책과는 다르기도 하고, 또 대부분 어려운 한자로 쓰여 있기 때문이다. 사실은 보려고 전혀 노력하지 않는다고 하는 편이 맞을 것 같다. 그래서 족보는 보는 책이 아니라 그냥 소유하기만 해도 충분하다고 생각한다. 이것이 한심하다거나 잘못됐다기보다는 어쩌면 족보의 기능과 효용성을 잘 드러내준다. 족보를 소유한다는 것은 그 자체가 명문 집안이라거나 양반이라는 증명이기 때문이다. 그래서 장식장에 보관해두기만 해도 충분하며, 지금에는 아예 보관조차 거추장스럽게 생각한다. 그러나 지금의 사정과는 아주 다르게 조선시대에 족보란 중요한 가보家寶였다.

족보란 조상의 세대와 계보를 기록한 책이다. 그래서 흔히 세보世

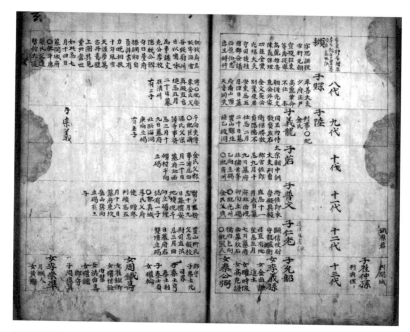

청주정씨 족보 필사본 족보로, 정식으로 책을 발간하기 전의 임시 편집본이다. 개인 소장.

진다. 여기에 당대인의 자료를 연결해 계보화한 것이 바로 족보다.

여기서 주의할 것은 족보 편찬에 이용되는 중요한 자료를 누구나 가지고 있고 활용할 수 있다고 생각해서는 안 된다는 점이다. 역사서는 주로 왕실과 귀족의 행적만을 기록했고, 씨족이니, 족도니, 가보니 하는 자료도 일찍부터 명문이 된 가문에나 있는 자료였다. 더욱이 고려 사회는 조상에 대한 생각이 조선과는 달랐다. 불교 사회였으니 묘지를 조성하거나 신주神主를 만들어 제사를 받들었던 것도 아니다. 그래서 조상의 세계世系에 관심이 적었다고 할 수 있다.

우리나라 최초의 족보인 안동권씨의 『성화보成化譜』에 서문을 쓴 서거정徐居正(1420~1488)은 "우리나라에는 원래 족보라는 것이 없어 거가대족巨家大族이라도 몇 세대가 지나면 조상의 이름을 알지 못하는 경우가 허다하다"라고 했다. 실제『성화보』에도 시조에서 12세까지는 아주 간략하게 기록되어 있고, 8세까지는 그것도 독자로만 계승되고 있다. 8세대 동안 세대별로 자식이 아들 한 명밖에 없었다는 것은 아무래도 이상하다. 그것은 기록이 없거나 소략疏略해서 잘 알 수 없었기 때문이다.

일찍부터 중앙 정계에 진출했던 가문도 이러했으니, 이들보다 뒤늦은 가문의 경우에는 윗세대의 조상 세계가 불명확할 수밖에 없었다. 더욱이 18~19세기에 와서야 비로소 족보를 편찬할 수 있었던 가문의 경우에는 더 말할 나위가 없다. 그럼에도 후대에 편찬되는 족보에서 시조와 윗세대의 세계가 도리어 정연하면서도 구체적으로 기록된 것을 종종 볼 수 있다. 이 경우에는 시조와 윗세대의 기록이 허위거나, 적어도 과장·왜곡됐다는 지적을 면할 수 없다.

앞에서 가첩류가 족보 편찬에 가장 중요한 자료였다고 언급했다. 가첩류는 넓은 의미에서 족보라고도 할 수 있지만, 15세기 이후 또는 오늘날의 족보와는 달랐다. 후자가 인쇄해 간행된 책이라면, 전자는 두루마리나 첩으로 만든 종이에 필사된 고문서의 형태다. 또 후자가 시조를 정점으로 하여 그 아래의 후손 전부를 대상으로 한다면, 전자는 본인을 중심으로 하여 직계 조상을 추적한 것이므로 위로 확대되는 모양새다.

족보는 15세기에 처음으로 민간에 앞서 왕실에서 만들었다. 태종 연간의『선원록璿源錄』,『종친록宗親錄』, 세종 대의『당대선원록當代璿源

錄』등이 그것이다. 민간에서는 안동권씨의『성화보』가 1476년(성종 7)에 처음으로 인쇄되어 반포됐고, 이를 전후하여 몇몇 가문에서 족보를 만들었다고 하나 전해지지 않는다.

아무튼 족보의 편찬은『성화보』이후 16~17세기를 거치면서 활발하게 전개됐다. 그러나 족보가 보다 일반화된 것은 18세기였다. 물론 가문과 성씨에 따라서는 19세기나 그 이후에 처음으로 만들어지기도 한다. 족보 편찬이 가장 극성스러웠던 때는 일제강점기인 1920~1930년대였고, 심지어 어떤 가문에서는 창씨개명을 기념하여 발간하기도 했다. 물론 오늘날에도 족보는 계속 만들어지고 있다. 족보는 보통 30~40년마다 다시 만든다. 지금은 그 시기가 더욱 짧아지고 있다. 새로운 세대를 수록해야 한다고는 하지만, 오늘날에는 사실 돈이 되는 사업이기 때문이다.

출생순에서 아들 우선으로

족보가 만들어진 지 벌써 500여 년이 넘었다. 10년이면 강산도 변한다는데 족보라고 예외일 수 없다. 족보도 시대에 따라 체제와 내용에 많은 변화가 있었다. 대체로 17세기를 기준해서 이전과 이후로 나눌 수 있다. 그래서 조선 전기 족보, 조선 후기 족보라 한다.

모든 문화는 그 시대의 사회상을 일정하게 반영한다. 조선 전기 족보는 조선 전기의 사회상을, 조선 후기 족보는 조선 후기의 사회상을 담고 있다. 우리는 흔히 조선이 유교儒教 사회였다는 점에서 전기와 후기가 같았을 것이라 생각한다. 그러나 상당히 달랐다. 우리가 오늘날 생각하는 유교적 전통은 대체로 조선 후기에 확립된 것이다.

조선 전기 사회에는 고려의 전통이 많이 남아 있었다. 그래서 유교의 종법적宗法的 부계 중심 가족제도가 아직 정착되지 않은 상황이었다. 즉 남자가 여자의 집으로 장가가서 생활하는 처가살이가 일반적이었고, 부모의 재산을 나눌 때도 아들과 딸의 차별이 전혀 없었다. 사위가 가계를 잇거나 장인 장모의 제사를 받드는 것도 이상하지 않았다. 아들이 없다고 양자를 들이던 것도 아니어서 후손이 단절되는 경우가 허다했다. 또 동성동본의 혼인 금지도 없었으며, 청상과부라 하여 긴 세월을 혼자 보내야만 하는 것도 아니었다.

조선 전기 족보에는 이 같은 사회상이 그대로 반영되어 있다. 그 구체적인 모습을 보면, 족보에 아들과 딸, 친손과 외손이 출생 순서에 따라 차별 없이 기록됐다. 친손과 마찬가지로 외손의 경우에도 계속해서 기재됐다. 무후無后의 기록도 빈번하게 나타나며, 동성同姓의 사위, 심지어 두 번째 남편의 이름까지 등장한다.

외손이 친손과 동등하게 취급되다 보니 족보에는 온갖 성씨가 다 등장한다. 가령 『성화보』는 권씨의 족보인데도, 권씨는 총 수록 인원 9,120명 중에 10퍼센트에도 미치지 못하는 867명에 불과하다.

이는 조선 후기 또는 오늘날과 크게 다른 것이다. 조선 후기는 고려의 전통이 유교적 체제로 완전히 바뀌는 시기다. 유교적 전통, 곧 아버지의 혈통을 중심으로 하는 친족제도에서는 남자가 장가를 가는 것이 아니라 부인을 맞아들이게 되고, 아들이 없으면 양자를 들이며, 장자를 중심으로 재산과 제사의 상속이 이루어진다.

조선 후기 족보는 바로 이 같은 모습을 담고 있다. 다시 말해 조선 후기 족보에서는 아들과 친손이 중요할 뿐이다. 그래서 출생 순서와 관계없이 항상 아들이 먼저 기재됐고, 딸과 외손은 기껏해야 한두 세대만 수록될 뿐이었다. 또한 딸이 아무리 많아도 아들이 없으면 양자를 들여야 했다. 조선 후기 사회는 이제 온통 남자와 아들 중심의 세상이 되고 말았다. 한때 우리 사회에서 맹위를 떨치던 남아선호 풍조는 바로 조선 후기의 전통을 그대로 답습했던 것이다.

족보, 왜 필요했나

족보는 흔히들 조상의 세계와 업적을 알고, 조상의 뜻을 이어 전하며, 가문의 명예를 욕되지 않게 함으로써 자손 된 도리, 곧 조상께 효도를 다하기 위한 것이라고 한다. 대부분의 족보 서문에는 이 같은 뜻이 밝혀져 있다. 그러나 족보는 단순한 조상 숭배나 효를 실천하기 위해 만든 것만은 아니다.

앞에서 언급했듯이 족보는 왕실에서 처음 만들었다. 당시 왕실에는 많은 처첩과 그들의 아들딸이 뒤섞여 있었다. 이들은 특권을 둘러싸고 자주 충돌했다. 1, 2차 왕자의 난을 거치면서 등극한 태종은 왕실의 위계질서를 확립하는 것이 무엇보다 중요하다고 여겼다. 이것이 왕실에서 족보를 편찬한 이유였다. 족보는 누가 처이고 첩인지, 누가 적자이고 서자인지 명확히 구분해주기 때문이다. 이 같은 사정은 정도의 차이가 있을 뿐 양반 사대부가에서도 마찬가지였다.

족보를 만든다는 것은 이같이 가족이나 가문 내부의 위계질서를 분명히 한다는 측면도 있었지만, 보다 중요한 것은 자신과 자신이 소속된 성씨가 양반으로서 아주 훌륭한 가문임을 과시하고자 함이었다.

족보란 아무나 만들고 가질 수 있는 것이 아니었다. 양반만 가능한 일이었다. 그런데 양반 중에도 보잘것없는 가문이 있는가 하면, 당당한 문벌을 자랑하는 가문도 있었다. 같은 양반이라도 문벌 가문이어야 사회적 명예와 정치적 또는 경제적 특권을 더 많이 누릴 수 있었다.

그렇다면 문벌가냐 아니냐는 어떻게 구분할까? 과거에 합격하고 벼슬에 올랐다고 해서 곧바로 문벌가가 되는 것은 아니다. 보다 중요한 것은 훌륭한 또는 이름난 조상이 있느냐 없느냐다. 족보는 바로 이것을 증명하고 보증하는 중요한 근거가 됐다. 물론 문벌 가문만이 족보를 만든 것은 아니다. 문벌이 아닌 가문에서도 족보를 만들었다. 하지만 이들은 문벌 가문이 되고자 족보를 만들었다.

조선의 양반은 대부분 고려의 향리 가문에서 성장했다. 그러나 이것을 숨기는 경우가 많았다. 그래서 족보를 만들면서 자신들의 조상이 왕실의 후예 혹은 공신功臣이라고 미화하거나 왜곡하기도 했고, 또 중국에서 왔다고도 했으며, 심지어 성을 바꾸고 조상을 바꾸기까지 했다. 이 같은 점은 족보가 꼭 조상을 숭배하고 효도를 실천하기 위한 것이라는 목적과 부합되지 않는 것임을 잘 보여준다.

노비도 족보를 가지다

성씨가 지배층의 소유물이었다가 점차 평민·천민으로 보급되어갔듯이, 족보도 그러했다. 조선 중기인 16세기까지만 하더라도 족보를 가진 양반은 몇몇 성씨에 불과했고, 총인구의 절반 이상은 족보는커녕 성씨조차 갖지 못했다.

족보는 문벌 가문이거나 문벌 가문이 되고자 했던 양반에게만 필요한 것이 아니었다. 상민이나 천민도 족보를 절실히 필요로 했지만, 이들은 족보를 가질 수 없었다. 족보는 양반만이 가질 수 있었기에 족보를 갖는다는 것은 양반임을 증명하는 것이었다.

조선은 양반 사회였다. 모든 사회구조가 양반 중심이었다. 양반이 아닌 상놈은 사회적 냉대와 멸시를 받았고, 많은 경제적 부담을 졌다. 심지어 군대의 의무도 졌다. 이들은 양반이 됨으로써 이러한 질곡과 고통에서 벗어나고자 했다. 그러나 현실적으로 불가능했고, 어쩌면 꿈도 꾸지 못할 일이었다.

그러나 대체로 18세기가 되면서 불가능이 점차 가능으로 변해갔다. 국가 재정이 궁핍해지자 돈 많은 사람에게 벼슬자리를 파는 일이 빈번해졌기 때문이다. 말하자면 보통 사람이나 천대받는 사람도 합법적으로 양반이 될 기회를 잡을 수 있게 된 것이다. 더욱이 이 시기에는 농촌과 도시에서 재산을 축적한 사람이 많아졌다. 하지만 재산이 아무리 많아도 신분은 천대받는 백성일 뿐이었다. 이들은 불법적인 방법을 동원해서라도 양반이 되고자 했다. 족보를 갖는 것도 양반이 되는 좋은 방법의 하나였다.

그렇다면 이들은 어떤 족보를 가질 수 있었을까? 성이 없는 사람이 자신의 조상과 무관하게 성을 얻었듯이, 족보 또한 그들의 조상과 아무런 관련이 없는 가문의 것을 가지게 됐다. 말하자면 가짜 족보였는데, 이들은 근본적으로 가짜 족보를 가질 수밖에 없었다.

상민과 천민은 진짜 족보를 결코 만들 수도 가질 수도 없었다. 왜냐하면 내세울 만한 유명한 조상도 없을뿐더러 대부분은 할아버지가 누군지도 알지 못했기 때문이다. 또한 이들은 거의 문자도 몰랐고, 족보를 만들 수 있는 경제적 기반도 없었다. 더욱이 이들이 족보를 가지려 한 이유는 조상과 자신을 밝힘으로써 자기 정체성을 확인하고자 하는 것이 결코 아니었다. 그들은 오직 양반이 되어서 사회적 차별과 부당한 경제적 수탈 및 고통스러운 군역의 의무에서 벗어나고픈 것뿐이었다.

다산 정약용은 『목민심서牧民心書』에서 "가짜 족보로 군역을 면하려 하는 자를 엄히 다스려야 한다"라고 했다. 그는 또 당시 가짜 족보의 실상을 다음과 같이 구체적으로 기록했다.

간사하고 교활한 자들이 귀족들의 족보를 훔쳐서 그 후손이 없는 파를 택하여 혈연이 닿지 않는 씨족에 접속시킴으로써 아버지와 할아버지를 바꾸니, 돗자리를 비단자리에 이어놓은 격이다. 혹은 공신功臣 아무개 정승政丞이 8대조가 된다고 칭하기도 하고, 혹은 부마駙馬 아무개가 9대조가 된다고 하고, 혹은 신라 경순왕의 후예가 된다고 하기도 하고, 혹은 대유학자인 문성공文成公 안유安裕의 직계 자손이라고 하기도 하며, 심지어는 거짓으로 왕족의 계보를 대어 혹은 효령대군이 9대조가 된다고 하고,

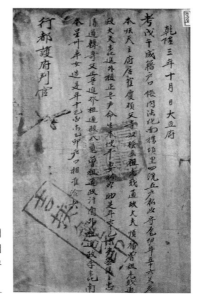

노비 준호구 1738년(영조 14) 10월 대구부에서 사노 수돌이(56세)에게 발급한 준호구다. 노비의 경우 자신과 처의 4조와 함께 상전(上典)이 누구인지 기록된다. 경주최씨 백불암 종택 소장.

혹은 광평대군이 8대조가 된다고도 한다.

　내가 황해도 곡산 부사로 있을 때 무릇 족보를 가지고 와서 하소연하는 자를 보면 열 가운데 하나도 진짜가 없었다. 마침 『백가소보百家小譜』라는 족보를 상자 속에 넣어온 것이 있어서 이를 가지고 대조하여 조사하니 그 간사한 것이 곧 탄로났다. 다만 범한 자들이 너무 많아 모두 처벌할 수 없어 그 서책書冊만을 불태우고 죄를 추궁하지 않았다.[1]

　정약용의 말을 통해 상민과 천민이 어떻게 족보를 갖게 되는지 그 과정을 잘 알 수 있다. 유명한 가문이지만 후손이 없는 파에 붙어서 아버지와 할아버지를 바꾸어 정승의 후예라고도 하고, 왕실의 후손이라고도 했던 것이다. 그런데 이런 사람이 한둘이 아니어서 처벌할 수가 없다고 했다.

정약용만이 아니었다. 많은 사람이 이 같은 실상에 개탄해 마지않았고, 정조 대의 어떤 이는 신문고를 쳐서 가짜 족보 단속을 호소하기도 했다. 이렇듯 가짜 족보는 당시 사회에서 아주 폭넓게 퍼져 있었다.

그러나 가짜는 없다

조선 후기 상황이 이러했다면, 모든 족보는 다 가짜인가? 그렇지는 않다. 그러면 어떤 족보가 가짜이고, 진짜와 가짜는 어떻게 구별할 수 있는가? 이러한 질문에 시원한 대답을 할 수는 없다. 사실 진짜와 가짜를 구별할 수 없기 때문이다.

같은 족보라 하더라도 어떤 경우에는 진짜고, 어떤 경우에는 가짜다. 가짜라 하더라도 그것은 상당 부분 진짜를 토대로 한 것이다. 학문적인 목적이 아니라면 사실 진짜냐 가짜냐 하는 것은 아무런 의미가 없다. 족보를 가짜로 만드는 것은 족보 그 자체가 아니라 족보에 대한 맹목적인 믿음에 있다.

족보를 그대로 믿어버리면 우리는 참으로 이상한 역사를 가지게 된다. 즉 우리의 시조는 대부분 신라 왕족이거나 고려 귀족이다. 다시 말해 농민이나 노비 조상은 아무도 없다. 그렇다면 삼국시대나 고려시대에는 일하는 보통 사람이 없었다는 말이 된다. 삼국과 고려는 물론이고 조선 인구의 절대다수를 차지했던 농민이나 노비의 후손은

다 어디로 간 것일까?

문제는 이것만이 아니다. 오늘날 김·이·박·최·정, 이른바 5대 성씨의 수는 전 인구의 반 이상을 차지한다. 족보상 이들 5대 성의 시조는 대부분 기원후 1세기경 인물인 가야 김수로왕이나 신라 왕실 또는 6부 촌장이거나 그 후손이다. 그렇다면 1세기경 우리나라의 인구수는 기껏해야 수십 명 정도에 불과하다는 이야기가 된다. 겨우 수십 명이 나라도 세우고 크고 작은 전쟁도 치렀을까? 족보를 통해 인구를 추정한다면 고려시대에도 결코 수천 명을 넘지는 않을 것이다.

결론적으로 말하면 족보의 기록을 그대로 다 믿을 수 없다는 것이다. 그러면 어떻게 해야 하는가? 족보를 역사적 산물로 이해한다면 아무런 문제가 없다. 양반이 아니고는, 또 문벌이 아니고는 사람답게 살 수 없는 사회, 개인의 능력이 아닌 가문의 높낮이가 중요한 사회에서 가짜 족보란 어쩌면 당연한 산물이었을 것이다. 이것은 마치 불편하니까 새로운 길을 만드는 것이나 똑같다. 새로운 길을 만듦으로써 자동차가 쉽게 다닐 수 있게 됐다. 모두 족보를 가지게 됨으로써 이제 평등해졌다. 이 평등을 기초로 해서 우리는 '민주民主'의 삶을 살아갈 수 있는 것이다.

양반이 되고자 한
'새로운 세력'

양반, 지방의 지배 조직에 참여하라

조선은 17세기 이후 군현제 정비에서 한 걸음 더 나아가 좀 더 세분화된 향촌 조직과 기구를 갖추었다. 이것은 면리제面里制의 전면적 실시로 구체화됐다. 면리제란 지방 군현의 하부 조직을 면과 리로 편제하는 것이다.

면리제의 가장 기본적인 목표는 사족층을 공적인 지배 조직, 즉 면리체제 속으로 끌어들이는 것이었다. 중앙집권화를 꾀하던 중앙 권력은 독자적 조직체를 가진 지방 세력이 중앙집권을 방해하는 중요한 요인이라고 인식했다. 따라서 정부에서는 재지사족在地士族의 향촌 지배를 배제하면서 공적 지배 조직의 원활한 운영을 위해 이들을 면과 리의 책임자, 곧 면리임面里任으로 흡수하고자 했다.

이러한 노력은 1675년(숙종 원년)에 이르러 보다 구체화되고 체계화됐다. 즉 리의 책임자里正와 면의 책임자面尹는 반드시 지위와 명망

다. 17세기 후반 이후 향안이 "무식하고 염치를 모르는 자들"[2]로 말미암아 파괴된 채로 방치되거나, 향안 입록인 수가 급증한 것은 이같은 사정을 반영하는 것으로 보인다.

18세기 이후 사회경제적 변화를 가장 적극적으로 이용한 것은 요호·부민이었다. 이들은 생산력의 증가, 상품화폐경제의 발전 등을 통하여 경제적 부를 축적할 수 있었다. 이들은 18세기 이후 부세 운영이나 향촌 통제 차원에서 중앙 권력 또는 수령의 관심 대상이 됐다. 이들을 중요 대상으로 한 권분勸分(고을 수령이 관내의 부자들에게 권하여 극빈자를 구제하던 일), 향교·향청鄕廳과 관아의 각종 수리를 목적으로 한 원납전願納錢, 목민서牧民書 등을 통한 행정체제 정비 등은 그 구체적인 예라 할 수 있다. 권분과 원납전은 요호·부민의 향임鄕任·교임校任·군임軍任 등으로의 진출과 표리 관계를 이루는 것이었고, 이들의 향임층 진출은 "온 집안이 역役을 면하고 빠지는" 현상을 가져왔다.[3] 즉 요호·부민층의 신분 상승과 수탈 체계에서의 이탈 그리고 관권과 결탁하는 일을 보다 용이하게 하는 수단이 됐다. 관권과의 결탁은 당시 요호·부민의 성장에 필수 관건이었다. 이들은 시간이 흐르면서 양반 또는 향임으로 자신들의 신분과 직임을 고정해두고 수령권을 매개해서 사족의 지배체제에 도전하기도 했다.

새로운 세력의 종착역

조선 후기에는 각종 전란과 군비 확장 및 임시 관아의 증가, 재해

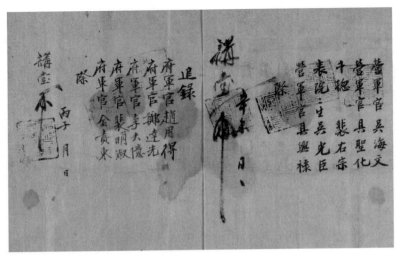

승청좌목(升廳座目) 향약이나 동약에서 양반과 함께 대청에 오를 수 있도록 허락된 사람의 명단이다. 이들은 원래 중서층으로 취급되어 대청에 오를 수 없었다. 경주최씨 백불암 종택 소장.

빈발 등으로 만성적인 재정 부족에 시달렸다. 이를 극복하기 위해 수취체제의 개혁이 시도됐지만 지방 군현의 재정 궁핍은 한층 심각해져서 특별한 대책이 필요한 상황이었다. 더구나 자연재해로 기민이 발생하면 환곡과는 다른 별도의 진휼곡이 요구되기도 했다. 이러한 사정과 달리 17~18세기 이후 사회경제의 변화 속에서 다양한 집단이 농업경영으로, 혹은 상업 활동으로 부를 축적하고 있었다. 그리고 이들은 축적된 부를 바탕으로 하여 관직에 진출하거나, 아니면 신분 상승을 통해 사회적 차별에서 벗어나고자 했다.

납속제도란 국가 재정이나 구호 대책을 보충하는 방법으로, 돈이나 곡물을 바치면 관직을 주는 것이다. 이것은 부족한 재정을 보충하고자 하는 정부와 벼슬 또는 신분 상승 욕구를 가진 이들 사이의 상호 이해관계가 일치함으로써 가능했다. 그리하여 돈이나 곡물을 납부한 사람에게는 명예직이나 과거를 볼 수 있게 허락하는許通 특전이 주어졌다. 물론 '납속納粟'이라는 머리글자를 붙여서 말이다.

그런데 비록 납속이나 권분을 통해 실직實職을 받았다 하더라도 이들이 관직에 진출할 수 있었던 것은 아니다. 이들의 관심은 관직 진출이 아니라, 향촌 사회에서 실질적으로 받게 되는 혜택에 있었다. 예를 들어 납속한 상민常民은 명예 관직을 받은 것만으로도 자신과 아울러 자식까지 면역免役됐다. 이들은 사회적으로 다른 상민과 구별되기를 바랐고, 나아가 향촌 사회에 미치는 영향력이 커지기를 원했다. 그래서 남의 족보에 이름을 올리고 아버지와 할아버지를 바꾸어 양반처럼 행세하면서 돈과 맞바꾼 벼슬을 호적에 올려 진짜와 가짜를 구별할 수 없게 만들었다.

그러나 권분 등이 요호와 부민의 성장을 계속적으로 담보해줄 수 있는 것은 아니었다. 그것은 부민에 대한 수탈로 악용되기도 했다. 실제로 권분 등은 수시로 광범위하게 행해졌다. 그래서 순조 연간에는 권분을 금지하여 빈부貧富가 함께 몰락하는 폐단을 없애고자 했다.

설사 요호·부민이 수탈의 대상이 아니라 일정하게 성장하고 있었다 하더라도 그것은 지극히 불안정한 것이었고, 또 수령권에 흡수되어 수탈 구조의 한 축을 형성하기에 급급한 실정이었다. 이것이 바로 새로운 세력의 한계였다.

이러한 불안정은 말할 것도 없이 요호·부민의 성장이 제도적·법적 장치를 통해 전개된 것이 아니라, 수령권을 두고 개별적으로 결탁해 이루어졌기 때문이다. 또 요호·부민의 생산 기반과 거주지에 따

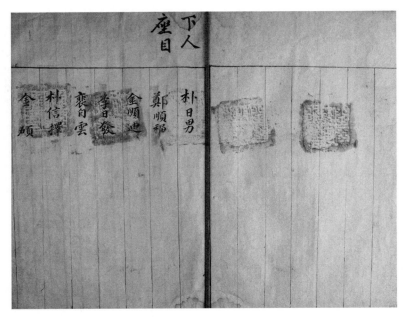

하인좌목(下人座目) 향약이나 동약 등에서 양반과 상민은 별도의 장부에 이름을 올렸다. 양반을 수록한 명부는 상인좌목이라고 했다. 경주최씨 백불암 종택 소장.

라서도 크게 좌우됐을 것이다. 즉 읍내의 상업적 환경에 거주하던 요호·부민은 보다 용이하게 성장한 반면, 외촌外村에 거주하면서 농업에 생산 기반을 둔 요호·부민은 관권과 결탁하는 일이 쉽지 않았다. 이 같은 차이는 결국 요호·부민의 성장과 몰락 또는 수탈층과 수탈의 대상으로 분화됨을 의미하며, 나아가 이후 농민항쟁과 전쟁기의 수성군守城軍과 농민군의 중간 지도자로서 서로 다른 길을 걷게 되는 계기가 된 것으로 보인다.

조선 초기부터 신분적 제약이 가해지던 서얼에 대한 허통은 왜란을 극복하기 위해 일시적으로 허용됐다. 서얼에 대한 허통이 좀 더 적극적으로 구체화된 것은 숙종 대부터였다. 서얼은 집단 상소를 통해 또는 당시 정치세력의 정변에 참여함으로써 보다 조직적이고 적극적으로 허통 운동을 전개해 나갔다. 마침내 1708년(숙종 34) 서얼의 자손도 일반 양반과 마찬가지로 유학幼學을 칭할 수 있게 됐다.[4] 그러나 여전히 서얼의 관직 진출에는 문제가 많았다. 그것은 명분론에 입각한 양반의 질서와 차별 때문이었다.

탕평론을 앞세워 왕권 강화를 모색하던 영조는 서얼에 주목했고, 이들에 대한 소통과 처우 개선에 관심을 보였다. 그러나 영조가 의지를 관철하기에는 당시 당색의 대립과 갈등이 깊었다. 영조는 마침내 1771년(영조 48)에 서류통청庶類通淸(서얼에게 관료로 진출할 수 있게 하는 조치)을 결정함과 동시에 서얼을 청요직淸要職에 임명했다. 서얼은 이러한 조치를 적극 환영했고, 나아가 태학太學에서 앉는 자리의 순서를 나이에 따를 것序齒과 향안의 등록에 적서 차별을 없앨 것通錄을 요구하여 받아들여지기도 했다. 그러나 향안 통록은 곧 번복됐고, 향촌 사회의 서얼 차별은 여전했다.

영조에 이어 정조도 서얼에 관심을 기울였다. 정조는 규장각을 중심으로 탕평책과 왕권 강화를 추진하는 한편, 영조 대 이후 제대로 실시되지 않던 서류통청과 태학 서치를 보다 구체화하고자 다시 법을 제정했다. 이와 더불어 규장각에 검서관 제도를 마련해 서얼이 핵심 권력에도 접근할 수 있게 했다. 이것은 정조가 남인, 서북인 등과 함께 서얼을 왕권 강화 또는 노론 전제를 견제하기 위한 인적 기반의 한 축으로 생각했음을 보여주는 것이다.

그럼에도 서얼에 대한 차별은 여전했다. 많은 지역에서 향안이 더 이상 작성되지 않았다는 것이 그 방증이다. 사족이 향안 작성을 그만둔 것은 더 이상 서얼과 함께 이름을 나란히 하지 않겠다는 의미였다.

결론적으로 국가 차원이나 향촌 사회는 새로운 세력을 제도적으로 포용할 수 있는 장치를 마련하지 못했다. 그들은 국왕이나 집권 세력의 정치적 이해관계에서, 지방 수령의 개별적이고 사적인 차원에서 이용되고 동원될 뿐이었다. 이 같은 한계와 함께 또한 기존의 지배 질서가 아직은 계급적 이해를 지킬 수 있을 만큼 힘이 있었기 때문이기도 했고, 나아가 새로운 세력 또한 학문적으로나 사회경제적으로나 모든 면에서 기존 세력과 다를 것이 없기 때문이기도 했다. 이들은 차별의 대상이기도 했지만, 다른 한편에서는 차별의 주체이기도 했다. 즉 서얼 내부에서도 다시 적서 차별이 있었다. 서얼 자신도 그들의 서얼에 대해 차별했으니, 결국 기존의 양반과 전혀 다를 바가 없는 셈이다. 따라서 그들의 종착역은 세상의 변화가 아니라 그저 기존의 양반 체제에 편입되는 것이었다.

하지만 이후 19세기 말 농민전쟁기에 이들이 부분적이었다고는 하더라도 새로운 이데올로기와 민중적 기반에 주목했다는 것은 큰 의미를 가진다. 이들의 진정한 성장과 새로운 존재로서의 정체성 확보는 그들 자신이 사족과는 다른 이데올로기와 기반을 확보할 수 있을 때 가능한 것이었다.

신분제 개혁 방안, 실학자의 생각

신분제, 조선의 뼈대

조선은 신분제를 바탕으로 존속한 사회였다. 조선의 신분제는 양반·중인·평민(상민)·천민 또는 양반·평민·천민으로 구분하기도 하나, 현실적으로는 양반과 상민·천민으로 엄격히 구분됐다. 양반은 경제적으로 지주였고, 정치적으로 관료 또는 관료 예비군이었으며, 사회적으로 향촌 사회의 지배자였다. 이 같은 사회적 지위는 토지 소유 관계, 교육, 과거, 관직, 형벌 등에서 특권을 부여받는 근거가 됐다.

양반 소유의 토지는 보통 지주−전호佃戶 관계에 의해 경작됐다. 양반은 자신의 토지를 경작하는 전호를 통제하기 위해 국가권력을 필요로 했고, 그러려면 관료로 진출해야 했다. 관료 진출을 위한 일반적인 방법은 과거를 보는 것이었다.

상민·천민은 생산활동에 직접 참여하는 농민, 상인, 수공업자 등으로 구성되지만, 대체로 농민이었다. 그리고 농민은 양인과 노비로 나뉘었다. 양인 농민은 자기 소유의 토지를 경작하거나 양반지주의 토지를 병작竝作하는 처지였고, 국가에는 전세田稅와 공물 그리고 군역과 잡세雜稅를 부담해야 했다. 군역은 전세와 잡세에 비해 농민에게 더욱 가혹한 것이었다.

노비는 최하 계층으로 국가의 공적 기관에 소속된 공노비와 개인에게 소속된 사노비로 구분된다. 노비는 국가기관 또는 그들의 상전에게 노역勞役이나 신공身貢의 의무를 졌다. 아울러 이들 또한 토지 경작자로서 국가와 지주에 대한 부담을 함께 지고 있었다.

조선왕조는 양반과 상민·천민 간의 엄격한 차별을 전제로 하여 성립되고 운영됐다. 따라서 조선은 양반 사회라고 할 수 있다. 양반과 상민·천민 간의 차별은 상하·존비·귀천의 차별을 당연한 것으로 여기는 성리학의 명분론을 통해 합리화됐다. 그러나 이러한 신분 구성은 임진왜란, 특히 18세기 이후 크게 변화해갔다.

이른바 조선 후기 신분제의 동요는 양반과 상민·천민 간의 신분 구성과 차별성이 여러 요인에 의해 흔들리게 됐음을 의미한다. 이러한 동요는 조선 봉건 사회의 기본 질서와는 크게 상치되는 것이었고, 이에 따라 기존의 신분제는 많은 모순을 드러내고 있었다. 그 모순의 해결 방안은 다양하게 제기됐지만, 적극적으로 개혁을 주장한 것은 실학파였다. 반계磻溪 유형원柳馨遠(1622~1673), 농암聾菴 유수원柳壽垣(1694~1755), 다산 정약용 등이 바로 그들이다.

조선 후기 신분제 동요의 실상

조선 후기는 사회경제적으로 큰 변화가 전개되는 시기였다. 그 변화는 이앙법移秧法의 광범위한 보급과 견종법畎種法 실시 그리고 시비법施肥法의 발달, 농기구와 종자 개량, 수리시설의 발전 등에서 오는 농업 생산력 발달에 크게 바탕을 두고 있다. 농업 생산력의 발달은 농촌 사회를 크게 변화시켰고, 농민층을 소수의 부농층과 대다수의 빈농층으로 분해했다. 농업의 변화는 동시에 상업과 수공업의 발달을 이끌었다. 그리고 이러한 경제적 발전은 한편에서는 지주제의 발전을 가져왔고, 다른 한편에서는 신분제의 동요를 수반하고 있었다. 지주제의 발달은 소수의 토지 소유자에게 토지가 집중되는 것을 의미하는데, 이 과정에서 대부분의 농민은 전호로 몰락하고 있었다. 전호는 수확량의 반을 지주에게 바쳤을 뿐만 아니라, 국가의 각종 부세賦稅를 담당해야 했다.

민호民戶 중에서 땅을 가지고 경작하는 자는 열에 한둘도 안 되고, 공부公賦는 10분의 1이지만 사세私稅는 분반分半하는 것이다. 공사公私를 함께 계산하면 10의 6이 된다.[1]

열 집이 모인 곳에서도 땅이 있는 자는 한둘도 되지 않는다. 절반은 다른 사람의 땅을 빌리고 있다. 한 해가 다 가도록 힘써 일하여도 국가의 세금常稅을 바치는 데에도 모자라는데, 그 절반을 땅 주인에게 바치고 또 공사채公私債에 응한다.[2]

결국 지주제의 발달은 경제적 불균형을 더욱 깊게 했다. 농민은 도적이 되거나 노비 혹은 중이 됨으로써 마침내 양민의 씨가 말라버리게 될 것만 같았다. 반대로 일부 농민은 안정된 경제적 기반을 토대로 변화된 환경에 보다 능동적으로 대응함으로써 경제적 부를 축적할 수 있었다. 국가의 부세 수탈을 어떻게 완화하느냐가 성장과 몰락의 관건이었다. 즉 생산력 향상 등으로 농민이 부를 축적할 객관적조건은 형성됐지만, 이것이 농민에게 부의 성장으로 돌아오기 위해서는 조세를 비롯한 다양한 봉건적 수탈에서 벗어나야만 했다. 봉건적 수탈, 특히 양민의 신역身役으로 고정됐던 군역은 이 시기 농민에게 가장 과중한 부담이었다. 이제 농민 가운데 부유한 자는 적극적으로 군역 체계에서 벗어나고자 했다. 그들은 대체로 재부財富를 이용한 신분 상승을 꾀했다. 말하자면 양반이 되는 것이다.

대저 양반이 된 후에야 군포軍布를 면할 수 있으니, 그런 까닭으로 백성이 밤낮으로 도모하는 것이 다만 양반이 되는 것이다. 향안에 등록되면 양반이 되고, 거짓 족보를 만들면 양반이 되고, 본향本鄕을 떠나 먼 곳으로 이사하면 양반이 되고, 유건儒巾을 쓰고 과장科場에 들어가면 양반이 된다. 몰래 불어나고 암암리에 자라며 해마다 증가하고 달마다 불어서 장차 온 나라가 모두 변화하여 양반이 되고야 말 것이다.[3]

신분제 동요의 가장 중심이 되는 현상은 다름 아닌 상민·천민의 신분 상승이었다. 이에 따라 종래 양반과 상민·천민으로 뚜렷이 구분됐던 신분 구조는 재편되지 않을 수 없게 됐다.

최하 신분층이었던 노비의 광범한 도망은 신분제를 동요시키는 또 다른 요인이었다. 이들의 도망은 노비제 자체의 존속을 어렵게 했을 뿐만 아니라, 주로 노비를 소유한 양반의 경제적 변화도 가져왔다. 노비는 토지와 함께 양반의 경제적 기반을 이루는 가장 중요한 두 축을 이루었다. 노비의 도망은 결국 양반의 경제적 몰락을 가속화했다. 따라서 양반 신분 또한 이러한 전반적인 사정과 결부되어 크게 동요하고 있었다. 일부 양반은 특권을 독점함으로써 문벌로 성장할 수 있었지만, 그렇지 못한 보다 많은 양반은 중앙 권력에서 배제되어갔다. 후자의 경우는 향촌 사회에서조차 양반으로서 특권을 유지할 수 없는 처지가 되거나 경제적으로 완전히 몰락하여 농민과 다를 바 없는 신세가 되기도 했다. 다음의 글은 몰락 양반의 사정을 극단적으로 보여준다.

검토관檢討官 권적權樀이 아뢰었다. "신臣이 남쪽으로 향했는데 농사가 크게 흉년이 들어 백성들이 모두 유산流散했습니다. 또 들으니 김제의 고씨高氏 성을 가진 선비가 주림을 이기지 못하여 부부가 장차 갈라져 흩어지게 됐습니다. 그 처가 말하길 "이 같은 참혹한 흉년을 만나서 이제 장차 빌어먹게 됐으니, 인생이 이 지경에 이르러 돌아볼 것이 무엇이 있겠습니까. 집에 기르던 개가 있으니 청컨대 당신과 함께 잡아먹읍시다"라고 하자, 지아비가 "나는 내 손으로 차마 잡아 죽일 수가 없구려"라고 했습니다. 다시 지어미가 "내가 부엌에서 개의 머리에 끈을 맬 것이니 당신이 밖에서 잡아당기시오"라고 했습니다. 지아비가 그 말대로 하고 들어가 보니 개가 아니라 그 처이더랍니다." 임금께서 오래도록 측연해하셨다.[4]

결국 신분제 동요의 핵심 내용은 양반이 많아졌음에도 다른 한편에서는 이렇듯 생존 그 자체마저 위협받는 양반이 있었다는 사실이다. 이는 양반의 특권이 일부 문벌가에 집중되어 있었기 때문이기도하고, 양반은 사회적으로 농업이나 공업, 상업에 참여할 수 없다는인식 때문이었다. 양반은 농사를 지으려 하면 양반의 체면을 지킬 수없게 되고, 상업과 공업에 종사하고자 하면 금방 상놈이 되어버리니,굶어 죽는 일이 있더라도 농·공·상에는 종사할 수 없는 노릇이었다.

비양반의 양반화도 전통적인 신분 구조를 그 근저에서부터 와해하는 것이었지만, 더 큰 문제는 양적으로 팽창된 양반층이 농·공·상의생산활동에 직접 참여하지 않음으로써 결국은 '놀고먹는' 인구가 증가했다는 사실이다. 이것은 민산民産을 궁핍하게 할 뿐만 아니라 국가 재정을 허약하게 만드는 것이었다. 실학파의 신분제 개혁사상은바로 이 같은 문제를 해결하고자 하는 것에서 출발했다.

반계 유형원, 교육과 관직의 기회균등을 보장하라

유형원은 당시 조선 사회의 모순을 법과 제도의 개혁을 통해 해결할 수 있다고 보았다. 그는 법은 국가를 통치하기 위한 기본 수단으로, 그 법이 잘못됐다면 위정자는 이를 주저하지 말고 철저히 개혁해야 한다고 주장했다. 유형원의 신분제 개혁은 교육과 관직의 기회균등을 통해 전개됐다.

조선에서는 법제상 양민 이상이면 누구나 학교에 입학할 수 있고 과거에도 응시할 자격이 주어졌지만, 현실적으로 교육과 관직 진출은 사족에게 독점되고 있었다. 또한 군현마다 설치된 유일한 공적 교육기관인 향교는 인재 등용과는 무관했으며, 더욱이 교육기관이라기보다는 제향祭享 기관에 가까웠다. 유형원은 이러한 교육과 관리임용 제도의 모순을 전면적으로 개혁하여 교육과 인재 등용을 결부하는 공거제貢擧制를 제창했다.

유형원의 교육제도 개혁안을 보면, 부府나 군현에는 읍학邑學을, 한성에는 종전과 같이 4학四學을 두어 1차 교육기관으로 삼고, 이들 1차 학교에서 선발된 자를 교육하기 위한 2차 교육기관으로 각 도에 영학營學과 한성에 중학中學을 설치하고, 또 여기서 선발된 자를 교육하는 최상급 교육기관으로 한성에 태학을 설치한다는 것이다.

이러한 학교체계는 오로지 관료 양성을 위한 것이었다. 학생을 '사士'라 부르고, 이들에게는 교육비 전액 면제와 생계 보조를 위한 토지(2~4경頃, 이는 농민의 2~4배에 해당함)를 지급하게 한다. 입학 자격은 공·상인과 무격巫覡·잡류雜類 그리고 공·사노비를 제외하고는 사대부에서 일반 백성凡民에 이르기까지 개방됐고, 특히 입학 후 좌석의 배치는 신분에 구애되지 않고 오직 나이순으로만 정했다.

관료 양성을 위한 전문 교육기관에 일반 백성까지 입학을 허용하고, 더욱이 신분이 아닌 나이에 따라 좌석을 배치한 것은 조선의 전통 신분 질서와는 크게 다른 것이었다. 따라서 이에 대한 비판이 격렬하게 제기될 수 있었다. 그러나 유형원은 도리어 문벌의 폐단과 결부하여 이에 대한 대답을 준비해두고 있었다.

「반계수록 서」 『반계수록 서(序)』는 성호 이익이 반계 유형원의 국가체제에 대해 저술한 『반계수록』에 영향을 받고 존경하는 마음으로 집필한 글이다.

예禮에 천하에 나면서부터 귀한 자가 없다고 했다. 천자天子의 아들도 입학하면 나이로 순위를 정하는데 하물며 사대부의 아들이 무엇이라고 그러랴. 우리나라는 한갓 문지門地만 숭상하여 습속이 구차해져 오직 문족門族의 화려함만 논할 뿐 그 사람의 행의行義의 수행 여부는 논하지 않음으로써 벌열의 자손은 재주도 없고 비루한 지아비庸才鄙夫에 불과하더라도 대대로 높은 벼슬卿相에까지 올라가고, 가문이 한소寒素하면 비록 그 자손이 훌륭한 덕과 뛰어난 학문碩德茂學이 있더라도 사류士類에 들지 못하니, 그러므로 세상 도덕이 향상되지 않고, 인재가 일어나지 않으며, 형정刑政의 문란이 모두 여기에서 기인한다.[5]

관직 임용은 특별히 천거薦擧하는 경우를 제외하고는 주로 이 같은 학교를 통해 선발하고, 음서제도는 인정하지 않았다.

유형원의 교육 및 관리임용제 개혁은 결국 과거제도의 폐지와 함께 당시 교육과 관직의 기회가 사족에게만 주어졌던 신분적 폐쇄성을 타파하여 일반 백성 이상이면 신분에 차별 없이 유능한 인재를 육성·발탁하는 데 목표가 있었던 것이다. 또한 교육비 면제와 생계 보조 수단을 제공하고자 한 것은 획기적인 조치였다. 이러한 조치는 오늘날 대학에서도 전면적으로 도입할 필요가 있다. 유형원의 개혁은 우선 양민 이상에만 한정되는 것이었지만, 최하층의 노비와 그 외 천역층賤役層에 대해서도 신분세습제를 폐지하고자 했던 그의 생각과 결부하여 이해할 때, 그의 궁극적인 개혁 목표는 세습적 신분제의 철폐와 더불어 오직 자신의 능력과 노력에 따라 사회적 지위가 획득되는 사회로 나아가는 것이었다.

농암 유수원, 문벌의 폐단을 논하다

농암 유수원이 주장한 개혁사상의 궁극적 목표는 국가의 부강과 국민 생활의 안정이었다. 그런데 18세기 당시 조선은 민생民生이 극도로 곤궁하고, 따라서 국가 재정도 피폐할 대로 피폐한 상태였다. 이러한 상태를 그는 "나라는 허약하고國虛, 백성은 빈곤하다民貧"고 표현했다. 그 이유는 임진·병자 양란이나 이로 인한 인구 감소 같은 자연적인 것이 아니었다. 그것은 사·농·공·상의 직업적 전문화가 실현되지 못했고, 따라서 백성은 자기 직업에 충실하지 못하여 놀고 먹는 자가 많았기 때문이다. 놀고먹는 이들이 많으면 국가 재정이 궁핍해진다는 것은 필연의 이치다. 그렇다면 사민四民(사·농·공·상)의 직업 분화가 이루어지지 못한 이유는 어디에 있는가? 유수원은 다름 아닌 양반, 곧 문벌의 발달에 있다고 보았다.

문벌이 되어야만 출세와 면역免役의 길이 트이고 반대로 농·공·상에 종사하면 출세의 길이 막힐 뿐만 아니라 군역을 지게 되는데, 사람들이 이를 수치로 여겨 기피한다는 것이다. 따라서 양반은 비록 굶어 죽는 한이 있더라도 결코 농사를 짓거나 상업에 종사하지 않았다. 그렇다고 양반이 모두 아무 일도 하지 않고 놀고먹었다는 뜻은 아니다. 그들은 실제로는 대리 시험과 같은 부정한 방법으로 과거에 합격하거나, 고리대 등 영리 행위를 하거나, 관리가 되어 불법적으로 백성의 토지와 노비를 약탈하는 등 농·공·상보다도 더 비루하고 부정한 행동을 자행하면서 생계를 도모하고 영리를 추구한다고 했다. 그리하여 양반은 많은 토지를 소유한 지주로서 부유한 생활을 하고, 이로써 얻은 양반의 신분적 특권을 자손 대대로 세습한다는 것이다.

또한 조정의 인재 등용도 오직 문지門地(문벌)에 좌우되고, 세상의 대접도 문지에 따라 차별을 두는 지경에 다다르게 됐다. 이렇듯 특권을 세습적으로 향유한 양반은 결국 살아서도 그 시대에 공헌하지 못하고 죽어서도 이름을 후세에 남기지 못하여 공功도 없고 덕德도 없는 자가 열이면 여덟, 아홉이었던 것이다.[6] 그런데 어떻게 이들의 자식에게 또 대대로 문음門蔭의 혜택을 줄 수 있느냐며 한탄했다.

따라서 유수원이 지향하고자 한 신분제의 개혁 방향은 특권 계급으로서의 양반, 곧 문벌을 없애 이들을 평민과 똑같은 지위로 일원화함으로써 양반과 양인의 차별을 없애자는 것이었다. 그러나 모든 인민을 평등하게 하자는 것은 아니었다. 다만 양반과 양인의 차별을 없애는 것일 뿐 비자유민인 천민과는 엄연히 구별했다. 말하자면 관존민비官尊民卑를 배격하여 관(사족)과 민(양인)이 대등하게 상대해야 할 것은 물론, 고관의 자식이나 무관無官의 평민이나 다 같은 양인으로서 평등하게 상종하고 대우해야 한다는 것이다. 그리고 이들은 평등한 입장에서 사·농·공·상 가운데 하나의 직업을 선택해야 한다. 양인의 직업 선택은 본인의 자유의지와 능력과 자질에 따라 결정할 문제였으나, 결코 어느 하나의 직업도 갖지 않는 것은 용납될 수 없는 것이었다. 유수원은 바로 이 같은 사민평등四民平等과 사민분업四民分業을 실현하고자 했다.

직업의 선택은 본인의 자유의지도 중요했지만, 그 자유의지는 바로 능력과 자질에 의해 제약될 수밖에 없었다. 따라서 사·농·공·상의 재배치, 특히 '사士'로의 진출에는 엄격한 심사를 거칠 수밖에 없었다. 사란 곧 '선사選士'로, 말하자면 국가에서 실시하는 자격시험을 거쳐 선발된 이후 학교에 적을 둔 학생을 의미했다. 이들은 향시와 중앙의 정시를 거쳐 관생館生이 될 수 있으며, 여기서 한성향시와 전시殿試를 거쳐 급제 과정으로 나아가 관리가 될 수 있었다.

유수원의 개혁사상 또한 유형원과 마찬가지로 세습적 신분제의 불합리하고 불평등한 사회적 모순을 해결하고, 나아가 신분이 아닌 개인의 능력에 바탕을 둔 좀 더 합리적이고 보다 평등한 세상을 만드는 것이었다.

다산 정약용, 모두가 양반이 되는 세상을 꿈꾸다

다음의 글을 보면 다산 정약용의 신분제 개혁론을 구체적으로 알 수 있다.

나는 또 한 가지 바라는 바가 있는데, 온 나라 사람들이 모조리 양반이 됐으면 하는 것이다. 온 나라 사람들이 모조리 양반이 되어버린다면 이는 곧 온 나라에 양반이 따로 남아 있지 않게 될 것이다. 젊은이가 있기 때문에 늙은이가 있고, 천한 이가 있기 때문에 귀한 이가 있게 된다. 만일 모두가 존귀한 사람이 되어버린다면 이는 곧 이른바 존귀한 사람이 없어져버리는 것이다.[7]

이것은 정약용이 중국 명말청초의 학자 고염무顧炎武(1613~1682)가 지은 「생원론生員論」에 대해 발문 형식으로 쓴 글이다. 고염무는 온 중국 사람이 모두 생원이 되면 어떻게 하느냐고 걱정을 했다. 정약용은 이를 보고, 중국 생원의 폐해보다 우리나라 양반의 폐해가 훨씬 큼을 이야기하면서도 도리어 우리나라 사람 모두가 양반이 됐으면 좋겠다고 말한다. 중국의 고염무가 생원의 증가를 걱정하는 것과 달리, 정약용은 오히려 양반의 증가, 나아가 모두 양반이 되는 사회를 바란다. 이것은 정약용의 신분제 개혁에 대한 진보성을 보여주는 것이라 할 수 있다. 그러나 정약용의 이러한 신분 개혁 사상은 실제 현실 차원에서는 종종 상충되는 모습을 보여주기도 한다.

양반이 되면 몸소 농기구를 손에 잡고 토지의 이익을 일으키지 않으며, 소를 이끌거나 말을 타고서 시장에 장사하여 재화를 유통하지 않으며, 손으로 도끼와 도가니를 잡아 그릇을 만들지 않는다. 양반이 많으면 노력이 줄어들고 사람의 노력이 줄어들면 토지의 이익이 개척되지 아니하고, 토지의 이익이 개척되지 않으면 나라가 가난해지고, 나라가 가난해지면 사士를 권장할 수 없으며, 사가 권장되지 않으면 백성이 더욱 곤궁해질 것이니, 그 근원을 궁구하면 곧 군포 때문일 것이다.**8**

결국 모든 백성이 군포軍布 때문에 양반이 되면 일할 사람이 없어서 나라가 가난해진다는 것이다. 즉 경제적인 현실 문제에서는 모든 사람이 양반이 되는 것을 반대한다. 앞에서 모든 사람이 양반이 됐으면 좋겠다는 말과는 대조된다. 그러나 정약용은 현실 차원에서도 무조건 상민·천민이 양반이 되는 것을 반대하지는 않았다. 당시에는 정약용의 지적과 같이 노비나 양인이 여러 방법으로 양반을 함부로 일컫는冒稱 것이 빈번했고, 정약용은 이러한 신분 상승을 부분적으로나마 수용했던 것이다.

혹시 농민이나 노비의 천한 신분으로 재물을 모아 부자가 됐고, 그의 자손들은 뇌물을 바쳐서라도 임명되기를 꾀하여 향승鄕丞의 신분이 되기도 한다. 그러면 아비나 선조를 바꾸어 거짓 족보를 인쇄해내기도 하고, 땅이나 노비를 바쳐 귀족과 혼인을 하기도 하며, 구멍을 뚫고 샛길을 내어 관장官將들과 인연을 맺기도 한다. 이런 부류의 인간들을 징계하여 억제하여야 할 것이고 북돋아 키울 수는 없는 일이다. 그러나 혹 그중에서 행실이 돈후敦厚하여 그 싹이 앞으로 흥興할 기미가 있는 자는 북돋우고 키워주는 것이 나의 덕德에 해롭지 않다.[9]

모든 상민의 신분 상승이 아니라 '흥할 기미가 있는 자'에 한정되는 것이었지만, 어쨌든 정약용은 천민의 불법적인 신분 상승을 묵인한다. 이는 다음의 글에서 보다 분명해진다.

유학幼學이라 함부로 일컬은冒稱 것은 엄금해야 할 것이다. 그러나 내가 떠난 후에 유학을 모칭하려는 자는 반드시 호적 담당 관리籍吏에게 뇌물을 바치고 전처럼 그대로 모칭할 것이니, 기강을 바로잡는 데에는 보탬이 없고 그저 아전들만 살찌게 해주니 궁극에 가서는 무슨 보람이 있겠는가. … 형편에 따라權道 눈감아두는 것도 불가할 것이 없다.[10]

하층민의 신분 상승에 대한 도도한 흐름을 눈감아주는 것도 나쁘지 않다는 의미다. 결국 모든 사람이 양반이 됐으면 좋겠다는 그의 이상론과 정면으로 배치되는 생각은 아니다. 도리어 정약용은 하층민의 신분 상승을 '불가항력'으로 인식했다. 그리하여 한 걸음 더 나아가 불법적으로 양반이 됐다 하더라도 이들을 차별해서는 안 된다고 했다. 그래서 "무릇 진사進士가 된 자는 비록 그 원인이 하천下賤이라 하더라도 곧 태학에 입학하기를 지금 법과 같이 한다"라거나, "왕자王者가 어진 사람을 뽑아 쓰는 데에는 한도가 없는 법인데 이제 도예道藝의 높고 낮음과 재예才藝의 길고 짧음은 헤아리지 않고, 다만 신분의 귀천과 지역의 원근만을 따져 벼슬길을 분간함은 과연 무슨 법에 따른 것인가. 급제 33명을 뽑을 때 … 귀족·천족賤族의 분간은 하지 말아야 한다"라고 했다.

이렇듯 정약용은 모든 사람이 양반이 되는, 말하자면 신분제의 전면적 철폐를 주장했지만, 한편 모두가 양반이 되면 나라가 곤궁해진다는 현실적 이유에서 그것을 유보하기도 했다. 하지만 역시 마찬가지로 당시의 신분 상승에 대한 도도한 흐름 그 자체를 전면적으로 부정하지는 않았다. 더욱이 천민이라도 진사가 됐다면 기존의 양반과 동등한 대우를 해야 한다고 역설했다. 정약용이 주장하는 신분제 개혁론의 근저에는 평등사상이 여전히 자리 잡고 있음을 알 수 있다.

조선 후기 신분제가 가지고 있던 모순은 양반의 수적 증가와 함께 특권이 소수 문벌가에만 독점되고, 이로써 몰락 양반이 증가하는 현실 등에 있었다. 이에 대한 유형원, 유수원, 정약용 등 실학파의 개혁론은 개혁의 구체적인 방법은 조금씩 달랐지만 그 지향하는 바는 신분 간의 차별 폐지, 사·농·공·상의 직업적 평등 그리고 신분이나 가문 등 외적인 조건이 아니라 개인의 능력과 자질이 중시되는 능력 본위의 사회 건설이었다고 할 수 있다. 이러한 점에서 실학파의 개혁사상은 진보적이며, 근대 지향적이었다. 따라서 당대에는 수용될 수 없었지만, 이후 역사에서는 반드시 이룩해야 할 과제였다. 우리는 지금 실학파가 희구하던 그런 세상에 살고 있다.

양반과 선비,
야유와 조롱의 대상이 되다

사대부와 팔대부

하회별신굿탈놀이는 민속 가면극이다. 하회별신굿은 3년, 5년, 혹은 10년에 한 번씩 정월 초하루에서 대보름까지 행해지던 마을굿이었다. 별신굿을 하면서 마을 사람들이 탈을 쓰고 춤을 추었는데, 지체만 자랑하는 허울 좋은 양반과 속 빈 지식층인 선비 그리고 파계승을 신랄하게 야유하고 비판하는 것이 주된 내용이다. 탈은 양반, 선비, 각시, 부네, 이매, 할매, 백정, 주지 그리고 초랭이 등이 전해진다.

탈은 그 이름에 걸맞은 모습을 하고서 행동한다. 예를 들어 초랭이는 콧대가 꺾이고 입이 삐뚤어진 모습에 방정맞은 촐랑 걸음을 걷는다. 이들은 각기 주어진 마당에서 제 역할을 수행했다. 초랭이는 양반의 하인으로, 그의 일생이 그러하듯이 독자적인 마당을 마련하지 못하고 여기저기에 끼여 야유하고 조롱한다. 그러나 주된 역할은 양

양반탈·선비탈·부네탈 안동의 하회별신굿탈놀이에 등장하는 중요한 탈들이다. 하회별신굿탈놀이는 마을의 안녕과 풍농을 기원하기 위하여 마을굿의 일환으로 연희되며, 국가무형문화재로 등록되어 있다. 안동 하회마을보존회 제공.

반·선비 마당에서 상전인 양반과 선비를 조롱하고 풍자하고 비난하는 것이다. 이 양반·선비 마당의 일부를 좀 구체적으로 살펴보자.

초랭이는 이매와 함께 양반과 선비를 불러낸다. 양반은 정자관程子冠을 높이 쓰고, 한 손에 부채를 펴 들고, 배를 내밀고, 거만한 여덟팔자걸음으로 나오고, 그 뒤를 초랭이가 흉내 내면서 따라 나온다. 선비는 유건을 쓰고, 담뱃대를 들고, 황새걸음으로 성큼성큼 나온다. 이 선비 뒤를 젊은 기생 부네가 치마를 휘감고, 오금을 비비며, 맵시 있게 걸어 나온다. 양반과 선비는 이 기생을 서로 차지하려고 가문과 지체를 자랑하는 싸움을 시작한다.

양반: 나는 사대부의 자손일세.

선비: 아니! 뭣이라고? 사대부? 나는 팔대부의 자손일세! 흥 ….

양반: (신경질적인 말투로) 아니 팔대부? 그래 팔대부는 뭐로?

선비: 팔대부란 사대부의 갑절이지! (여유 있는 말투로 두 팔을 벌려 갑절이란 표현을 해 보인다.)

양반: 뭐가 어째? 우리 할뱀은 문하시중門下侍中을 지내셨다네.

선비: 아! 문하시중 그까짓 것. (별거 아니라는 듯이) 우리 할뱀은 문상시대門上侍大인걸.

양반: 아니 뭐, 문상시대? 그건 또 뭐로? (의아한 표정)

선비: 애햄! (여유를 보이며) 문상은 문하보다 높고, (손으로 높은 것을 가리킨다.) 시중보다는 시대가 더 크다 이 말일세. (양팔을 벌려 큰 것을 표현한다.)

양반: 허허! (기가 차다는 듯이) 그것 참 별 꼬라지 다 보겠네.

양반: (지체 싸움으론 이길 수 없다는 듯이 한참을 망설인다.) 그래 지체만 높으면 제일인가?

선비: 그라믄 또 뭐가 있단 말이로?

양반: 학식이 있어야지! 나는 사서삼경을 다 읽었네.

선비: 뭐, 그까짓 거 사서삼경? (별거 아니라는 듯) 나는 팔서육경을 다 읽었네.

양반: (어이없다는 듯이) 아니 뭐 팔서육경! 도대체 팔서는 어디 있으며, 그래 대관절 육경은 또 뭐로?

초랭이: (양반 앞으로 바싹 다가서서) 나도 아는 육경, 그것도 모르껴? (양반과 선비 사이를 오가며 자신만만한 표정으로 손가락을 꼽아 보이며) 팔만대장-경, 중의 바라-경, 약국의 질-경, 봉사의 안-경, 처녀의 월-경, 머슴의 새-경 말이시더.

선비: 그래, 이것도 아는 육경을 양반이라는 자네가 몰라, 헹!

하회별신굿탈놀이 하회별신굿탈놀이 중에서 여섯째 마당인 '양반과 선비 마당'에서 양반과 선비가 소불알을 두고 서로 다투는 장면이다. 가운데 패랭이를 쓴 초랭이는 양반과 선비 사이를 오가면서 이들을 풍자하고 야유한다. 김복영 사진.

양반은 누구이고, 선비는 무엇인가? 이들은 조선시대의 지배 신분층, 말하자면 '상놈'을 지배하던 지체 높은 사람들이다. 앞의 인용문에서도 알 수 있듯이, 이들은 스스로 자신의 지체와 학식이 허위임을 폭로한다. 지배층의 허위의식은 초랭이의 조롱과 풍자를 통해 더욱 통렬히 비판되고, 이 조롱과 비판은 초랭이의 볼품없는 모습과 경망스러운 행동을 통해 그리고 보는 이들의 환호와 갈채를 통해 더욱 고조된다. 이제 초랭이의 삶은 보는 사람 모두의 삶이요, 또한 보는 이의 환호와 갈채는 초랭이의 삶이 혼자만의 것이 아님을 함께 확인하게 해준다. 여기서 초랭이는 보다 많은 이들을 위해 행동한다.

우리는 자기 삶의 울타리를 뛰어넘어 좀 더 나은 삶을 위해 고민하고 행동하는 이름 없는 사람들을 '민중'이라 하고, 이들의 삶을 '민중적 삶'이라 한다. 보는 이의 환호와 갈채 속에 초랭이는 이제 민중의 한 사람으로 거듭 태어난다. 그의 비판은 당시 사회의 가장 기본적인 신분제도를 공격한다. 그것은 도처에 의혹과 풍자를 퍼뜨린다. 그런데도 양반은 이것을 이해하지 못했다.

이것은 마치 프랑스 대혁명 전야에 귀족을 가장 신랄하게 비판하고 풍자한 모차르트의 오페라 「피가로의 결혼」이 귀족에 의해, 그들의 극장에서, 그들의 비호를 받아 공연됐듯이, 초랭이의 비판과 풍자는 양반 집 넓은 마당에서 진행되기도 했다.

이제 변화에 대한 숨길 수 없는 욕구는 보는 이 모두의 가슴속에 자연스럽게 자리 잡는다. 얼마나 신명 나는 삶인가! 얼마나 많은 사람에게 웃음과 희망을 주는가!

양반과 선비, 그놈이 그놈

사람들은 시비가 붙었을 때 상대를 향해 "이 양반이?"라고 하면서 위압하곤 한다. 그러면 대개는 즉시 싸움의 원인이 바뀌고 새로운 시비가 시작된다. 즉 상대 역시 "이 양반이라니?" 하며 곧바로 응수하기 때문이다. 말하자면 "이 양반이"라는 말은 시비를 격화시키는 굉장한 폭발력을 지니고 있다. 사람들은 이 말에 왜 그토록 격분하는 것일까?

"이 양반이"에는 '양반'만이 있을 뿐이다. 양반은 누구를 비하하는 말이 아니다. 도리어 상놈이 아니라 지체 높은 사람, 행실이 올바른 사람이라는 의미다. 그러나 싸움판에서 양반은 전혀 다른 의미로 사용된다. 말하자면 "이 가짜야" 혹은 "이 사기꾼아"와 같은 뜻이다. "이 양반, 저 양반"도 마찬가지다. '양반'은 왜 이런 의미를 가지게 됐을까?

앞에서도 언급했듯이 양반은 사대부 또는 사족이라고도 한다. 사대부란 독서하는 선비士와 전직·현직 관료大夫를 일컫는다. 전직·현직 관료라 하더라도 선비에서 출발했고, 또 신분이 개인 문제가 아니라 가문을 단위로 결정되는 까닭에 이들을 사족이라고도 했던 것이다.

선비가 관료가 되는 일반적인 방법은 과거를 보는 것이었다. 물론 공신과 고관의 자손에게는 음직蔭職이 주어지기도 했고, 특별한 부서를 두어 예우하기도 했다. 그럼에도 모든 양반이 관직이나 품계를 가질 수 있는 것은 아니었다. 관직이나 품계가 없는 이들을 통칭해서 유학幼學이라고 했다. 말하자면 양반이란 크게는 유학층을 기반으로 하여 전직·현직 관료와 품계를 가진 사람이라고 할 수 있다. 이들은 농업 등의 생산활동에 참여하지 않았고, 대체로 16세기 이후에는 군역의 부담도 지지 않는 특권층으로 군림했다.

양반은 상대적으로 우월한 경제력과 특권을 누렸으며, 교육받을 기회를 가졌고, 벼슬길에 나아갈 수 있었으며, 또 서로 혼인함으로써 사회적·정치적 유대 관계를 돈독히 했다. 그래서 상민·천민과는 엄연한 구분이 있었다. 상민·천민이 양반이 된다는 것은 불가능한 일로 보였다. 더욱이 법으로 이러한 신분의 경계를 엄격히 지켰다. 따라서 '양반'은 그 자체로 존귀한 말이었다. 그러나 18세기 이후에는 이 같은 양반에 대한 인식이 크게 바뀌어 나갔다.

　양반의 본분은 벼슬에 나아가 백성을 위해 배운 바를 실천하는 것이다. 그러나 양반이 증가하면서 모든 양반이 관직에 나아갈 수는 없었다. 당쟁이라는 형태의 권력투쟁이 이러한 현실을 방증한다. 18세기 이후 중앙의 권력이 노론 또는 서울의 몇몇 가문에 의해 독점됨으로써 지방의 많은 양반은 관직에서 소외됐다. 지방의 양반이 벼슬에 나아가기란 거의 불가능했다. 그래서 향촌에서 그저 글이나 읽으면서 가난하지만 세상과 타협하지 않고 고고하게 살아가는 선비를 자처하는 것이 훨씬 그럴듯하게 비쳐졌다.

　'선비'는 양반에 비해 청렴하고 고상하게 생각되는 말이었다. 물론 지방의 양반이 모두 이랬던 것은 아니다. 명문가의 후손은 아직도 중앙 권력과 실낱같은 끈으로나마 연결되어 있었고, 많은 토지와 노비를 소유함으로써 고을의 한 모퉁이를 호령하는 양반으로 행세하기에 부족함이 없었다. 아무튼 조선 후기의 양반 사회는 양반과 선비라는 같으면서도 다른 두 부류가 존재했던 셈이다.

　연암 박지원의 「양반전兩班傳」에도 이 같은 두 부류의 양반이 등장한다. 하나는 뜻을 고상하게 세우고, 언제나 꼭두새벽에 일어나 불을 밝히고는 두 발꿈치를 한데 모아 볼기를 괴고 앉아서 『동래박의東萊博議』[1]를 얼음 위에 박 밀듯 막힘없이 외우며, 배고픔과 추위를 참으면서도 입으로 가난하다는 말은 하지 않는 양반이다. 다른 하나는 글이나 역사를 대강 배워 과거에 합격하고, 벼슬하게 되면 배가 나오며, 방에는 아리따운 기생을 두고, 뜰에는 우는 학을 기르며, 비록 궁한 시골에 있다 해도 백성을 잡아다가 코에 잿물을 붓고 상투를 휘어잡으며 수염을 뽑아도 감히 원망조차 못 할 무단행위를 일삼을 수 있는 양반이다. 이를 굳이 구분한다면, 전자는 탈놀이 마당의 선비 같은 존재, 후자는 양반 같은 존재와 비슷하다.

박지원은 관직과 권력을 누대로 독점하면서 국정을 마음대로 농단하는 양반이나 항읍鄕邑의 무단토호적인 양반을 신랄하게 비판하여 이들을 '도둑놈'이라고까지 표현했다. 그렇다고 선비는 고상하게 묘사했느냐 하면 그렇지도 않다. 추위와 배고픔에 떨면서도 생산활동에 참여하지 않고 여전히 옛날의 생활양식에만 연연하는 몰락한 선비의 태도는 비판받아 마땅하다. 말하자면 그들은 가족의 생계조차 감당하지 못하는 무기력한 존재였다. 게다가 그들은 우리 것도 아닌 중국 역사의 득실을 오직 입으로만 '얼음 위의 박 밀듯' 매끄럽게 외울 뿐, 국정을 개혁하고 백성의 삶을 개선하는 데는 조금도 도움이 되지 않았다. 세상에 도움이 안 되기는 양반이나 선비나 다를 바가 없었던 것이다.

「양반전」이 양반 내부의 비판이었고 그것도 문자로 언급됨으로써 식자층에 한정된 것이었다면, 하회별신굿탈놀이에서 벌어지는 양반에 대한 풍자와 야유는 보다 직접적이고 즉흥적이다. 더욱이 대중과 더불어 호흡함으로써 그것은 더욱 고조될 수 있었다.

탈춤은 하층 백성의 축제다. 하층민은 탈놀이 마당에서 양반의 위선을 풍자하고 야유하면서 기존의 엄격한 신분 질서에 도전하여 그 경계를 시험해본다. 물론 이는 축제의 장에서만 가능했다. 그러나 풍자와 야유가 격렬하면 할수록 그 여진은 오래가기 마련이다. 그리고 자주 반복됨으로써 다만 놀이로서가 아니라 가끔은 일상생활에서 재현해보고 싶은 충동도 점차 강해졌을 것이다. 더욱이 그럴 만한 사회적 분위기는 점차 무르익고 있었다.

'새 양반', 새로운 대안인가

조선 후기 상민·천민이 양반으로 신분을 상승시킬 수 있는 합법 또는 비합법적인 방법은 다양했다. 물론 대부분은 상당한 재산을 필요로 했다. 18세기 이후 농경지는 크게 확대됐고 농업기술 또한 상당히 발전해 있었다. 이에 따라 상업과 수공업도 흥성하여 읍내는 제법 도회적인 분위기 속에 흥청거리기도 했다. 이러한 분위기에서 하층민 중 일부는 부를 축적할 기회를 얻었다. 그러나 신분 차별을 전제로 하는 봉건체제에서 하층민의 부는 불안정하기 그지없었다. 이들은 언제라도 관리와 양반의 수탈 대상이 될 수 있었다. 상놈이라는 것 하나만으로도 그렇게 되기에 충분했다.

따라서 상놈이 재산을 움켜쥐고 있다는 것은 그리 현명한 생각이 아니었다. 가능하면 수탈의 대상에서 벗어나야 했고, 그러기 위해서는 양반이 되어야 했다. 이것이 사회적 천대는 물론이고, 재산도 지킬 수 있는 유일한 길이었다. 실제로 많은 상민은 여러 방법을 동원하여 양반으로 신분을 상승시키고자 노력했다.

전라도 무안에 사는 농사꾼 조서방은 1천여 금에 가까운 돈으로 가짜 홍패紅牌(과거 급제 증서)를 사서 관冠과 띠帶를 착용하고, 어사화를 꽂고, 소리꾼을 앞세우고, 말고삐를 잡고 온 고을을 돌아다니며 양반이 됐음을 과시했다.[2] 걸맞지 않은 옷매무새며 익숙지 않은 말 탄 모습과 무식함을 뽐내는 거만함으로 온 고을 사람들의 웃음거리가 됐음을 상상하기란 그리 어렵지 않을 것이다. "어! 저게 양반이래!" 비웃음과 손가락질이 여기저기서 터져 나왔을 법하다. 그러나 정작 당사자인 조서방만은 몰랐을지도 모른다. 그래서 더욱 가관이었을 것이다. 당시 이 같은 일은 흔한 것이었다. 조서방은 양반놀음에 너무 많은 돈을 쓴 까닭에 파산하고 말았다. 이런 일을 벌이지 않았다면, 역사의 이면에서 조용히 잠들어 있었을 것이다.

양반은 이제 고매한 학식을 갖춘 것도, 지체 높은 신분을 가진 것도 아니었다. 농사꾼 조서방도 폼 나게 양반으로 뻐길 수 있는 세상이었다. 하층의 백성에게는 선비의 학식도 양반의 지체도 위선이었고, 따라서 그들은 풍자와 야유의 대상일 뿐이었다. 그렇다고 그들과 뿌리를 같이했던 새로운 양반 조서방을 환호한 것도 아니었다.

하층의 백성이 조서방의 행진에 환호할 수 없었던 것은 단순한 시기와 질투만이 아니었다. 양반을 풍자하고 야유했지만, 그들을 부정할 수는 없었다. 그것은 어쩌면 양반에 대한 기대가 여전함을 보여주는 역설적 표현일 수도 있었다. 누군가는 세상을 이끌어가야 했다. 고통이 클수록 새로운 세상에 대한 희망은 더욱 절실할 수밖에 없었다. 양반에 대한 그 같은 희망을 완전히 거두어들이기에는 아직은 대안이 없었다. 새로운 세력과 대안이 그들이 고대하던 미륵처럼 땅속에서 불쑥 솟아 나오길 기대했는지도 모른다.

조서방과 같은 '새 양반'이 결코 새로운 대안은 아니었다. 조서방이 새로운 이념을 가진 것도 새로운 대안을 가진 것도 아니었기 때문이다. 그들은 새로운 세상을 꿈꾸기보다 기존 체제로 편입되는 것에만 집착했다. 그러나 그들이 기존의 양반과 기득권을 함께하기란 양반이 되는 것보다 더 어려운 일이었다. 기껏해야 관권官權과 결탁하여 수탈층의 말단에 참여할 수 있었을 뿐이다. 이 양반이든, 저 양반이든, 그놈이 그놈일 뿐이었다.

연암 박지원은 사회를 개혁할 수 있는 새로운 세력을 자신과 같은 실학적인 선비에서 찾았다. 이들은 이념뿐만 아니라 개혁에 대한 구체적인 구상도 가지고 있었다. 그러나 진정한 실학적 선비는 그들의 이상을 실현할 현실적 힘이 없었다. 이것이 문제였다.

개혁은 조선 후기뿐만 아니라 오늘날에도 여전히 절실한 문제다. 새로운 정치세력을 바탕에 두지 않는 개혁은 공염불에 불과하다. 그러나 진정한 새로운 정치세력이 발붙일 공간은 거의 없어 보인다. 이점에서는 예나 지금이나 다를 것이 없다. 그러나 상황은 엄청나게 다르다. 조선의 백성은 힘을 행사할 합법적 방법이 없었지만, 오늘날 우리는 유권자로서의 힘과 그것을 행사할 유용한 방법을 가지고 있다. 제대로 사용하기만 한다면 새로운 변화는 얼마든지 가능하다. '이 양반, 저 양반' 그저 똑같은 '그놈'에 대한 비난과 풍자와 야유만이 조선의 백성이 할 수 있었던 전부였다면, 오늘의 우리는 '그놈'만을 탓할 일이 아니다. 진정한 대안을 찾아내고 키워야 한다. 나아가 키운 새싹이 바르게 자라는지 감독하고 감시하는 눈길도 소홀히 할 수 없다. '그놈'이 진정 '진정한 새로운 세력'이 될 수 있도록 우리 모두가 힘쓸 일이다. 더 이상 '그놈이 그놈'인 세상을 만들어서는 안 된다.

'상놈', 붓대를 잡다:
옛 문서를 통해 본 양반과 상놈

기적을 만들다

조선의 양반은 기본적으로 학자이고, 관료의 삶을 지향했다. 그래서 선비라고도 하고 사대부라고도 한다. 양반은 선비이고 관료였기 때문에 많은 기록물을 생산하고 또 유통했다. 그리고 그들의 후손은 선조先祖의 글을 소중하게 간수하는 것을 책무로 여겼다. 나아가 선조의 글을 집대성해 문집文集으로 정리하기도 했고, 때로는 세전유물世傳遺物로 후손에게 전했다. 따라서 이러한 기록물은 한두 세대로만 끝나는 것이 아니고 수십여 세대 혹은 수백 년에 걸쳐 계승됨으로써 양반 집안이라면 어느 가문이나 많은 자료가 축적되게 마련이었다.

그러나 오늘날 명문 양반의 후손가라 하더라도 조상의 문적文籍이나 문서를 온전히 보존한 경우는 그리 흔하지 않다. 글이나 문자가 생산되고 유통되지 않아서가 아니라, 이런저런 사정으로 그것을 온전히 보존하지 못했기 때문이다. 반대로 수백 년간 지켜온 경우도 있는데, 그러기 위해서는 몇 가지 내적·외적 조건이 필요했다.

　내적 조건으로는 첫째, 가문의 손孫이 끊이지 않아야 하고, 둘째, 글을 잃지 않아야 하며, 셋째, 재산을 잃지 않아야 했다. 어느 것 하나 쉬운 일이 아니다. 양반으로서 글을 잃지 않기는 쉬운 일인지 모르나 자손이나 재산은 그렇지 않다. 10여 대를 지나면서 양자를 들이지 않고 가계가 계승되는 경우도 거의 없으며, 양자를 들인다 하더라도 어린 양자가 친가親家나 양가養家로부터 문적을 온전히 지켜내기란 쉽지 않았다. 또 조선시대에 재산은 벼슬과 함께했기에 관직에서 멀어지면 재산도 멀어지기 마련이었다. 그나마 글은 그래도 오래 갈수 있었다. 글은 몰락한 양반의 유일한 생존수단이기 때문이다. 그러나 쉬운 일은 아니었다.

　내적 조건을 잘 극복했다 하더라도 문제는 또 있었다. 화재나 전쟁 같은 외적 조건은 세전유물이 망실되는 치명적 원인이다. 목조 건물은 화재로부터 거의 무방비 상태인데, 기와집으로 통칭되는 양반의 집이라고 예외는 아니어서 명문 양반가에서도 대부분 한두 번은 불이 나곤 했다. 집 안에 보관되고 있던 문적과 문서를 불길로부터 보호할 방법은 없었다. 여기에 임진왜란과 대한제국 말의 국권 상실, 이어지는 일제강점기, 한국전쟁 등은 이전의 많은 문화재와 문적을 파괴하거나 유출되게 했다. 또한 감당하기 어려운 가난, 산업화와 근대화의 미명하에 자행된 전통문화의 파괴와 단절, 우리 스스로의 문화적 열등감도 자료의 망실을 가져오는 데 결정적인 환경을 조성했다.

　그뿐 아니다. 오늘날에는 우리의 옛 문헌과 문서가 문화로서가 아니라 상품이나 돈으로 여겨져 절도범의 좋은 사냥감이 됐다. 후손은 이들로부터 세전유물을 지키기 위해 장롱이나 벽장 같은 내실 깊숙한 곳에 갈무리해두어야 했고, 다행히 지켜냈다 하더라도 이 때문에 곰팡이나 좀 등의 피해를 입기도 했다.

오늘날 전해지는 선조의 옛 문헌 자료는 이런 험난한 역경을 이겨내고 지켜진 것이다. 물론 이것은 한편에서는 가문의 보물이고 세전유물이지만, 이를 통해 우리는 그것이 생산되고 유통되던 시대의 역사와 문화를 읽어낼 수 있다. 따라서 한 가문의 자랑거리나 유물로서만이 아니라 결국에는 우리 모두의 소중한 역사이고 문화유산인 것이다. 이 글도 기적처럼 보존되어온 많은 옛 문서를 통해 양반과 상놈을 이야기하고자 한다.

'학생'과 세월호

조선시대에는 공적인 문서는 물론이고 사적인 문서에도 이름 앞에 직역을 반드시 기록했다. 양반은 자신의 직위나 품계를 썼고, 그것이 없으면 유학이라 표기했다. 유학이 바로 양반의 최소 조건인 셈이다. 18~19세기 상놈이 양반 행세를 하기 위해서는 최소한 유학이라는 호칭이 필요했다. 그래서 호적대장에 유학이 80~90퍼센트에 이르게 된 것이다.

천민인 노비는 '노奴'나 '비婢'라고 쓰고, 평민은 대부분 군역의 의무를 지고 있었으니 '보병步兵'이니 '수군水軍'이니, 아니면 다양한 군

호적대장 호적대장은 군현의 면과 리 그리고 호(戶)를 단위로 인구를 파악한 큰 장부다. 5호를 1통(統)으로 하여 통수(統首)를 두었다. 대구 이외에도 울산, 단성 등지의 호적이 현존한다.

보軍保를 표기했다. 이를 국역國役이라 했다. 양반이니 상놈이니 하는 것은 기본적으로는 이 직역을 토대로 해서 구분하는 것이다.

호적대장에는 당시 사람의 이름과 직역, 나이뿐만 아니라 부·조·증조·외조를 뜻하는 4조祖의 이름과 직역도 기록했다. 처妻도 마찬가지다. 이를 토대로 국가에서는 세금을 매기고 군인을 차출했다. 연구자 또한 이를 근거로 신분제가 어떻다느니, 양반 수가 늘었다느니, 노비가 많다느니 하는 통계를 내기도 한다. 그뿐만 아니라 주호主戶와 그 처의 4조가 모두 기록되어 있으니 누가 상놈에서 양반으로 신분을 바꾸었는지, 누가 본관을 바꾸었는지 등을 확인할 수도 있다.

주호란 지금까지 사용해왔던 '호주戶主'를 대신하는 조선시대의 법제 용어다.

신분은 살아 있는 사람뿐만 아니라 죽은 사람에게도 따라다닌다. 영의정이 죽으면 영의정이고, 생원·진사가 죽으면 생원·진사이지만, 이도 저도 아닌 유학이 죽으면 학생學生이다. 이 학생이 가끔 사람을 황당하게 만든다.

세월호에 탔던 많은 학생이 안타까운 죽음을 맞았던 그 시절 경상남도 어느 강연장에서 있었던 일이다. 50대쯤 되어 보이는 한 아주머니가 망설이면서 손을 살짝 든다. "선생님요, 옛날에도 세월호 같은 사건이 있었나 봐요?" 딸과 함께 산에 갔더니 여기저기 묘지의 주인이 모두 학생이더란다. 그래서 마음이 아팠다고 했다. 갑자기 강연장이 숙연해졌다.

그렇다. 세월호의 학생은 아니지만, 이 산 저 산에 묻힌 사람 대부분은 아무 직함도 품계도 없는 유학이었던 것이다. 그러니 더욱 안타까울 수밖에 없다. 지금도 그렇다. 물론 경상도 북부의 안동 문화권에서는 비석이나 신주에 학생이라 쓰지 않고 '처사處士'라고 썼다. 물론 공적 문서인 호적대장에는 학생으로 기록했다. 그런데 죽은 유학에게 왜 하필 학생이란 호칭을 붙였을까?

이승에서 열심히 노력하여 성취를 하지 못하면 저승에서도 학생으로 남아 영원히 공부해야 한다는 뜻이란다. 대학 강의 시간에 가끔 하던 이야기다. 영원히 학생을 면치 못한다는 것, 농담이라도 결코 즐거운 일이 아닌 모양이다. 대학생들도 잠시 숙연해졌던 걸 보면 말이다.

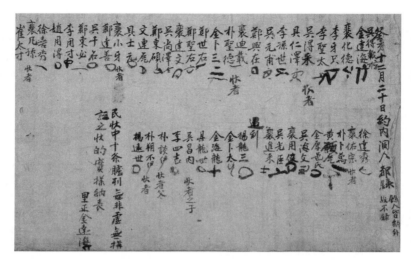

상민들의 수결 수결(手決)은 문서상에서 원래 양반만이 하는 자기 확인의 기호였다. 상민이나 천민의 경우에는 손마디나 손바닥을 그렸다. 그러나 19세기에 이르러서는 상민과 천민도 양반을 흉내 냈다. 글자를 모르는 상민과 천민은 그저 동그라미나 세모 등을 그렸다. (48×32cm). 경주최씨 백불암 종택 소장.

신분이란 이렇게 질긴 것이다. 그뿐 아니다. 양반에게는 양반 신분에 걸맞은 외양과 행실이 있고, 상놈 역시 마찬가지다. 유건儒巾을 쓰고 도포를 입은 채 어슬렁거리는 것은 양반의 모양새고, 배꼽이 드러나는 윗옷에 흙 묻은 중바지 차림으로 바삐 움직인다면 영락없이 상놈일 것이다. 이렇게 서로 다른 모양새인데도 양반과 상놈은 한자리에 서거나 앉지 않는다. 아니, 다른 모양새니 함께할 수 없었다.

옛 문서를 보면 양반과 상놈은 이렇게 다른 모양새로 등장한다. 양반이 남긴 많은 기록에서 양반은 자신의 성이나 이름 아래에 수결手決을 했다. 수결이란 양반이 하는 자기 확인이다. 그것은 붓 잡고 글 꼬락서니 빌려 요상하게 휘갈기는 것이다. 예술적인 묘미도 있다. 지금의 사인sign과 마찬가지다. 아니 사인의 할아버지쯤 된다.

그러나 상놈은 이런 수결을 할 수 없었다. 감히 양반의 흉내를 내는 것도 불경스러운 일이었지만, 문자를 모르니 도시 어찌해볼 수가 없었다. 그래서 상놈은 남이 써준 이름 아래에 자신의 손가락 마디를 그리거나 손바닥을 그려 확인했음을 표시했다. 이를 수촌手寸, 수장手掌이라고 했다.

여성은 도장을 사용했다. 물론 사대부집 부인의 경우다. 이들 역시 공식적으로는 글자를 모르는 존재다. 신사임당처럼 글을 읽고 쓸 줄 안다 하더라도 달라지는 것은 없었다. 그래서 이들은 공적 문서를 작성할 수도 없고, 설사 작성했다 하더라도 법적으로는 인정받기 어려웠다. 그래서 도장으로 대신했다. 이 도장에는 이름이 아니라 '김씨', '이씨' 등만 새겨졌다. 시집간 부녀자에겐 공식 이름조차 없었기 때문이다. 다만 '씨'라는 호칭으로 양반임을 표시했다.

사대부집 부녀자가 아닌 여성은 김성金姓을 쓰거나, '이조이李召史'라고 표기했다. 성은 중인 가문의 부녀자임을 의미하며, 조이란 평민임을 뜻한다. 여자 종은 당연히 비婢와 함께 이름을 적었다. 양반 부녀자 외에는 모두 손마디나 손바닥으로 자신임을 확인했다.

이러한 신분에 따른 다양한 자기 확인은 일제강점기에 들어와 도장으로 바뀌어 나갔다. 이제 모두 도장을 찍는다는 건 평등해졌음을 의미한다. 일제가 침략하기 직전인 1894년에 개혁을 해서 마침내 신분제가 청산됐다. 법적으로 양반, 상놈이 없어진 것이다. 상놈도 이제 더 이상 문서에 손마디나 손바닥을 그리는 일은 없어졌다. 남성과 여성 간의 차별도 없어졌다. 그저 모두가 자신의 이름을 새긴 도장을 찍으면 될 일이었다.

이젠 많이 바뀌었지만, 얼마 전까지만 하더라도 우리는 여기저기에 도장을 꾹꾹 찍어대야 했다. 모두가 글을 읽고 쓸 줄 아는 세상이 됐으니 수결로 대신해도 될 일이었다.

두렵고도 감격스러웠을 첫 경험

양반과 상놈이 엄격히 구분된 조선 사회에서는 양반이 할 수 있는 일과 상놈이 절대로 해서는 안 되는 일이 있었다. 일마다 다 그러하긴 했지만, 특히 양반과 상놈은 함께 나란히 서서도 앉아서도 안 됐다. 옛 문서를 보면, 사랑방에 높이 앉아 호령하는 상전 앞에 머리도 허리도 구부려 더 낮추지 못함을 송구해하는 마당쇠가 등장한다. 아니면 마당에 퍼질러 앉아 대청 위의 양반을 우러러 바라보는 상놈이 나타난다. 이렇듯 사랑방과 대청은 양반의 자리다. 상놈은 함부로 오를 수 없는 곳이다.

상놈이 있어야 할 자리는 마당이다. 집에서도, 고을이나 마을의 회의 때도 그렇게 앉고 섰다. 혹 중인中人 신분이라면 대청과 마당 사이 축담 위에 오를 수 있었다. 혹 길을 나선다면 종은 양반 뒤를 따르거나 말고삐를 잡을 뿐이었다. 이같이 앉고 서고 하는 자리는 아주 엄격했다. 상놈이 만약 이를 어긴다면 '양반 불경죄'로 매질 당할 일이다.

이러한 자리 배치도를 그려놓은 것이 '좌차도座次圖'다. 고을이나 마을에서 향약을 실시하거나 회의를 할 때 각자가 어디에 위치해야

교생안 교생에는 다양한 신분의 사람들이 있었다. 따라서 교생안은 양반과 중서 그리고 상민을 구분하여 작성하거나 아니면 이름의 높낮이를 달리하여 표기함으로써 신분을 드러냈다.

하는지 명시해놓은 그림이다. 향교에서도 양반이나 상놈이 머무는 곳을 달리했다. 동재東齋에는 양반이, 서재西齋에는 서얼이나 평민의 교생校生이 머물렀다.

그뿐만 아니다. 향약이나 계 또는 향교에는 이렇듯 신분이 다른 사람이 함께 참여했다. 그리고 이런 조직에는 참여하는 사람의 이름을 기록한다. 이를 '○○안案'이라고 했다. 고을에는 '향안'이 있고, 마을에는 '동안洞案'·'계안契案'이, 향교에는 '교생안校生案'이 있다. 이들 안에서도 당연히 신분의 차별이 있었다. 양반은 양반끼리 이름을 올리고, 상놈은 상놈끼리 이름을 적었다. 이를 '상인안上人案'·'하인안下人案' 또는 '상청안上廳案'·'하청안下廳案', '상계안上契案'·'하계안下契案'이라고 했다.

만약 별도로 명부를 작성하지 않는다면, 신분에 따라 높낮이를 달리했다. 가령 양반은 나이순으로 이름을 적는다면, 중인은 그 높이보다 한 자 낮추어 적고, 평민은 다시 한 자 더 낮추어 적어서 마치 계단식 서열을 만들어낸다. 누가 높고 누가 낮은지 저절로 분명해진다.

상놈이 할 수 없는 일로는 붓을 잡는 것이다. 언감생심, 그것은 감히 생각도 못 해볼 일이었다. 결코 상놈의 일이 아니기 때문이다. 붓은 글과 함께한다. 그러나 글은 어쩌면 어깨너머로도 배울 수 있었을지 모른다. 물론 심오한 학문이 아니라 일상적인 글을 말한다. 상놈 가운데도 영리하고 똑똑하다면 가능한 일이다. 그래서 '서당 개 3년이면 풍월을 읊는다'라는 말도 있게 된 것이 아닐까. 세상에는 기적 같은 일도 가끔 일어나는 것이니. 그렇다. 기적 같은 일이지, 일상적인 일은 아니다.

글을 안다 하여 상놈의 삶이 달라지는 것은 없다. 어디에 써먹을 일도 없다. 글을 좀 안다 하여 붓대 잡고 나설 일도, 그 이름 아래에 수결할 일도 없었다. 그건 도리어 책잡힐 일이었다. 글과 그 연장선상에서 수결은 양반의 영역이고 특권이었으니, 상놈이 글을 안다는 건 결코 도움 되는 일은 아니었다.

그러나 18세기 말 혹은 19세기에 들어오면서 세상은 조금씩 천천히, 때로는 급하게 바뀌기도 했다. 상놈도 붓을 잡기 시작했다. 물론 글을 아는 것은 아니었다. 그러면서도 붓대를 잡았다. 그 첫 경험은 두렵고도 두려웠을 것이다. 그러면서도 설레고 감격스러웠을 것이다. 그런데 글도 모르는 주제에 붓대를 잡아서 어쩌자는 것인가? 상놈이 처음 한 것은 글이 아니라 수결이었다. 손도장이 아니라 글을

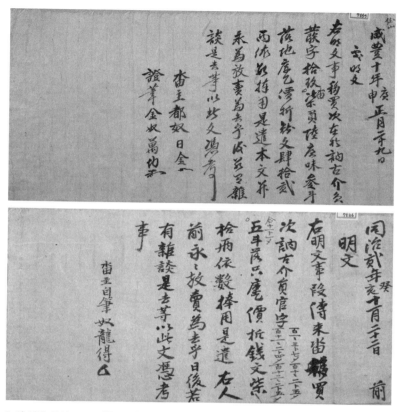

노비 자필 문서 1860년(철종 11), 1863년(철종 14)에 작성된 토지를 사고파는 문서다. 김씨 댁의 노 만절이와 노 용득이가 작성한 것임을 알 수 있다. 그리고 모두 수결을 했다. (위쪽 42×24cm, 아래쪽 39×23cm). 경주최씨 백불암 종택 소장.

아는 양반이나 하는 수결을 난생처음 해본다. 감히 생각도 못 해본 일이다. 어쩌면 혼자가 아니라 함께함으로써 가능했는지도 모른다.

여기저기서 상놈이 붓을 잡고 문서를 작성했다. 땅을 사고파는 뻔한 문서였지만, 그것이 어디인가. 그러고는 수결도 멋지게 흉내 냈다. 위의 도판에서 보이는 '도노일금都奴日金'이니, '김노만절金奴萬切'

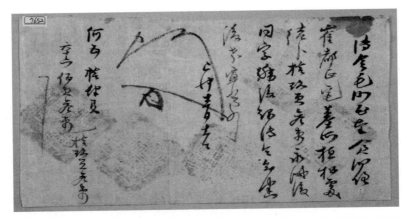

관인과 착압 붉게 찍힌 것은 관인(官印)이고, 가운데 큰 글씨로 휘갈긴 것은 지방관을 지칭하는 '관(官)' 자와 일종의 서압(署押)인 착압(着押)이다. 서압은 문서상에 자신의 이름을 전서(篆書)로 또는 파자(破字)하여 쓴 일종의 사인이다.

이니 하는 것은 '도씨 상전댁의 종 일금', '김씨 상전댁의 종 만절'이라는 의미다. 그야말로 상놈 중의 상놈인 종奴이 붓을 잡고 글씨를 쓰고는 멋지게 수결까지 한 것이다. 19세기에 들어오면 이런 문서가 가끔 보인다. 이전 시기였다면 감히 상상도 하지 못할 일이 일어난 것이다.

1860년대에 전라도 임자도에서 유배 생활을 했던 해기옹海寄翁 김령金欞(1805~1865)은 찾아오는 학동을 가르쳤다. 그런데 그 학동들은 양반의 자식이 아니었다. 고기 잡는 어부거나 수군水軍의 아들이었다. 김령의 글방 외에도 임자도에 서당은 열 곳이나 더 있었다. 조그마한 섬에 이렇게나 서당이 많았다. 김령은 각종 모임에서 불러주는 운자韻字에 따라 즉석에서 응대했다. 양반이 별로 거주하지 않았던 섬의 분위기가 이러했다는 것은 19세기에 상놈이 양반이 되려는 노

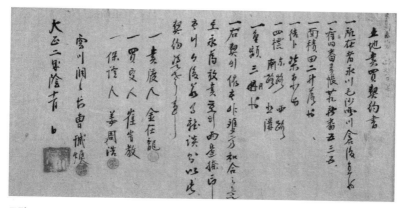

도장 1913년 일제강점기에 작성된 토지 매매 계약서. 매수인인 최시교를 제외하고는 모두 도장을 사용하고 있다. (45×21cm). 경주최씨 백불암 종택 소장.

력이 다만 족보를 조작하고, 홍패를 사고, 유학이라 모칭하는 등 형식적 수준에만 머물지 않았음을 의미한다.

상놈의 눈물겨운 양반 되기가 제대로 빛을 보기도 전에 나라가 망했다. 세상이 엄청 빠르게 변했다. 망하기 직전에 비록 형식적일 뿐이었지만 노비제도 없어지고 신분제도 없어졌다. 신분제 해체와 더불어 상놈이 손도장을 찍는 제도 또한 사라졌다. 새로운 대안이 있어야 했다. 그것이 바로 도장이었다.

자신의 이름을 새긴 도장은 일제의 침략과 더불어 등장했다. 물론 조선에도 도장이 있었고, 그것을 인장印章이라 했다. 앞에서 언급했듯이 사대부집 부녀자가 인장을 사용했다. 그러나 성만을 새긴 것이었다. 또 국왕이나 관청에서도 인장을 사용했다. 옥새玉璽와 관인官印이 그것이다. 옥새와 관인은 여성의 도장과 달리 붉은 인주를 사용해 찍었다.

이제 상놈도 양반과 마찬가지로, 그것도 붉은 인주로 꼭꼭 자신의 이름을 찍어댔다. 도리어 멋쩍어진 것은 양반이었다. 115쪽 도판에 보이는 토지 매매 계약서에는 매도인도 찍고, 보증인도 찍고, 동장도 찍었는데, 매수인인 최시교崔씀敎만은 도장을 찍지 않았다. 최시교는 대구 경주최씨 집안의 종손이다. 차마 상놈과 함께 찍지 못했으리라. 역시 처음 하는 일이라 어색했겠지만, 그게 법인 것을 어떻게 할 것인가. 아마 이처럼 사소한 문제로도 세상이 바뀐 것을 실감했을 것이다.

손도장 찍고 자식을 팔다

'자매 문서自賣文書'라는 것이 있다. 스스로를 파는 문서라는 의미다. 주로 19세기 후반에 나타난 현상이다. 그런데 사실은 자신이 아니라 자식을 파는 문서다. 가난과 질병 혹은 흉년에 어쩔 도리가 없어서 양반집에 노비로 파는 것이다. 그런데도 자매, 곧 스스로를 파는 문서라고 이름 붙인 것은 자식을 팔아먹는다는 비난을 피하기 위한 방책이 아니었을까. 아무튼 어떤 이는 이를 19세기가 위기의 시대임을 보여주는 좋은 예라고 한다. 세상이 어려워 자식을 파는 일까지 생겼다는 것이다.

그러나 세상이 어려웠던 것은 맞지만 위기의 시대라고 단언하기는 어렵다. 어쩌면 위기가 아니라 일정하게 발전하는 사회였기 때문에 처자식이라도 팔 수 있는 것이다. 다시 말해 자식의 노동력을 사줄 만한 세상이었다는 것이다. 이전에는 흉년이 들면 자식을 파는 것이 아니라 주로 양반집 대문 앞에 버렸다. 양반집에서는 이들을 키워 노비로 삼을 수 있었다. 이런 법을 '구휼아위노법救恤兒爲奴法'이라고 했다.

19세기 후반에 이르면 조상 대대로 전해오던 노비는 거의 사라지고 만다. 노비의 도망이 계속 일어났기 때문이다. 하지만 양반이 노비에 의존하지 않고 살아갈 수 있는 세상은 아니었다. 새로운 노비가 필요했다. 예전처럼 수십 명씩 두고 부릴 수는 없었고, 양반가의 노비는 기껏 두세 명에 불과했다. 19세기 후반 양반가의 노비 대부분은 매득買得한 것이었다. 매득, 곧 산 것이라 해도 양반 상호 간이 아니라 대부분 자매 형식을 빌린 것이라고 할 수 있다. 자매 문서의 한두 예를 살펴보자.

1833년(순조 33) 양반 최씨 집안에 주는 증명서

이 몸은 남편을 잃고 유리걸식하여 의탁할 곳이 없어서 어린 딸 용월이의 목숨조차 보존할 수 없었고, 또 큰 흉년을 당해 춥고 배고픔이 뼈에 사무쳐 거의 죽을 지경이 됐다. 그러던 차에 본 양반가에서 특별히 배려하여 살려주었고, 또 병구완에 든 돈도 갚아주었다. 은혜가 강과 바다와 같이 넓어 온 머리털을 다 뽑아도 갚을 수 없다. 이에 딸 용월이를 바치니 종으로 부리시길 바란다.

용월이 어미가 손도장을 찍어 증명한다.

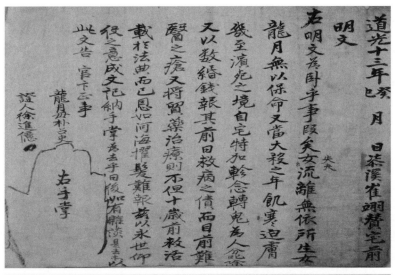

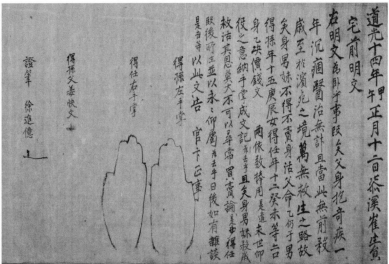

자매 문서 자매 문서란 스스로를 파는 문서라는 의미다. 1833년, 1834년에 작성된 것이다. 첫 머리의 '도광(道光)'은 중국 청나라 황제의 연호다. 조선시대 거의 대부분의 문서에서 중국 명나라나 청나라 황제의 연호가 쓰였다. 마지막에 팔려가는 자식이나 어미 박조이(朴召史)가 오른손 혹은 왼손을 그려 사실임을 확인했다. (위쪽 40×38cm, 아래쪽 75×38cm). 경주최씨 백불암 종택 소장.

1834년(순조 34) 최씨 양반댁에 주는 확인서

이 몸의 아비가 큰 병이 들어 치료할 방법도 없고, 또 큰 흉년을 당하여 살아갈 방도가 없다. 우리 남매가 부득이 몸을 팔아 아비의 목숨을 살려야 하므로 아들 15세 득손이와 딸 12세 득임이를 돈 몇 냥에 팔아야 할 형편이다. 그런데 이미 흉년에 큰 은혜를 입었으니 돈을 받을 형편도 못 된다. 그래서 딸 득임이는 그 후소생도 영원히 종이 되게 한다.

득남이와 득임이가 손도장을 찍고, 아비 강쾌문이가 다시 확인한다.

앞은 어미가 딸 용월이를 최씨 양반가에 파는 문서이고, 뒤는 득남이와 득임이 남매가 스스로를 역시 최씨 양반가에 파는 문서다. 그러나 뒤의 문서는 그 형식과 달리 아비가 남매를 파는 것임을 어렵잖게 알 수 있다. 특히 딸 득임이의 경우는 그의 자식까지도 노비가 된다는 조항이 덧붙여져 있다. 이렇듯 양반가에서 소장한 옛 문서에 보이는 상놈의 모습은 애처롭다.

문서란 양반이 만든 것이고, 양반에게나 필요한 물건이었다. 상놈에겐 손바닥만 한 자갈밭, 아니면 자식 팔아먹을 때나 필요한 요물이지, 없는 것만도 못했다. 도시 쓸 곳도, 쓸 일도 없었다. 그렇다고 마냥 거부할 수도 없는 노릇이다. 자신의 뜻과는 상관없이 이리저리 끼어들 수밖에 없다.

나라에서는 3년마다 호구단자를 제출하도록 요구했다. 이를 근거로 해서 호적대장을 만들어 세금과 군역을 부과하는 것이다. 그러니 온갖 수를 써서라도 회피해야 할 일이었다. 그러나 쉬운 일이 아니었다. 땅이 있다면 토지대장에 이름을 올려야 한다. 물론 그때마다 직역이 따라다닌다. 좋아서 하는 일은 아니었다.

만약 억울한 일이 있다면 관아에 소장訴狀을 올릴 수 있었다. 그러나 이것도 쉬운 일은 아니었다. 종이도 구해야 하고, 종이가 있다 한들 누구의 손을 빌려 글을 쓸 것인가. 종잇값도, 글값도 문제지만 관아에 들어간다는 것은 지은 죄도 없는데 주눅이 먼저 든다. 이래저래할 짓이 못 된다.

옛 문서에서 상놈의 주체적인 모습은 그 어디서도 찾아볼 수 없다. 상놈 스스로 글을 남기지 못했으니 그럴 수밖에 없다. 스스로 글을 쓰고 남기지 못한다면 그들의 삶을 온전히 살필 수 없음은 예나 지금이나 마찬가지다.

학문과 과거

공부와 학교

서당 개 3년, 풍월을 읊다

양반의 자식으로 태어나면 공부란 피하기 어려운 일이었다. 양반 신분을 유지하기 위해서는 글을 읽고 쓰는 것은 말할 것도 없고, 유학에 대한 최소한의 학문적 식견이라도 갖추어야만 했기 때문이다.

공부는 대체로 7세를 전후하여 『천자문千字文』부터 시작한다. 『천자문』은 그저 글자에 대한 이해를 위주로 한다. 좀 자라서 글자를 붙여서 읽을 정도가 되면 문중이나 마을 단위로 설립된 서당 등에서 공부했다. 서당에서는 『동몽선습童蒙先習』이나 『사략史略』, 『통감절요通鑑切要』 등을 주로 가르쳤다. 『사략』이니 『통감절요』니 하는 것은 중국 역사를 기술한 책이다. 이를 통해 한문의 구조를 터득하고, 우리가 아닌 중국의 역사를 익히게 된다. 어릴 적부터 남의 문화, 남의 역사를 익히다 보면 우리의 정체성은 엷어지게 되어 그 나라의 정신적·

문화적 속국민이 될 수밖에 없다. 전 국민이 영어 몰입 시대를 살고 있는 오늘날 우리도 마찬가지다.

중국의 역사보다 더 중요하게 가르친 것은 『소학小學』이다. 『소학』은 세수하고 청소하고 응대하는 양반의 생활 지침서다. 어린 시절부터 교육을 통해 유교적 생활 규범을 외우고 실천하게 하는 것이다. 이로써 유학자로서의 생활 규범을 자연스럽게 몸에 익히게 된다. 나아가 사사로운 욕망을 잘라 향후 학자로서 자연과 세상의 이치를 터득할 수 있는 기초를 형성하게 하는 것이다. 이 단계까지는 주로 조부나 숙부 등에 의한 가학家學의 테두리에서 이루어진다.

양반가에서는 아동기 교육을 아주 중요하게 생각했다. '세 살 버릇 여든까지 간다'라고 하듯이 이후 인성과 학문의 기초가 형성되는 시기이기 때문이다. 말하자면 유자儒者로서의 생활 규범뿐만 아니라 가문의 학풍을 자연스럽게 몸에 익히게 하는 것이다. 가학이란 가문 단위에서 형성된 학문적·문화적 전통이라고 할 수 있다. 이러한 과정을 통해 길러진 품성과 덕성 그리고 세계관은 성장한 이후에도 좀처럼 바뀌지 않는다.

서당은 조선의 가장 일반적인 교육기관이었고, 그 형태나 수준은 아주 다양했다. 사랑방에서 이루어지기도 했지만, 별도의 건물을 가진 경우도 많았다. 또한 향교에 입학하기 이전의 입문 단계 수준인 서당도 있었지만, 수준 높은 학문을 강론하는 서당도 있었다. 말 그대로 천차만별이었다. 수준 높은 서당은 주로 조선 후기 양반의 동성同姓마을에서 세운 것이다. 이런 곳에서는 마을의 양반 자식만이 아니라 인척 관계에 있는 가문의 자식도 함께 수학했다. 이를 통해 혈

서당 김홍도의 유명한 서당 그림으로, 훈장 앞에 등을 보이고 돌아앉은 학동은 전날 배운 것을 외우지 못해 꾸중을 듣고 있다. 이를 지켜보고 있는 다른 학동들의 표정은 사뭇 즐겁다. 갓 쓴 학동은 이미 혼인하여 성인이 됐음을 보여준다. 김홍도 그림, 『단원풍속화첩』, 국립중앙박물관 소장.

연적 유대를 강화하고 가학과 학통을 계승·발전시켜 나갔다.

여기서 거론할 것은 입문 단계의 서당이다. 서당의 공부 방법은 주로 강독講讀이었다. 강독이란 이미 배운 내용을 소리 내어 읽고 그 뜻을 질의 응답하는 것이다. 강에는 단원檀園 김홍도金弘道(1745~1806)의 그림 「서당」에 나오듯이 흔히 돌아앉아서 책을 보지 않고 외우는 배강背講과 마주 대하여 읽는 면강面講이 있다. 가끔은 시문詩文을 짓기도 했고, 습자習字도 소홀히 할 수 없는 일이었다. 그러나 공부의 대부분은 무엇보다도 외우기에 있었다. 책을 덮고도 줄줄 외워야 다음 단계로 넘어갈 수 있기 때문이다. 그러기 위해서는 수십, 수백 번을 읽고 또 읽어야만 가능한 일이었다.

향교에 입학하는 15~16세 전까지 가정과 서당 등에서 수학하는 기간은 8~9년이다. 짧지 않은 시간이다. 이 긴 시간을 어떻게 보냈을까? 오늘날 학생이 그러하듯이 조선시대라 하여 온전히 공부만 하지는 않았다.

다산 정약용은 11세까지는 너무 어려서 철이 들지 않아 글을 읽어도 그 의미를 헤아리기 어렵고, 15~16세에는 사춘기에 접어들어 물욕物慾에 마음이 갈리게 된다고 했다. 그래서 실제 학동이 글을 읽는 기간은 12세부터 14세까지 3년간이라고 했다. 그러나 이 3년간도 전적으로 공부에만 몰두하기는 어려웠다. 여름에는 더워서, 봄가을은 놀기에 좋아서 글 읽는 것을 등한시할 수밖에 없었고, 명절이나 질병·우환 등을 또 제하고 나면 실제 공부하는 시간은 300여 일에 불과하다고 했다.

가정과 서당을 통한 기초 교육은 대체로 15~16세에 마무리된다. 양반의 자식은 대체로 이 정도의 교육을 통해 양반으로서 기본적인 소양을 갖추었다. 또 이 시기가 조금 지나면 장가를 들어 우둔한 자는 글공부를 그만두거나, 다소 재주가 있는 자는 향교에 출입하면서 본격적으로 과거 준비를 한다.

서당은 향교와 서원이 교육적 기능을 거의 상실한 특히 18~19세기 이후 더욱 번성했다. 18~19세기에는 반촌뿐만 아니라 민촌에도 서당이 세워져 부유한 상민의 자식도 교육을 받아 문자를 해독할 수 있을 정도로 일반화됐다. 그래서 1915년 조사에 따르면 서당은 전국에 2만 3천여 개가 넘었다.[1] 이들 서당의 상당수는 일제강점기에 신식 학교로 전환해 민족의식을 고취해 나갔다. 그러나 일제의 우민화 정책에 따라 서당은 강제로 폐쇄됐다.

그래도 서당은 끈질긴 생명력으로 버텨냈다. 내 어린 시절 우리 집 사랑방은 이곳저곳에서 찾아오는 학동들로 북적였다. 말하자면 서당인 셈이었다. 초등학교를 겨우 졸업했거나 그렇지도 못한 학생들이었다. 『동몽선습』이나 『명심보감』 그리고 『소학』 몇 장까지가 대부분의 과정이었다. 책 한 구절 한 자 한 자 뜻과 의미를 새기고, 소리 내어 따라 읽고, 그러고는 신문지에 붓으로 쓴 글자 몇 자 받으면 그것으로 끝이었다. 그러나 모두가 수준도 다르고 진도도 다르니 개별 지도다. 물론 다음 날에는 배운 것을 외우고, 역시 붓으로 겨우 그린 글씨를 가져와야 했다. 태반이 제대로 외우지도 써 오지도 못했던 것으로 기억한다. 공부할 시간이 달리 없었다. 놀기 바빠서가 아니라 일손을 도와야 했기 때문이다. 당시 농촌에서는 초등학생 나이면 할 일이 태산이었다. 그러니 농사철에는 자동 휴업이다. 수업료는 별도로 없었다. 다만, 책 한 권 떼면 '책거리 떡' 한 소쿠리가 전부였다. 그러나 책 한 권 제대로 마칠 때까지 끈기 있게 계속 공부하는 경우는 그리 많지 않았으니 떡 먹을 행운도 자주 있는 일은 아니었다.

제국주의적 침략 세력이나 독재 권력은 백성의 깨어 있는 의식을 그 무엇보다도 두려워했다. 그래서 서당을 폐쇄하고 금서禁書를 남발하여 아예 공부의 기회를 막아버리거나 그저 형식적인 교과서나 읽기를 원했다. 군사독재 정권은 그 교과서조차도 문제 삼았다. 억압이 일시적으로는 의식을 마비시킬 수 있을지 모르지만, 그렇다고 영원히 깨어나지 못하게 할 수는 없다. 늘 그랬듯이 단잠에서 깨어나면 더 희망찬 아침을 맞게 마련이다. 참 부질없는 짓이다.

향교, 고을마다 세우다

유교를 건국이념으로 삼았던 조선에서 유교 이념을 보급하고 교육하는 것은 매우 중요한 문제였다. 그래서 국가는 서울인 한성에 성균관과 사부학당, 지방에 향교 등 관학官學을 설치하여 지원했다. 서원과 서당 등의 사학私學에도 지원을 아끼지 않았다. 넓은 강당과 학사學舍 건립, 교관敎官 파견, 유학 경전 반포, 토지와 노비 지급 등이 그것이다. 특히 각 고을 수령에게 '학교의 흥성'을 중요한 임무의 하나로 제시하여 임기 중 향교 교육의 진흥에 얼마만큼 노력했는지를 근무 성적에 반영하기도 했다.

향교는 각 고을에 하나씩 두었다. 원칙상 양반과 평민 이상의 자식으로서 15세 이상이면 입학할 수 있었지만, 주로 양반의 자식이 입학했다. 정원은 부府와 목牧 등 큰 고을은 70~90명, 군현은 30~50명으로 고을의 크기에 따라 달랐다. 교관도 큰 고을에는 문과 출신인 종6품의 교수를, 작은 고을에는 생원·진사 출신인 종9품의 훈도를 파견했다. 학생은 강경講經과 제술製述, 곧 읽기와 짓기 등을 배웠

예안향교 경상도 예안현(오늘날의 안동시 도산면)에 있는 향교로 1415년(태종 15)에 처음 건립
됐다가 이후 몇 차례 중수·개수 또는 보수되어 현재에 이른다.

는데, 교재는 『소학』과 『주자가례朱子家禮』, 사서오경, 『근사록近思錄』,
『심경心經』 등이었다.

성균관은 향교나 사부학당의 상급 교육기관으로 간주됐으나 오늘
날의 중·고등학교와 대학교 같은 관계는 아니었다. 대체로 향교와
사부학당 등에서 수학한 생도가 소과에 응시했으며, 소과에 합격한
생원·진사만이 원칙상 성균관에 입학했기 때문이다. 그러나 200명
의 정원을 채우지 못하면 사부학당에서 성적이 우수한 생도나 문과
초시에 합격한 자에게도 입학이 허용됐다. 그리고 문과 시험 또한 성
균관 유생에게만 응시 자격을 준 것도 아니었다.

조선 초기 유교가 아직 전면적으로 보급되지 않았던 시기에 향교
의 역할은 상당히 중요했고, 절대적이었다. 그러나 점차 교육기관으
로서의 기능은 퇴색되어갔다. 이제 지방에도 교육을 담당할 유학자

가 배출됐고, 인근에 서당과 서원 등의 교육 시설도 확보됐기 때문이다. 반면에 향교는 상대적으로 먼 곳에 위치하여 통학이나 숙식에도 문제가 있었고, 지방관의 간섭 또한 적지 않았다.

그러나 향교의 쇠퇴는 무엇보다도 유학이 발달함에 따른 자연스러운 현상이었다. 유학의 발달은 자연스럽게 사제師弟 관계와 학통·학설을 중요하게 만들었다. 제자는 스승의 학설을 따르고 학통을 이어나가는 것을 당연한 의무로 생각했다. 그러나 향교의 교관은 자주 교체됐을 뿐만 아니라, 지역의 학통·학설과 상반되는 경우도 없지 않았다. 교관 또한 점차 한직閑職으로 인식되면서 문과는 물론이고 생원·진사 합격자도 기피하는 자리가 됐다. 더욱이 임진왜란을 거치면서 대부분의 향교가 불타버렸고, 교관의 파견도 중단됐다.

유학이 발달하면서 점차 학문적 경향은 사장학詞章學에서 성리학性理學으로 바뀌었다. 사장학이 문장과 시부詩賦 위주였다면, 성리학은 우주 자연의 본질과 인간 이성을 탐구하는 학문이다. 향교에서는 과거 준비를 위한 사장학을, 서원에서는 성리학을 주로 가르쳤다. 성리학이 발달함으로써 향교의 사장학은 오직 과거만을 위한 출세 지향적인 글공부에 불과하다는 비판에 직면해야 했다. 아무튼 조선 후기에 이르러 향교는 교육기관으로서보다는 공자와 그 제자 그리고 우리나라의 유현儒賢에 대한 제향祭享을 주된 기능으로 삼았다.

조선 후기에 이르러 향교는 각 지방의 양반에 의해 운영됐다. 지방 양반에게 향교는 여전히 중요한 기구였다. 향교를 운영하는 교임으로는 도유사都有司와 장의掌議 등이 있었다. 이들은 지방의 유력 양반층에서 선출됐다. 이들의 역할은 향교의 가장 중요한 기능인 제향,

향교 알묘례 알묘례(謁廟禮)는 향교나 서원 등에 모셔진 선현을 뵙는 의식을 말한다. 마당에서 알묘 이후 사당 안으로 들어가 위판함을 열어 위판을 살펴보는 봉심(奉審)을 행한다. 국립민속박물관 소장.

곧 공자를 제사하는 석전제釋奠祭를 주관하는 것이었다. 공자를 모시는 고을의 큰 제사를 누가 주관하느냐 하는 문제는 지방 양반에게 아주 중요한 문제였다. 그래서 이를 둘러싸고 큰 다툼이 벌어지기도 했다.

향교에 적을 둔 사람을 교생이라고 했지만, 오늘날의 학생과는 달랐다. 이들은 16세 이상으로 과거에 급제하지 않은 사람이다. 50~60세에 이르는 교생도 많았다. 교생의 정원은 고을의 규모에 따라 달랐지만, 정원보다 훨씬 더 많은 사람이 향교에 적을 두었다. 그래서 정원 내의 교생을 액내교생額內校生, 정원 외의 교생을 액외교생額外校生이라 하여 구별했다. 대체로 액내교생은 양반이며, 액외교생은 서얼이나 평민이었다. 향교에 적을 둔 양반은 과거에 응시할 자격을 얻거나 석전제의 제관이 될 수 있었고, 평민은 군역에서 빠질 수 있었다. 평민에게 교생은 교육이 아니라 세금에서 벗어나기 위한 구실에 불과했다.

서원에도 등급이 있다

관학의 부진은 사학私學의 발달을 촉진했다. 대표적인 사학으로는 서당과 서원이 있다. 서원은 16세기에 이르러 건립되기 시작했다. 이 시기에는 성리학이 발달하여 우주의 본질과 인간의 이성에 대한 탐구가 학문의 주된 관심사였다. 정치적으로는 지방 사회에 기반을 둔 사림파가 득세하여 집권 훈구파와 대립하면서 많은 희생을 치른 끝에 집권층이 됐다. 따라서 사림의 교육기관이라고 할 수 있는 서원이 설립되고 발전할 수 있는 학문적, 정치·사회적 여건이 조성되어갔다.

우리나라 최초의 서원은 1543년(중종 38) 풍기 군수 주세붕周世鵬(1495~1554)이 설립한 백운동서원白雲洞書院이다. 주세붕은 풍기의 사림과 협력하여 백운동서원을 세워, 우리나라에 최초로 성리학을 소개한 안향의 위패를 봉안하고 유생을 교육하는 장소로 삼고자 했다. 그러나 아직은 선현에 대한 제사 위주였으며, 교육은 부수적이었다.

서원을 교육 중심 기관으로 탈바꿈시킨 것은 퇴계 이황이었다. 이황의 건의에 따라 나라에서는 백운동서원에 '소수서원紹修書院'이라는 현판을 하사했다. 국가로부터 현판을 받은 서원을 사액서원賜額書

소수서원 소수서원은 1543년(중종 38) 풍기 군수 주세붕이 세운 우리나라 최초의 서원이다. 설립 당시 이름은 백운동서원이었으나 이후 군수로 부임한 퇴계 이황의 요청으로 1550년(명종 5) 사액(賜額)되면서 소수서원이 됐다. 사당에는 안향과 주세붕 등의 신위(神位)가 모셔져 있다.

院이라 한다. 서원은 사학이었지만, 사액서원은 관학과 마찬가지로 국가로부터 토지와 노비 및 서책 등을 받았고, 봄·가을 제사에 필요한 제물 등을 제공받았다. 더욱이 사림이라는 다수의 선비가 지방관의 지원을 받아 세운 것이기에 사액서원은 차라리 공립학교라고 할 만하다. 아무튼 사림은 적극적으로 서원 건립에 나섰다.

이황이 살던 시대는 영남을 중심으로 한 사림파 세력이 훈구파의 전횡을 치열하게 비판하고 도전하던 시기였다. 이황은 19세와 45세에 기묘사화己卯士禍(1519)와 을사사화乙巳士禍(1545)를 경험했다. 특히 조광조趙光祖(1482~1519)의 이상주의적 도학정치道學政治가 좌절된 것에 큰 충격을 받았다. 이황은 사화의 원인을 군주를 둘러싼 무리의 마음이 바르지 못해서라고 생각했다. 이런 자들이 온갖 부정을 도모하면서 군주를 악으로 인도한다는 것이다. 따라서 유교적 이상 사회를 건설하기 위해서는 군주가 성현이 되는 것도 중요하지만, 그보다는 군주를 보필하는 무리의 마음을 바로잡는 것이 우선이라고 생각했다. 그러기 위해서는 참다운 성리학 공부가 필요했다. 그러나 과거나 출세 위주로 교육하는 향교나 성균관 같은 관학에서는 불가능한 일이었다. 그래서 이황은 새로운 교육기관으로서 서원 건립을 적극적으로 추진했던 것이다.

서원은 번잡한 읍내가 아닌 한적한 산골짜기에 위치했다. 참다운 성리학 공부는 자연 속에서 가능하다고 여겼기 때문이다. 이곳은 지방 양반의 거주 지역이기도 했다. 서원 건립을 주도했던 것은 개인이 아니라 지역의 사림이었다. 그러나 국가나 지방 수령의 재정적 지원도 적지 않았다. 이런 점에서 서원을 사립 교육기관으로만 이해하는 것은 적절하지 않다. 사액서원이 특히 그러했다. 비록 국가나 수령의 재정적 지원을 받았다 해도 서원 운영은 어디까지나 사림이 자치적으로 했다. 그러나 조선 후기 많은 서원은 제향자 후손들의 문중서원처럼 되어갔다. 말하자면 서원을 특정 가문이 독점적으로 운영해간 것이다. 이에 따라 서원의 폐단은 더욱 심해졌다.

오늘날의 사립 중·고등학교도 사실은 국가의 보조금과 학생의 등록금으로 운영된다. 이런 점에서 준準 공립이라고 할 수 있다. 그런데도 일부에서는 학교를 사유재산인 것처럼 생각한다. 이로써 교사를 사사로이 채용하고, 운영에도 온갖 불법을 저지른다. 그러면서도 교육사업을 한다고 자랑한다. 정말로 자랑스러운 교육사업이 되기 위해서는 운영의 투명성이 확보되어야 한다.

서원을 구성하고 운영하는 주체는 원임院任과 유생儒生이다. 원임은 원장과 유사로 구성된다. 원장은 대내외적으로 서원을 대표하기에 덕망과 인망을 갖추어야 했다. 기호 지방의 노론계 서원에서는 중앙의 고위 관료가 원장을 담당했지만, 영남의 남인계 서원에서는 향중에서 학덕과 명망을 갖춘 인물을 원장으로 추대했다. 그래서 영남의 서원 원장은 생원·진사나 참봉 등도 있었지만, 유학이 절대다수를 차지했다. 유사는 서원의 크고 작은 일을 도맡아 처리하는 담당자였다.

유생은 원생院生이라고도 했는데, 말하자면 서원의 학생인 셈이다. 그러나 원임과 원생은 오늘날의 교수와 학생 관계가 아니라 상호 수평적 관계였다. 유생 중에서 원임이 선출됐기 때문이다. 원생은 생원·진사 합격자나 양반 유생만으로 한정됐다. 서얼이나 그 후손이 비록 대·소과에 합격했다 해도 영남에서는 받아들이지 않았다. 또한 원생으로 참여하거나 입학하는 일은 거주지와는 무관했지만, 실제로는 서원 소재지와 인근 지역 출신이 대부분을 차지했다.

서원은 유생을 교육하고 선현을 제사하는 역할을 동시에 수행했다. 따라서 서원에 누구를 모시느냐는 중요한 문제였다. 당연히 그 지역과 관련하여 유학의 발전에 큰 역할을 한 유현儒賢을 모셨다. 그러나 점차 유학의 발전보다 충절과 의리로서 모범이 될 만한 인물로 확대됐다. 그리고 당쟁이 격화되면서 학덕과 행실, 출신지와 무관한 인물을 배향하여 자기 당파의 정치적 입장만을 대변하게 됐다. 또한 문벌이 강조되면서 문중의 권위와 입장을 강화하기 위해 각 문중에서 다투어 서원을 건립했다. 고을 사림의 공론이 아니라 문중이 주체가 되어 문중의 인물을 모시는 서원을 '문중서원門中書院'이라고 한다.[2] 이에 이르면 서원의 교육 기능은 완전히 소멸되고, 서원은 오직 당파의 정치적 목적이나 가문의 권위를 높이는 도구로 전락하게 된다.

서원에는 많은 토지와 노비가 있었다. 그러나 세금은 내지 않았다. 따라서 서원이 많아지는 것은 국가 재정에 큰 부담을 주게 된다. 그리하여 조정에서는 서원을 함부로 세우는 것을 금했고, 또 같은 인물을 여러 서원에 배향한 경우 강제로 철폐하기도 했다. 영조 대에는 이미 173개의 서원이 철폐됐다. 그러나 이러한 국가의 조치에도 서원은 계속 증가해 마침내 흥선대원군 시기에 이르면 대대적으로 훼철될 수밖에 없는 운명을 맞게 됐다.

대원군은 전국에 47개의 서원만을 남기고 모두 헐어버렸다. 당시 경상도에는 400여 개의 미사액서원과 400~500여 개에 달하는 향현사鄕賢祠가 있었다고 한다. 실제로 헐린 서원만도 505개소였다고 하니 그 규모를 가히 짐작할 수 있을 것이다.

그러나 훼철된 서원은 일제강점기를 거쳐 오늘날에 이르기까지 끊임없이 복원되어 전일의 영광을 재현해가는 것처럼 보인다. 그러나 교육은 말할 것도 없고, 봄·가을에 지내는 형식적인 제사조차 제대로 수행하지 못하는 경우가 대부분이다.

서원만이 아니다. 향교도 모두 복원되고 있다. 이런저런 문화재 복원에는 엄청나게 많은 돈이 든다. 그런데 그렇게 어려워하지 않는다. 나라의 돈이나 지방정부의 예산으로 충당하기 때문이다. 하지만 모두 국민의 혈세다. 지금 있는 문화재도 제대로 관리하지 못해 불타고 허물어지는데, 똑같은 건물을 고을마다 복원하고 또 복원하려고 노력한다. 무작정 복원한다 하여 그것이 문화재가 되는 것은 아니다. 또 복원만 하면 모든 문제가 다 해결되는 것도 아니다. 어떻게 무엇으로 사용하고 활용할 것인지 생각해볼 일이다. 물론 유지·관리에도 많은 돈이 든다. 아무리 잘 복원해도 사용하지 않으면 금방 허물어지고 만다. 그래도 자꾸만 복원하려고 한다. 이것이 우리의 문화 수준이고 정책이다. 누구를 탓할 것인가.

과거, 출세의 관문

과거, 피하지 못할 운명

양반의 자식은 15~16세가 되면 고을이나 감영에서 실시하는 백일장이나 예비 과거에 응시하기 시작한다. 말하자면 수능시험에 앞선 모의고사인 셈이다. 이를 통해 과거의 출제 경향이나 답안 작성 요령 등을 터득하는 한편, 자신의 실력을 가늠해보기도 했다. 그렇다고 모든 양반의 자식이 다 과거에 응시하고 그 준비를 했던 것은 아니다. 재산이 넉넉한 집안이라면 요행이라도 바랄 수 있었지만, 가난한 집안이라면 맏아들이나 총명하다는 소리라도 들을 만해야 공부를 하거나 과거에 응시할 수 있었다. 과거 공부에는 많은 시간과 자금이 필요했다. 경상도나 전라도 같은 지역에서 서울까지 다녀오는 것이 그리 간단한 일은 아니었기 때문이다.

과거를 준비하는 양반의 자식을 흔히 유생이라고 한다. 과거 준비는 각자의 개성과 형편에 따라 다양했는데, 많은 경우 수십 명씩 집단적으로 특정한 곳에 모여서 공부했다. 이를 '거접居接'이라고 한다. 말하자면 합숙 훈련인 셈이다. 거접 장소는 향교나 서원보다는 사찰이 대부분이었고, 기간은 10여 일 전후였다. 향교나 서원이 명목상으로는 교육기관이었지만, 향교는 조선 초기를 제외하고는 교육기관으로서 기능을 거의 상실했고, 서원 또한 구조상 유생을 장기간 수용할 여건이 되지 못했다.

사찰은 인적이 드문 한적한 곳에 위치하여 조용히 공부에 몰두할 수 있는 좋은 조건을 갖추고 있었다. 장기간의 숙식 또한 가능했다. 거접에 필요한 생필품은 본가에서 수시로 보내오지만, 승려 역시 유생을 접대하는 데 소홀히 하지 않았다. 조선 후기 사찰은 지방의 양반과 긴밀한 관계를 유지했다. 숭유억불崇儒抑佛이라는 국가 정책 아래 사찰과 승려는 지방의 유력 계층인 양반의 보호가 절실했고, 유력 양반은 종이나 짚신 등 생활용품을 승려나 사찰에서 공급받기도 했다.

조선의 과거에는 소과인 생원·진사시와 대과인 문과 그리고 무과와 잡과가 있다. 양반은 주로 생원·진사시와 문과에 응시했다. 생원시는 유교 경전을, 진사시는 문학을 시험하는데, 1차 초시初試와 2차 복시覆試 두 차례의 시험을 치러 각기 100명을 선발했다. 생원·진사시를 합해 흔히 사마시司馬試라고 했다. 대과인 문과는 유교 경전, 문학, 정책 시험을 치러 1·2차를 거쳐 33명을 뽑고, 마지막 전시殿試에서는 석차만을 정했다. 이들 시험에는 원칙적으로 3년(子·午·卯·酉年)마다 정기적으로 열리는 식년시式年試가 있고, 이외에 부정기적인 증광시增廣試·알성시謁聖試 등이 있었다.

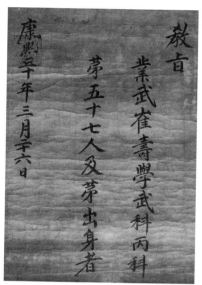

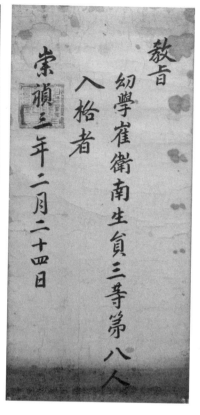

홍패(무과, 1691)와 백패(생원, 1630) 문과와 무과 합격자에게 내린 교지를 홍패라 한 것은 붉은 종이를 사용했기 때문이다(왼쪽). 생원과 진사 합격자가 받은 교지는 백패라 했다(오른쪽). (왼쪽 73×95cm, 오른쪽 38×88cm). 경주 최씨 백불암 종택 소장.

과거는 개인의 삶에서는 부귀와 영달을 위한 관문이었고, 국가 차원에서도 인재 선발이라는 측면에서 매우 중요했기에 특히 공정한 평가가 그 무엇보다도 필요했다. 따라서 이를 위한 다양한 제도적 장치가 마련됐다.

오늘날에도 시험을 치를 때는 원서를 내고 수험표를 받고 시험장에서 본인 여부를 확인하듯이, 조선시대 과거도 이와 비슷한 절차를 거쳤다. 대·소과를 막론하고 과거에 응시하기 위해서는 우선 등록을 해야 했다. 등록 시에는 자신의 성명과 본관, 거주지와 4조의 성명, 관직 등을 적은 단자單子와 현직 관료의 신원보증서 등을 제출했다. 등록관은 이를 통해 범죄자, 국가 재산을 횡령한 자의 아들, 두 번 시집갔거나 행실이 나쁜 여성의 아들과 손자, 서얼의 자손 등 응시 부적격자를 가려냈다. 그리고『소학』이나『주자가례』등에 대한 기초적인 구두시험에도 통과해야만 했다. 이렇게 응시 부적격자나 기준 미달자를 미리 걸러내 시험장科場의 혼잡을 다소 피할 수 있게 했다.

과거 응시자는 시험장에서 쓸 시험지科紙를 직접 준비하여 검인을 받았다. 검인은 등록 시에 주로 시험지 첫머리 윗부분에 본인의 관직·이름·나이·본관·거주지 및 4조의 이름과 본관을 다섯 줄로 쓰고 봉한 뒤 확인 도장을 받는 것이다. 말하자면 시험지에 응시자의 인적 사항을 쓰고, 이를 보이지 않게 봉하는 것이다. 이를 피봉皮封 혹은 비봉秘封이라고 했다.

시험지는 원래 질이 낮은 종이를 사용하게 되어 있었다. 그러나 누구라 할 것 없이 모두들 두껍고 좋은 종이를 사서 썼다. 아무튼 응시자는 자신이 준비한 시험지에 문제와 답을 기술하여 제출했다. 채점은 제출된 답안지 자체로 하기도 하지만, 붉은색으로 답안을 베낀 다음에 평가하기도 했다. 채점관이 글씨체를 보고 정실에 좌우되어 부정을 저지르는 것을 방지하기 위함이었다. 합격한 시험지 원본에는 순위와 점수가 기재됐다.

시험을 앞둔 유생이나 부모는 초조할 수밖에 없었다. 과거에 앞서 합격 여부를 점쳐보거나, 운세를 따져 이름을 바꾸기도 했다. 한밤중에 목욕재계를 하고 북두칠성을 우러러 아들의 과거 급제를 간절히

과지(녹명(錄名) 부분) 과거 답안지는 오른쪽 상단에 자신과 4조(四祖) 즉 부·조·증조·외조의 이름, 본관 등을 쓴 뒤 봉하여 제출한다. 문과의 대부분은 봉한 부분에 각기 천자문으로 자호(字號)를 매긴 후에 절단 분리하여 평가한다. 채점은 상·중·하, 이상(二上)·이중(二中)·이하(二下), 삼상(三上)·삼중(三中)·삼하(三下), 차상(次上)·차중(次中)·차하(次下), 갱(更), 외(外)로 평가한다. 대체로 차상 이하이면 불합격이나, 고득점자가 없으면 그 이하까지 합격시키기도 했다. 상주 진양 정씨 우복 정경세 종가 기탁, 한국학중앙연구원 장서각 소장.

기도하는 부정父情을 보이기도 했다.

이런저런 금기 사항도 많았다. '낙落' 자를 기피하거나, 한양으로 갈 때 가까운 추풍령이나 죽령을 굳이 마다하고 문경새재를 택하기도 했다. 추풍령과 죽령은 추풍낙엽과 죽죽 미끄러지는 것이 연상되는데, 문경聞慶은 경사스러운 소식을 듣는다는 의미여서 위안이 됐기 때문이다. 그래도 끝내 낙방하면 불운이나 부정을 탓하거나 과거만이 진정한 유자儒者의 길은 아니라며 애써 위로하기도 했다.

과거 급제, 가문과 고을의 영광

문과·무과 합격자의 영광은 홍패 수여식에서부터 시작된다. 수여식은 모든 문무 관료와 급제자의 부모형제는 물론이고 국왕이 직접 참석한 가운데 성대하게 거행된다. 호명에 따라 국왕에게 네 번 절四拜禮을 올리고 나서 합격증서와 술, 과일, 어사화, 일산日傘 등을 하사받았다. 뒤이어 시험을 주재했던 시험관과 급제자를 위한 잔치가 베풀어졌다. 다음 날에는 궁궐로 나아가 '임금에게 감사하는 의식謝恩禮'을, 그다음 날에는 성균관 문묘에 가서 '공자의 신위에 참배하는 의식謁聖禮'을 올린다. 그러고는 사흘 동안 일종의 축하 행진이라 할 수 있는 유가遊街가 행해진다. 유가를 할 때는 춤추는 아이天童와 악대樂手·광대가 앞에서 흥을 돋우고, 일산과 함께 받은 어사화를 쓴 급제자가 말을 타고 뒤따르면서 일가친척을 찾아다녔다.

지방 출신 급제자에게는 귀향 후에도 축하연이 계속됐다. 귀향하는 날 고을 사람과 관리가 모두 나와 환영했고, 이후 다시 고을에서 유가가 시작된다. 고을 수령은 급제자와 부모를 관아에 초대하여 주연을 베풀었고, 집에서는 동네 사람과 일가친척이 모여 축하 잔치를 열었다. 그러고는 이곳저곳 친척 집을 찾아다니면서 과거에 합격했음을 알리기도 했다. 이렇듯 과거 급제란 자신과 가족만이 아니라 고을 전체의 영광이기도 했다. 사정이 이러했으니 누가 과거를 마다할 것이고, 어느 부모가 이를 기대하지 않을 수 있었겠는가.

급제의 영광이 크면 클수록 낙방한 선비의 낙심과 좌절도 그만큼 컸다. 그러나 과거 급제는 한두 번만으로 해낼 수 있는 일이 아니었

삼일유가 「평생도」는 사대부가 태어나서 죽을 때까지의 중요 일상을 그린 그림이다. 내용은 대체로 돌잔치, 혼인, 삼일유가(三日遊街), 최초의 벼슬길, 관찰사 부임, 판서 행차, 정승 행차, 회혼례 등 8폭을 기본으로 한다. 삼일유가는 과거 급제자가 3일 동안 광대와 풍악을 앞세워 시험관, 선배, 일가친척 등을 찾아다니는 길거리 놀이다. 급제자는 행렬 마지막 부분에 어사화를 꽂고 말 위에서 상체를 한껏 젖히고 있다. 국립중앙박물관 소장.

다. 보통은 10여 년 이상, 심지어 평생 과거에 매달리는 사람도 허다했다. 특히 18세기 이후에는 더욱 그러했다. 영남에 기반을 둔 남인은 정치적으로 몰락하면서 과거를 보는 것마저 쉽지 않았다. 3년마다 오는 정기시험은 경쟁률이 더욱 높았고, 다양한 특별시험은 한양 세도가의 잔치였기 때문이다. 영남 선비의 낙심과 좌절은 그것만으로 그치는 것이 아니었다. 결국 중앙과의 단절, 학문의 고루함을 의미했다.

문과 급제자 수는 지역에 따라 크게 달랐다. 안동·상주·경주 등 큰 고을에는 양반 수도 많았고, 과거 또한 수백 명의 합격자를 배출했다. 반면에 경상도의 몇몇 고을에서는 조선 500년 동안 한 명의 문과 급제자도 배출하지 못했다. 또 생원·진사가 전부 10여 명이 되지 않는 경우도 17개 고을이나 됐다. 따라서 문과 급제란 개인이나 가문만이 아니라 고을의 영광으로 여겨지기에 충분했다.

양반은 다름 아닌 각 고을의 토착 세력인 토성土姓으로부터 나왔다. 토성 세력의 강약이 결국 고을의 크고 작음을 결정했다. 이들은 양반이 되기 전에 주로 향리로 존재했다. 향리의 자식은 한편으로는 계속해서 지방 행정 실무를 담당했지만, 다른 한편으로는 고려 무신 정권 이후 중앙으로 진출하여 재경 관인이 되고 양반이 됐다. 재경 관인이 된 이들은 그들 출신지의 인재를 중앙으로 이끌었다. 조선시대에도 마찬가지였다. 따라서 작은 고을보다는 큰 고을의 양반이 과거와 출세에 보다 유리했다. 안동에서 멀리 떨어져 있는 춘양春陽·재산才山·내성奈城 등의 지역이 이웃 고을이 아닌 안동에 소속되기를 원했던 것은 바로 이 같은 이유 때문이었다.

양반에게 과거 급제란 벼슬에 나아가는 거의 유일한 길이었다. 비록 벼슬에는 나아가지 않았다 하더라도 과거 급제 그 자체만으로도 양반으로서의 신분과 지위가 보장됐다. 국가에서 파악하는 양반士族의 조건은 자신이 생원이나 진사인 자, 문과·무과 급제자와 그 자손 그리고 6품 이상의 정직에 올랐던 현관顯官의 자손이었다. 물론 이 같은 규정이 늘 그대로였던 것도, 향촌 사회에서 항상 통용되던 것도 아니었다. 그러나 적어도 이 같은 범주를 벗어난 명문 가문의 존재란 상상할 수 없었다. 과거 급제란 양반 사회에서 양반이, 그것도 명문이 될 수 있는 중요한 조건을 갖추어주는 것이니 어찌 영광스럽지 않겠는가.

과거 급제가 가문의 영광이었던 것은 이뿐만이 아니었다. 특히 18세기 이전 문과 급제는 벼슬을 보장해주었고, 벼슬은 부귀를 가져다주었다. 물론 벼슬 그 자체가 오늘날과 같이 고액 연봉을 가져다준 것은 아니다. 그럼에도 관직이 있고 없음과 관직의 높고 낮음은 한 가문의 경제적 흥망성쇠와 밀접한 관계가 있었다. 관직을 가진다는 것은, 그것도 높은 자리에 오르면 그만큼 더 많은 '선물'을 취득할 수 있음을 의미한다. 그뿐만 아니라 공적 자원의 사적 전용도 가능해진다.

　선조 연간의 미암眉巖 유희춘柳希春(1513~1577)은 전라 감사 등을 역임하면서 쌀과 반찬 등 생활용품에서 사치품에 이르기까지 다양한 물품을 선물이라는 이름으로 월평균 40여 회 이상 받았다. 어떤 해에는 선물로 받은 쌀이 약 200석에 이르기도 했고, 해남에 가옥을 신축할 때는 집터에서부터 목재, 기와는 물론이고, 노동력 동원 등에 이르기까지 인근 수령의 지원을 받았다.[1] 여기서 지원이란 국가의 재산과 농민의 노동력을 사적으로 이용하는 것을 의미한다. 17세기 말 경상도 칠곡의 이담명李聃命(1646~1701)은 경상 감사에서 물러난 뒤에도 한 해 동안 587명으로부터 꿩이나 감 등 1,404종의 물품을 선물로 받았다.[2]

　개인이나 지방 수령의 이 같은 선물과 지원은 물론 반대급부를 염두에 둔 뇌물의 의미도 없지 않았다. 오늘날의 관점에서 본다면 분명 부정부패의 전형임에 틀림없다. 그러나 다른 한편으로 아직 시장경제가 발달하지 않은 상황에서 불가피한 경제적 행위이기도 했다. 곡류나 어물, 찬류가 선물의 대부분이었던 조선 전기에 비해, 시장과 상품경제가 발달한 조선 후기에 이르면 수수의 빈도나 양이 현격하

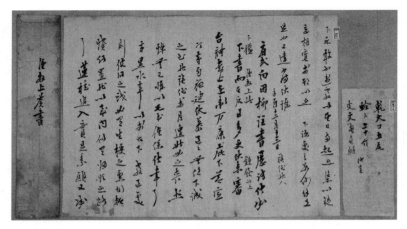

편지의 본지와 별지 양반들이 편지를 주고받을 때에는 간단한 선물도 같이 보낸다. 선물이나 특별히 청탁하는 내용은 대부분 별지에 기록된다. 별지를 보낼 때는 태워버리라는 당부를 잊지 않았다. 따라서 오늘날 거의 찾아보기 어렵다. 이 별지에는 피문어 한 축, 전복 20개, 대구어 다섯 미 등이 쓰여 있다. 성산이씨 응와 종택 소장.

게 적어진다는 사실이 이 같은 사정을 말해준다. 조선 후기에는 붓이나 먹, 종이 등 문방구가 주된 선물의 내용이었다.

아무튼 조선시대 양반 사회에서 선물의 교환은 관행이었고, 도리어 특권으로 자랑스럽게 생각하기까지 했다. 이러한 특권은 오늘날에도 은근히 기대되고 당연한 것으로 여겨지기도 한다.

조선의 양반 가문은 막대한 토지와 노비를 소유했는데, 그 규모에서 중앙의 관직을 역임한 자와 시골의 선비는 비교가 되지 않는다. 막대한 토지와 노비 소유만으로 수입이 보장되는 것은 아니었다. 적절하게 경영하고 통제해야 생산성이 높아졌다. 경영과 통제에는 상당한 권위와 힘이 필요했는데, 벼슬길에 나아간다는 것은 강력한 권위와 힘을 확보하는 것이었다. 과거 급제와 벼슬이 영광일 수밖에 없는 이유가 여기에 있다. 그러니 조선의 양반 그 누가 과거와 벼슬을 거부할 수 있었겠는가.

과거시험, 온갖 부정이 난무하다

과거가 사회적으로 중요했던 만큼 시험의 관리도 엄격하고 철저해야 했다. 그래서 다양한 조치가 취해졌다. 앞에서 언급했듯이 시험관이 응시자의 이름이나 글씨체를 알아보지 못하도록 이름을 봉하거나 붉은색으로 답안을 베껴서 채점하기도 했다. 그리고 응시자가 시험장에 들어갈 때는 옷과 소지품을 검사했다. 책을 몰래 가지고 들어가면 처벌됐다. 시험장에서는 한 길(150~160센티미터) 정도 간격으로 떨어져 앉게 했다. 정기시험에서는 보통 밤 9시까지人定 답안지를 내게 했고, 시험 당일로 합격자를 발표해야 하는 특별시험의 경우 시간이 조정됐다.

이렇게 보면 조선의 과거는 아주 엄정하게 시행됐고, 응시자 또한 선비답고 유학자답게 시험에 응했을 것으로 생각된다. 그러나 고금을 막론하고 시험에 부정이 없는 경우는 드물었다. 조선의 선비라고 해서 예외는 아니었다. 부정은 시험장에서 채점과 합격자 발표에 이르기까지 전 과정에서 공공연히 행해졌다.

조선 후기에는 과거 응시자가 급증했다. 여기에 권세가의 자식은 심지어 10여 명에 이르는 하인을 대동하기도 했다. 그래서 시험장에 수천 혹은 10만 명에 이르는 사람이 몰려 난장판이 되고 짓밟혀 죽는

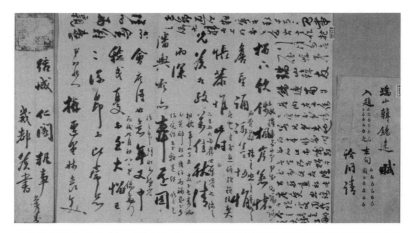

과거 청탁 편지 1826년(순조 26) 석구라는 사람이 현감인 아무개에게 자신의 벗 한석원이 도회(都會)와 내년의 대과에 특별히 발탁될 수 있도록 도모해달라고 청탁하는 편지다. 별지에는 친구가 지을 시문(賦)의 운자(韻字), 곧 넷째(入題)와 마지막 귀(末句)에 '之(지)'와 '周(주)' 자가 들어갈 것임을 알리고 있다. 이로써 시험관은 누구의 답안지인지를 알 수 있게 된다. 개인 소장.

자가 속출하기도 했다. 하인을 대동하는 것은 물론 금지이고 불법이었다. 더욱 큰 문제는 하인의 역할이 자리 잡기, 음식 운반만이 아니라 책 숨기기에서부터 시험 답안 작성과 베끼기 등에까지 이르렀으니 사실상 조직적으로 부정을 자행한 것이다. 이뿐만이 아니었다. 대리 시험이나 시험지 바꾸기 등의 부정행위도 행해졌다. 또한 응시자가 너무 많아 서리胥吏가 모든 시권試券을 베끼고 채점관이 답안을 모두 읽을 수가 없게 되자 먼저 제출한 시험지 앞부분 몇 줄만 읽어보고 평가하기도 했다.

문제는 여기서 끝나지 않았다. 시험관과 응시자가 짜고 부정 합격을 꾀하는 방법도 다양했다. 시험 문제 미리 알려주기, 답안지에 암호 기재하기 등에서 아예 합격한 남의 시험지에 자신의 이름표를 붙이는 시험지 도둑질竊科에 이르기까지 그야말로 다양한 수법의 부정행위가 자행됐다. 물론 이러한 부정행위를 제재하기 위한 법이 없거나 허술했던 것은 아니다. 엄한 단속도 늘 강조됐지만, 그 대상자가 권세가의 자식이고 그 부형父兄이라는 점에서 부정은 근절되지 않았다. 그러나 경우에 따라서는 과거의 부정행위가 큰 사건으로 비화하기도 했다.

1699년(숙종 25)의 증광문과 2차 시험에서는 남의 시험지로 합격한 경우가 무려 13건이었고, 이외에도 다양한 부정행위가 뒤늦게 발각됐다. 이로써 전체 합격이 취소되고, 시험관 등 수십 명이 먼 섬으로 유배되기도 했다. 그러나 이들은 머지않아 석방되어 벼슬길에 다시 나아갔으니, 처벌이란 요식행위에 불과했다.

오늘날에도 권력이나 재산을 가진 사람은 온몸이 멀쩡하다가도 범죄 사실이 발각되기만 하면 곧잘 중환자가 된다. 그래서 병원에 누워 일어나지 못하다가 겨우 휠체어를 타고 마스크를 낀 채 부축을 받아 움직인다. 그러고는 곧 풀려나거나 사면되면 버젓이 잘도 돌아다닌다. 그래서 '유전무죄 무전유죄'라는 말도 생기게 됐다. 어떤 나라가 선진국이냐 아니냐를 가늠하는 잣대는 경제력만이 아니다. 법이 공평하게 집행되지 않는다면, 세상이 투명하지 않다면, 아무리 경제가 발전했다 하더라도 그 나라는 여전히 후진국일 뿐이다.

과거의 문제는 이러한 부정행위에만 있었던 것이 아니다. 많은 경우 과거 공부는 아무런 실천 없이 자구字句의 해석에만 매달린다거나 좋은 말이나 글귀를 끌어다가 문장이나 만드는 것으로 평가절하되기도 했다. 또 '입과 귀로만 하는 학문口耳之學'이라거나 '이름과 이익名

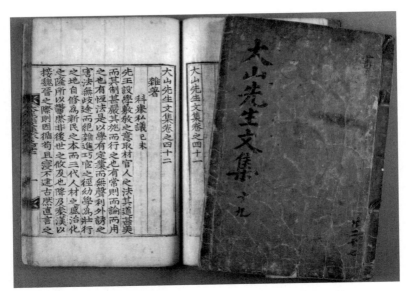

『대산선생문집』 대산 이상정은 「과거사의」에서 과거제의 폐단을 지적했는데, 그 종류가 지나치게 많고, 너무 빈번하며, 내용 또한 단순 암기와 형식적인 글짓기에 불과하다고 했다.

利만을 좇는 말단의 폐습'으로 지탄받기도 했다.

18세기 영남의 큰 유학자였던 대산大山 이상정李象靖(1711~1781)은 과거제의 폐단으로, 그 종류가 지나치게 많고, 너무 빈번하며, 내용 또한 단순한 암기와 형식적인 글짓기 따위의 말단적인 것만을 추구한다는 점을 들었다.[3] 그리고 과거 자체를 개혁해야 한다고 주장했다. 이 같은 생각을 한 선비는 참으로 많았다.

과거 공부가 이익만을 좇고 실천 없이 입으로 중얼거리고 귀로 듣기만 하는 학문에 불과하고, 부정 또한 극히 개탄스러운 것으로 치부됐지만, 그래도 조선의 양반에게 그것은 결코 포기할 수 없는 일이었다. 따라서 한편에서는 과거제도에 대한 비판과 그 개혁을 역설했지만, 정작 자기 자식이 과거에 합격하지 못했을 때는 대단히 안타깝게 생각하는 이율배반적인 모습을 흔하게 볼 수 있다.

조선 후기 노론의 전제와 안동김씨의 세도정치로 이어지면서 지방의 선비는 과거에 크게 불리했고, 또 양반 인구의 증가로 경쟁은 더욱 치열해졌다. 지방의 많은 선비는 평생을 두고 과거에 응시했지만, 급제의 영광을 안는 경우는 소수에 불과했다. 이러함에도 낙방한 선비 대부분은 과거에 뜻이 없다거나, 부형의 기대를 저버리지 못해 어쩔 수 없이 응시했으나 곧 포기했다는 식으로 짐짓 과거에 무관심한 것처럼 보이길 원했다.

이러한 사정에서 자의든 타의든 과거를 포기하고 학문에 정진하는 경우가 많아졌다. 특히 영남에서는 이 같은 처신을 사회적으로 아주 높이 평가했다. 과거에 연연하거나 벼슬에 나아가지 않고 초야에서 학문하는 선비를 특별히 처사라고 했다. 영남에서 처사란 벼슬 못지 않은 명예로운 호칭이었다.

역사상 조선만큼 학문을 숭상한 나라도, 시기도 없었다. 그것은 지식인이 주체가 되어 나라를 세웠기 때문이다. 그럼에도 그에 걸맞은 다양한 학문의 발전과 세상의 진보를 가져오지는 못했다. 학문의 다양성도 독창성도 인정해주지 않았으며, 학문이라는 것이 그저 맹목적인 외우기와 형식적인 글쓰기가 전부였기 때문이다.

평생을 고시 공부에 매달리다, 설사 합격했다 하더라도 그것이 대부분 일신의 부귀영화를 보장해줄지언정 학문의 발전이나 세상에 유익한 보탬이 되지는 않는다. 그래도 '축, 고시 합격'이 시내 길거리나 동네 어귀뿐만 아니라 대학교 교정에까지 나붙는 우스꽝스러운 풍경을 흔히 볼 수 있다. 사실 따지고 보면 이런 우스운 일이 어디 한두 가지인가. 우리가 사는 세상은 아직도 출세 지향주의, 권력 지향주의의 조선시대나 마찬가지다.

뜻있는 사람이 과거의 병폐와 외우기 공부로는 독창적이고 쓸모 있는 유능한 인재를 길러낼 수 없음을 누구이 지적했지만 조금도 고쳐지지 않았다. 오랜 인습이기도 했고, 그냥 그렇게 하는 것이 노론 집권 세력의 기득권을 유지하는 데도 유리했기 때문이다. 조선 후기 집권 세력은 개혁을 통해 나라의 기틀을 굳건히 할 의지도 그럴 능력도 없었다. 영남의 남인 또한 개혁안을 보다 치밀하게 만들거나 이를 학문적·체계적·조직적으로 계승해 나간 것도 아니었다. 그저 피상적이거나 당위성의 차원을 크게 벗어나지 못했다.

진정한 개혁에 대한 요구와 충실한 대안은 우리가 실학자라 일컫는 일부 재야학자의 목소리에 불과했다. 그러나 이들의 간절한 외침을 집권층은 끝내 무시하거나 도리어 탄압으로 일관했다. 스스로를 바꾸어 나갈 능력을 상실한 권력은 망할 수밖에 없다. 망하지 않는다면 그것은 백성에게 엄청난 고통일 따름이다.

망해야 할 권력은 지식인과 백성을 억압하고 탄압함으로써 망하지 않으려고 발버둥 쳤다. 이런 세상을 맨몸으로 감당해내야 하는 사람들은 그들의 개별적 불만을 하나의 정당한 생존 요구로 뭉쳐내게 마련이다. 이를 억누를 능력조차 갖추지 못한 권력은 끝내 외세에 의존하는 길을 택했다. 역사상 이보다 더 큰 불행은 없다. 우리는 불행하게도 근현대사에서 몇 번이나 이런 일을 경험했다. 오늘의 두려움은 진정 여기에 있다.

한양 천 리 길,
길을 나서다

지금도 '올라가는' 서울길

　지방의 선비는 과거나 벼슬살이를 위해 또는 임금에게 자신의 뜻을 전하기 위해 이런저런 이유로 서울 길에 오르는 일이 허다했다. 간혹 유람을 떠나 한양에까지 이르기도 했지만, 그것은 그리 흔한 일이 아니었다. 물론 18세기 후반 이후에는 과거가 '관광觀光'으로 표현되면서 과거를 겸하여 관광도 하게 됐다. 그러나 농민은 물론이고 양반조차 여행을 한다거나 서울을 구경하는 일은 그리 많지 않았다.

　지방에서 서울을 오갈 때는 주로 삼남대로, 영남대로, 의주대로 등을 이용했다. 대로라 하여 오늘날 고속도로처럼 도로 폭이 넓고 잘 정비되어 있던 것은 아니다. 그것은 사람들이 많이 이용한다는 의미일 뿐이었다. 물론 국가적으로 중요하게 생각은 했지만, 도로를 정비해야 한다든가 잘 관리해야 한다는 생각은 미처 하지 못했다. 도리어 길이 잘 정비되어 있으면 외적의 침입이 용이할 것이라고 걱정했다.

많은 외침에 시달린 탓도 있지만, 보다 적극적·긍정적으로 생각하지 못하고 항상 방어적으로만 생각할 뿐이었다.

연암 박지원은 나라가 부강해지려면 상공업을 권장해야 하고, 상공업이 발달하려면 수레나 마차를 이용할 수 있어야 한다고 주장했다. 수레나 마차가 다니기 위해서는 당연히 도로를 정비해야 한다. 그러나 당시 위정자는 그럴 준비도, 그럴 생각도 없었다. 생각이라곤 움푹 파이거나 군데군데 끊어진 좁은 소로처럼 옹졸하고 답답할 따름이었다.

대구에서 한양에 이르는 영남대로의 노정은 다음과 같다.

한양(한성) - 한강 - 판교점 - 험주 - 용인 - 직곡 - 양지 - 좌찬 - 진촌 - 광암 - 석원 - 숭선 - 달천 - 충주 - 단월역 - 안부역 - 조령 - 문경 - 신원 - 유곡역 - 덕통참(함창) - 낙원역(상주) - 낙동진 - 여차리참(선산) - 장천(인동) - 동명원현(칠곡) - 우암창(칠곡) - 금호강 - **대구**

한양에서 대구까지는 대체로 650리 정도였고, 7일 전후 거리였다. 대략 하루에 100여 리를 여행하는 셈이다. 이것은 간선이었고, 영주·봉화에서는 죽령을 거쳐 단양·충주 길로 들어섰고, 경주·울산 등지에서는 영천·신령·군위·비안을 거쳐 함창에 이르렀다. 안동·진보·영해 등지에서는 예천·용궁·신원을 거쳐 조령을 넘었다.

이런 대로에는 대략 10리 혹은 20리마다 원院이나 주막이 있었다. 원은 역과 함께 운영됐으나 점차 소멸하고, 18세기 중·후반 이후에는 민간 숙박 시설인 주점·주막이 크게 성행했다. 1910년대 서울 가

문경새재의 주흘관 문경새재는 영남에서 소백산맥의 준령을 넘어 서울로 가는 주요 길목이다. 따라서 국방상의 중요한 요새이기도 하여 네 개의 관문이 있는데, 주흘관은 첫 번째 관문이다.

는 길목인 문경새재에는 동원·용추·열녀문 등지에 12개의 주막이 있었다. 그만큼 사람들의 왕래가 잦았음을 의미한다.

양반의 서울길은 하나같이 '상경上京'으로 표현됐다. 그래서 오늘날에도 '서울 올라간다'는 말이 자연스럽게 나온다. 신의주에서도 역시 서울은 올라가는 곳이었다. 그것은 임금이 있는 곳이니 높이 우러러볼 수밖에 없었기 때문이다. 임금이 없는 오늘날에도 지방 사람은 '올라가길' 멈추지 않고, 서울은 여전히 '지방' 위에 군림하고 있다.

사람들은 서울도 하나의 지방이라는 사실을 잘 알지 못한다. 서울 '지방'경찰청이 있고, 서울'지방'국세청이 있다. 그런데도 대한민국은 여전히 '서울민국'이다. 방송국의 아나운서는 하나같이 '올라가는' 길上行·'내려가는' 길下行을 읊어대고, 서울의 날씨가 곧 전국의 날씨이며, 서울의 교통 정보는 안동 산골에서도 실시간으로 들어야 할 뉴스가 된 지 오래다. 세상이 좁아서일까, 아니면 서울이 너무 넓어서일까.

노잣돈, 소 타고 길을 나서다

당시 중요한 교통수단은 말이었다. 그러나 양반이라고 해서 집집마다 말이 있는 것은 아니었다. 말을 소유하기란 쉬운 일이 아니었다. 마구간도 갖추어야 했고, 말먹이의 공급도 수월하지 않았다. 더구나 먼 길 행차가 그리 자주 있는 일이 아니었으니 항시 말을 둘 필요는 없었다. 그래서 서울길은 오랜 준비가 필요했다. 말도 준비해야 하고, 노잣돈도 넉넉히 갖추어야 했다. 말은 친척이나 마을에서 빌리거나 샀다.

이렇게 말을 준비했어도 계속 타고 가지는 못했다. 말을 타려면 익숙해야 하는데, 대부분의 시골 선비는 말을 탈 기회가 그리 많지 않았기에 안장에 앉아서 흔들리며 가는 것이 편하지만은 않았다. 그래서 다리가 아플 때만 이용하곤 했다. 말은 사람이 탈 뿐만 아니라 짐을 싣기도 했다. 장기간의 서울길에 갖추어야 할 짐이 적지 않았기 때문이다. 봇짐은 주로 따르는 하인의 몫이었다. 물론 가난한 선비는 흔히 말하는 괴나리봇짐을 지고 걸어서 갈 수밖에 없었다.

서울 가는 길에는 이런저런 사고도 많았다. 긴 여정에 양반이나 하인이 병이 나기도 했지만, 말이 다치거나 병들기도 했다. 심지어 말에서 떨어져 크게 다치거나 하인이 말을 몰고 도망가는 일도 없지 않았다. 또 도적이나 불한당을 만나 행패를 당할 수도 있었다. 서울길이 낭만적인 것만은 아님이 분명했다.

그럼에도 서울길은 미지의 세상에 대한 설렘과 우연한 풋사랑에 대한 기대로 마다하기 어려운 노정이었다. 길목마다 애틋한 사랑의 전설이 남아 있어 오가는 양반 길손의 마음을 설레게 했다. 경북과 충북 사이의 문경새재에 이런 이야기가 전한다.

과거를 보러 나선 한 유생이 문경새재 돌고개의 조그마한 초가에 살고 있는 처녀와 정을 나누게 됐다. 유생은 3년을 기약한 후 헤어졌으나 곧 잊어버렸다. 처녀는 유생의 장원급제를 정성껏 빌었다. 하지만 유생은 돌아오지 않았다. 기다림에 지친 처녀는 죽어서 구렁이가 되어 길손들을 괴롭혔다. 유생은 과거에 급제하여 암행어사가 되어 문경새재를 지나다가 구렁이 이야기를 듣고는 크게 후회했다. 그래서 처녀를 위로하는 제사를 지냈다. 그러자 구렁이가 눈물을 흘리면서 사라졌다고 한다. 문경새재 돌고개에는 이 처녀를 모시는 서낭당이 있다. 흔한 이야기 중의 하나다.

유생의 하루 이동 거리는 많아야 100리 정도였고, 보통 70~80리였다. 양반은 말을 탄다 하더라도 하인은 걸어야 했고, 또 말을 타지 않을 때는 고삐를 잡고 가야 했으니 걸어서 이동하는 것이나 별반 다르지 않았다. 사람도 먹어야 했지만, 말도 먹지 않으면 지치기 마련이었다. 말이 먹이를 먹는 시간은 사람에 비해 더 길어서 보통 두세 시간 정도는 지체될 수밖에 없었다.

기상 조건과 도로 상태도 이동 거리와 속도에 큰 영향을 미쳤다.

많은 비가 오지 않는다면 갈 길을 머뭇거릴 여유가 없었다. 보통 일출과 더불어 길을 나서서 저물녘에는 숙소에 들었다. 물론 찾아가야 할 집이 있다면 좀 이르거나 늦기도 했다. 해가 저문 뒤의 여행은 거의 금기시됐다. 남의 집을 저문 뒤에 찾아든다는 것도 그러했지만, 마을 안까지 들어와 사람이나 개를 해치는 호랑이도 두려웠다. 더욱이 귀신에 대한 공포심도 밤길을 무섭게 했다. 호랑이와 귀신 이야기는 1960~1970년대까지만 해도 시골 마을 사랑방 이야기의 단골 메뉴였다. 그만큼 우리 삶 속 깊이 각인되어 있었다.

서울을 오가는 노잣돈은 적잖이 들었다. 과거에 응시하려면 시간을 넉넉하게 잡고 출발해야 했다. 오가는 길과 서울 체류에 적어도 한 달은 걸렸다. 오고 가는 길에도 많은 돈이 들었지만, 서울에 체류하는 경비도 만만치 않았다. 하숙집의 숙식비는 물론이고 땔감이나 양초값도 부담해야 했다. 시험장인 성균관 인근에서는 방을 구하기도 어려웠다.

과거를 보기 위해 드는 경비는 주위의 인척이나 문중에서 혹은 종계宗契의 부조로 일부 충당하기도 했지만, 대부분은 스스로 마련했다. 돈葉錢을 휴대하기도 했지만, 삼베 등을 돈 삼아 가져가기도 했다. 서울 가는 길에 더 높은 값으로 팔 수 있었기 때문이다.

19세기 후반 경상도 단성의 한 선비는 아예 소와 삼베 네 필을 가지고 길을 나섰다. 소 등에 봇짐을 실을 수도 있었으니 괜찮은 방법이었다. 그러나 쇠죽값이 음식값보다 더 많이 들었다. 경상도 함양 부근의 주막에서 밥값은 한 상에 1전 8푼이었는데, 쇠죽은 2전 5푼이었다. 그러나 청주 부근에서는 밥값이 2전 5푼, 쇠죽이 3전이었

소를 타고 가는 양반 가족 소는 농사에 없어서는 안 될 중요 가축이었다. 그리고 짐을 운반하거나 사람을 태우는 데 이용되기도 했다. 서울 나들이에 소는 짐을 싣거나 탈 수도 있을 뿐만 아니라 판다면 지역에 따른 시세 차익을 실현할 수도 있었다. 김홍도의 그림 「노상파안(路上破顔)」, 「단원풍속도첩」, 국립중앙박물관 소장.

다. 서울에서는 밥값이 4전이나 했다. 물론 서울에 가까울수록 소값도 따라서 올랐다. 전라도 무주에서는 100냥으로 흥정했으나 서울에서 소값을 받아야 했기 때문에 미덥지 못했던 선비는 충주쯤에 이르러 120냥에 소를 팔았다.[1] 단성에서보다는 훨씬 높은 값이었을 것이다. 물론 소값을 미리 받아도 문제였다. 돈을 운반하는 데 또 돈이 들었기 때문이다. 엽전은 무거웠다. 선비는 돈을 운반하기 위해 짐꾼을 고용했다. 운반비는 60리에 석 냥이나 했다. 한 냥 값은 오늘날 대략 2만 원이다. 네 필의 삼베는 충청도 진위에서 20냥에 팔렸다.

당시 과거 보러 가는 길에 이러한 모습은 아주 흔했던 것으로 보인다. 시장 물정에 밝았다는 또 다른 사람은 소 세 마리와 삼베 예닐곱 필을 가지고 길을 나섰다. 이쯤이면 아마 시세 차익만으로도 서울까지 오가는 경비를 충당할 수 있었을 것이다.

단성의 선비는 어쩌면 소와 삼베를 판 140냥을 모두 다 썼을 것이다. 2월 4일에 단성을 출발하여 18일에 서울에 도착했으니 보름 가까이 걸린 셈이다. 그리고 두 달 정도 서울에 머물렀다. 서울의 밥값은 비쌌다. 그나마 과거 시험장 부근에서는 방을 구하지도 못 했다. 3월 한 달 밥값은 22냥 4전이었다. 여기에 신발, 땔감과 양초, 술값 등은 별도로 부담해야 했다. 이 기간 동안 지난해에 빌린 돈을 갚기도 하고, 문상을 가서 부조를 전하기도 했으며, 할아버지와 아버지 대부터 인연을 맺어 온 서울의 권세가 집안을 일일이 방문하기도 했다. 돌아오는 길도 만만치 않았다. 말을 빌릴 수밖에 없었다. 서울에서 단성까지 말을 빌리는 값은 18냥 정도였다. 또한 짐을 부치거나 지고 가는 짐꾼의 경비도 포함해야 할 것이다. 이래저래 적지 않은 돈이 들었다.

당시 소를 소유했다면 중간 이상 가는 재산가였다. 과거는 정기시험, 특별시험 등을 합하여 매년 있었다. 단성의 선비가 지난해에 빌린 돈을 갚았다고 한 것을 보면 해마다 서울을 왕래했을 것이다. 그리고 매번 소 한 마리 값이 들었을 테니 웬만한 지주가 아니라면 망할 수밖에 없다. 또한 지주라 하더라도 과거 준비와 서울 왕래는 그들의 농업경영을 부실하게 했다. 19세기에 이르면 비록 과거에 급제한다 하더라도 지방의 선비에게 그것은 다만 '가문의 영광'일 뿐이었다. 대부분 더 이상 경제적 이익을 보장해주지 못했다. 그런 자리는 노론 세도가나 뇌물로 벼슬을 산 자의 몫이었다. 그래도 많은 선비는 과거와 벼슬에 미련을 버리지 못했다. 결국 가산을 탕진하고 몰락 양반으로 전락하는 경우가 허다했다.

'사돈의 팔촌', 가깝고도 가까운 사이

영남이나 호남에서 서울까지는 보통 10여 일쯤 걸렸다. 당연히 여러 날을 길에서 숙식해야만 했다. 원이나 주막 등 오늘날의 여관과 같은 숙박소가 길을 따라 즐비했다. 그러나 양반이 이런 민간 숙박소에 머무는 일은 그리 많지 않았다. 원이나 주막을 이용하는 사람은 주로 마부나 하인, 상인, 심지어 거지에 이르기까지 다양했다. 양반이 이들과 같은 방에 뒤섞여 하룻밤을 보내기란 쉽지 않았다.

원이나 주막의 온돌방은 흙바닥이었고, 그 위에 돗자리가 깔려 있고 목침이 있었다. 방은 항상 거저 잘 수 있었기 때문에 정원도 제한이 없고 이불도 없었다. 다만 바닥이 뜨거울 만큼 덥혀져 있었다. 가히 찜질방 수준이었던 것으로 보인다. 여행객은 이곳에서 피로를 풀 수 있었다. 그러나 대한제국 말 국내를 여행했던 외국인에게는 이 뜨거운 온돌방이 큰 문제였다. 물론 여러 사람이 좁은 방에서 뒤섞여 자야 한다는 것도 괴로운 일이었을 것이다. 이들은 주인의 방을 빌려 묵을 수밖에 없었다.

온돌방은 무료였다. 당시 사람들은 살고 있는 집에 여행객이 묵는 다고 해서 추가로 돈 들 일은 없으니 그들에게서 돈을 받는다는 건 해괴한 일이라고 생각했다. 식사비나 술값을 받는 것은 당연했다. 한편 원이나 주막에서는 사람만이 아니라 말의 먹이와 마구간도 제공해야 했다. 말이 먹는 여물은 사람이 먹는 음식값보다 더 비쌌다.

단순히 산천을 유람하는 여행이라면 절에서도 묵을 수 있었다. 역시 무료였다. 밥도 그냥 먹을 수 있었으므로, 여유가 있다면 시주를 했다. 양반이라면 특별한 대접을 받을 수 있었다. 혹 승려가 시문에 일정한 소양이라도 있다면 더욱 그러했다. 그만큼 글을 소중하게 여겼다. 「춘향전」에서 볼 수 있듯이, 이 도령이 거지꼴을 하고도 변 사또의 생일잔치에 끼어들 수 있었던 것은 시 한 수 읊을 수 있었기 때문이다. 이것이 바로 양반이 갖추어야 할 중요한 자격이었다. 그러나 양반의 서울길은 과거 응시라는 그 나름의 용무가 있었기 때문에 산골 깊은 곳에 있는 절에서 묵을 일은 거의 없었다.

고을 수령과 친분이 있다면 객사客舍에서도 묵을 수 있었다. 객사는 원래 공적인 업무를 수행하기 위해 왕래하는 관리를 위한 숙소였다. 양반이 찾아들 곳은 역시 연고나 친분이 있는 집이었다. 친척 집이 있다면, 비록 지나는 길에서 제법 멀리 떨어져 있다 하더라도 그냥 지나치는 것은 도리어 큰 결례였다. 가까운 친척은 말할 것도 없고 아주 먼, 흔히 말하는 '사돈의 팔촌'이라도 전혀 문제가 되지 않았다. 할아버지·증조할아버지는 물론이고 심지어 그 이상의 조상들 인연世誼이나 혼인 관계聯臂도 좋은 명분이 됐고, 동성동본同宗인 것만으

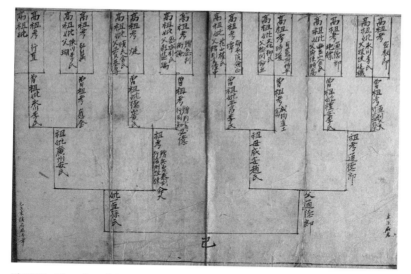

팔고조도 말 그대로 여덟 명의 고조 할아버지를 그린 그림이다. 자신(己)을 중심으로 부계와 모계가 동일하게 표시되어 있다. 제일 위칸이 여덟 명의 고조부와 고조모다. 경주최씨 백불암 종택 소장.

로도 충분했다. 길 떠난 양반이 명문 집안의 자손이라면 이런 연고나 친분은 무한정으로 확대된다. 길손을 맞는 입장에서도 손님이 찾아드는 것은 반가운 일이었고, 도리어 고맙고 영광스러운 일이었다.

조선시대 인척의 범위는 아주 넓었다. 이는 양반 사회에서 유행했던 '8고조도八高祖圖'로 파악할 수 있다. 8고조도란 말 그대로 특정인의 가계를 본인으로부터 위로 고조까지 소급했을 때 모두 여덟 명의 고조가 나오는 그림이다. 즉 부모 두 명, 조부모 네 명(조부, 조모, 외조부, 외조모), 증조부모 여덟 명 그리고 고조부모 열여섯 명이다. 이 중 여덟 명은 고조부고 여덟 명은 고조모다. 조선시대에는 여기까지를 인척의 범위로 보았다. 그러니 인척의 범위가 얼마나 방대했는지 알 수 있다. 이것은 관념적으로만 그러했던 것이 아니라, 현실이었다.

가령 대구의 백불암 최홍원 가문은『반계수록磻溪隧錄』으로 유명한 유형원 가문과 빈번하게 편지를 주고받거나 왕래했다. 그리고 일찍부터(1752)『반계수록』을 필사하여 인근의 대출 요구에 응하기도 했고, 경상감영의『반계수록』간행을 위한 교열 작업에 적극 참여하기도 했다. 유형원 가문은 서울에 있었다. 최씨 가문에서는 서울에 갈 일이 있으면 으레 이 유씨 가문에 들르거나 묵었다. 대구의 최홍원 가문과 서울의 유형원 가문은 직접적인 혼인 관계나 학맥 또는 같은 해에 과거에 합격한 인연도 없었다. 다만 최홍원 가문의 외외가가 소론의 명문인 평창이씨 가문이었고, 이 평창이씨 가문이 다름 아닌 유형원의 가문과 혼인 관계가 잦았을 뿐이었다. 말하자면 유형원 가문은 최홍원 가문의 외외가인 평창이씨 가문의 사돈 집안이었던 셈이다. 그러니 오늘날의 멀고 먼 관계로 표현되는 '사돈의 팔촌'이 조선시대에는 얼마나 가까운 사이였는지를 알게 된다.

조선의 양반 사회는 이러한 인연과 관계망을 바탕으로 했다. 서울 가는 길에 찾아갈 집이 없다거나, 반대로 찾아오는 길손이 없다는 것은 양반으로서 그만큼 격이 낮고 고단했다는 것을 의미한다. 이런 양반은 이웃의 상민도 하찮게 여긴다. 그러니 어찌 그냥 지나칠 수 있으며, 어찌 반갑게 맞이하지 않을 수 있겠는가.

유교 문화의 유물·유적

유교 문화, 삶이 곧 문화다

유교 문화란 무엇일까? 우선 유교적 혹은 유교와 관련된 문화 일반을 의미한다. 그래도 쉽게 와닿지 않는다면 '불교 문화'를 떠올리면 좀 더 쉽게 이해될지 모르겠다. 불교 문화는 사찰이나 불상, 불화 등을 쉽게 연상할 수 있기 때문이다. 그런데도 유교 문화란 말이 낯설다면 어쩔 수 없이 좀 장황하게 설명할 수밖에 없다. 유교 문화가 불교 문화에 비해 선뜻 이해되지 않는 것은 '유교'라는 말 그 자체 때문인지도 모른다.

유교를 설명하려면, 유학儒學이 따라 나온다. 유교는 무엇이고, 유학이란 무엇인가? 같은 말이다. 그러나 구분해서 써야 할 때도 많다. 유학은 공자·맹자의 학문 그 자체를 말하는 것이고, 유교는 유학에 기반을 둔 생활이나 의례, 곧 삶과 행동 등을 말한다. 그래서 유학은 사람이 하는 것이니 유학자라는 말과 잘 어울린다. 반면에 문화와 짝을 지으려면 유학 문화는 아주 어색하지만, 유교 문화는 자연스럽다. 문화란 인간이 자연을 적절하게 변화시켜 이용하는 물질적·정신적 산물이니 유학이 아니라 유교와 아주 잘 어울릴 수밖에 없다.

유교가 우리나라에 전래된 것은 멀리 삼국시대로까지 거슬러 올라 갈 수 있지만, 국가나 사회의 보편적인 학문이나 가치체계로 자리 잡 은 것은 조선시대 이후였고, 나아가 단순한 학문이나 가치체계로서 만이 아니라 우리 삶에 내면화되고 생활화되기 시작한 것은 대체로 16세기 이후다. 따라서 여기서 설명하는 유교 문화의 시간적 범위는 주로 조선시대, 그것도 16세기 이후라고 보면 된다.

다시 정리하면, 유학이란 공자·맹자의 학문이고, 문화란 인간이 만들어낸 것이니 유교 문화란 결국 유학자의 생활이나 학문적 실천 에서 생산해낸 다양한 형식의 산물이 될 것이다. 이런 유교 문화는 그 범위가 아주 방대하다. 비물질문화, 곧 의례 등도 포함해야 하지 만, 여기서는 유물과 유적만을 그 대상으로 삼는다.

그럼 유물은 무엇이고, 유적이란 또 무엇인가? 유물·유적 모두 과 거 사람들이 살아가면서 만들어낸 크고 작은 생활도구나 건축물 같 은 것을 말한다. 가령 화살촉이나 그릇같이 작아서 쉽게 옮길 수 있 는 것을 유물이라 하고, 무덤이나 건물, 성벽처럼 상대적으로 커서 옮기기 어려운 것을 유적이라 한다.

유교 문화의 유물·유적에는 어떤 것이 있을까? 쉽게 떠오르지 않 을 수 있다. 그것은 유교 문화의 유물·유적이 아직도 우리 일상의 일 부로 사용되기 때문이거나, 우리 삶의 상당 부분이 아직도 유교적이 기 때문일 것이다. 집이 그러하고 마을이 그러하다. 물론 집과 마을이라 하여 오늘날 아파트가 들어선 도시의 그런 동네가 아니라 농촌, 그것도 반촌이나 동성촌 혹은 종가니 종택이니 하는 그런 마을과 집을 말한다. 이런 곳은 특별히 존재하기보다는 우리 이웃에 있고, 우리 이웃의 일상이 현실에서 영위되는 곳이니 특별히 유물·유적이라는 생각이 상대적으로 덜 들게 마련이다.

아무튼 유교 문화의 유물·유적이란 조선시대 양반이 유교의 가치와 형식에 따라 개인이나 가족 또는 종족 단위에서 만들어낸 다양한 삶의 형태, 주로 마을(동성마을)과 건축물(종가 그리고 학문과 휴식 또는 조상을 위한 공간)을 말한다.

종가, 조상을 모시는 집

종가宗家란 시조로부터 시작되는 조상의 제사를 받드는 집이라 할 수 있다. 시조의 제사를 모시는 사람은 장자만이 가능했다. 그러니 종가란 장자에서 장자로 계속 이어져온 집을 말한다. 그리고 현재의 장자가 곧 종손이 된다. 이런 가족이나 종족 질서가 형성된 것은 대략 16, 17세기 이후 종법宗法이 수용되면서부터였다.

종가에는 조상의 신위를 모시는 사당이 있다. 일반적인 사당에는 흔히 4대 봉사라고 하듯이 고조부까지의 신위를 모신다. 그러나 종가의 사당에는 여기에 불천위不遷位가 더해진다. 불천위란 4대가 지난 이후에도 계속해서 제사를 지내는 신위를 말한다. 불천위는 별도의 사당에 모시는 경우가 많다.

누구를 불천위로 모시는가? 조선 초에는 공신이 된 자를 불천위로 모셨다. 그러나 조선 후기에는 종법이 더욱 일반화되면서 국가의 인정 없이도 뛰어난 조상顯祖을 불천위로 모셨다. 영남, 특히 안동이 그러했다. 안동에는 대략 50위의 불천위가 있다. 나라에서 인정한 불천위뿐만 아니라, 유림이나 문중에서 세운 불천위가 많기 때문이다. 종가의 개념은 지역에 따라 조금씩 다르다. 안동을 중심으로 한 경상도 북부 지역에서는 불천위를 모셔야 종가가 된다고 생각했다.

동성마을은 종가를 중심으로 형성된다. 종가가 없다면 번듯한 동성마을로 인정받지 못했다. 종가는 가문이니, 문중이니 하는 종족집단의 혈통적·정신적 중심으로 기능했지만, 한편으로는 종손이 거주하는 집이기도 하다. 종가와 종손은 그 자체로 조선시대 유교 문화의 핵심이며, 건축물로서의 종가 또한 유교 이념을 충실하게 반영한다.

종가는 건축학적으로 조선시대 양반 가옥의 전형이다. 종가를 비롯해 우리의 전통가옥은 대부분 목조 가구식架構式이다. 지붕의 재료에 따라 초가집과 기와집으로 나눈다. 초가집은 짚 따위로 엮은 이엉을 매년 바꾸어주어야 하지만, 기와집은 튼튼하여 수명도 길고 위풍도 당당하다. 그러나 기와집은 초가집에 비해 건축 비용이 아주 많이 든다. 그래서 양반 중에도 부유한 사람만 기와집을 소유할 수 있었다.

한옥의 평면은 '칸'으로 이루어진다. 칸이란 기둥과 기둥 사이를 말한다. 앞면과 옆면 모두 기둥이 세 개라면, 이 집은 네 칸 집이 된다. 이런 칸이 모여 기다란 직사각형 형태를 이루는데, 이를 채棟라고 한다. 종가는 이러한 직사각형 건물이 여럿 모여서 하나의 공간을 이룬다. 그래서 대체로 안채, 사랑채, 행랑채, 사당 등으로 이루어진다.

물론 일시에 건축되기도 하지만, 대부분은 오랜 시차를 두고 조금씩 증축됐다.

종가를 비롯한 양반집은 유교의 이념과 신분제적 가치에 기반하여 건축됐다. 가령 유교의 남녀유별 원칙에 따라 여성을 위한 안채와 남성을 위한 사랑채로 구분되는 것이 좋은 예다. 안채는 폐쇄적이고 내밀한 공간으로 구성되며, 사랑채는 외부에 개방적인 공간으로 구성된다. 따라서 사랑채는 앞마당을 사이에 두고 대문과 마주하며, 안채는 사랑채 뒤쪽에 안마당中庭을 사이하여 배치되어 있다. 안채와 안마당이 바로 여성의 생활공간이다.

종가나 경제적 여유가 있는 양반이라면 안채와 사랑채 외에 필요에 따라 여러 건물을 추가로 배치할 수 있다. 즉 하인의 생활공간인 행랑채, 곡식을 저장하기 위한 곡간채, 생활용구와 물품을 보관하기 위한 고방채, 책을 보관하는 서고, 그 외 용도와 필요에 따라 다양한 건물을 두었다. 행랑채는 대체로 대문과 연결되어 담장 역할을 한다. 따라서 양반의 집은 담장을 두르지 않아도 외부로부터 보호되거나 차단될 수 있었다. 물론 오늘날에는 많은 변형이 가해졌다.

조상을 모시는 사당은 양반가에서 가장 중요하게 여기는 특별한 공간이다. 원래는 조상의 신주를 모시는 공간이었지만, 점차 없어지고 대부분 불천위가 있는 집에만 남아 있게 됐다. 그래서 오늘날 종가에만 있는 건물이 됐다. 대체로 사랑채 뒤 동쪽 조금 높은 곳에 위치한다. 사랑채보다 높은 곳에 있다는 것은 조상을 높인다는 의미다. 규모는 한두 칸 정도에 불과하다. 하지만 가문이 번성하거나 큰 종가인 경우 불천위 제사에 많은 손님이 왔으므로 대청 공간을 크게 넓히

안동 하회마을의 북촌댁 북촌댁은 안동 하회마을 북촌에 있는 가장 큰 가옥으로 72칸 규모다. 현재의 건물은 1864년(고종 1)에 류도성이 이전의 화경당(和敬堂)을 크게 증축한 것이다. 대문 간채, 사랑채, 안채, 별당채 등으로 구성되어 있다.

거나 따로 제청祭廳을 마련하기도 했다.

사당을 사랑채에 비해 높은 곳에 둠으로써 조상을 숭배하는 뜻을 보이듯이, 사랑채와 행랑채도 마찬가지다. 사랑채는 마당이나 행랑채보다 훨씬 높은 곳에 있다. 대부분 축대를 높이 쌓아올려 건축한다. 마당과 행랑채는 하인의 공간이다. 하인은 사랑채의 축대 위를 함부로 오를 수 없었으니, 어느 곳에서나 그들의 상전인 양반을 우러러볼 수밖에 없다. 반면에 상전은 비록 사랑방에 앉아 있다 하더라도 노비를 내려다보게 된다. 이렇게 구조화된 양반의 집은 유교적 상하 차별을 일상 속에서 자연스럽게 실천하게 만들었다.

종가나 큰 양반집 혹은 양반의 이런저런 건물 곳곳에는 이름이 붙어 있다. 이를 당호堂號라 한다. 오늘날 대학교에서 인문관, 사회관 등으로 이름을 붙이거나 아파트에 이름을 붙이는 것과 같다. 옛사람은 사는 집 추녀 끝 또는 출입하는 문 위에 자기가 지향하는 뜻이나 취향을 담은 이름을 붙였다. 여유당與猶堂이나 사임당師任堂 혹은 운현궁雲峴宮처럼 말이다. 여유당은 다산 정약용이 만사에 조심하며 느리게 살자는 의미로 붙인 것이고, 사임당은 율곡 이이의 모친이 중국 문왕文王의 어머니 태임太任을 닮고 싶다는 의미로 붙인 것이다. 사임당과 같이 양반 부녀자의 거처에도 당호를 붙였음을 알 수 있다. '궁'은 왕실에서나 붙일 수 있었고, 양반은 흔히 '재齋', '와窩' 등으로 이름을 붙였다. '소박한 집'이라거나 '움집'이라는 겸양의 뜻을 담은 것이다. 양반의 모든 건물에는 이런 식으로 이름을 붙였다. 그리고 이를 호號로 삼기도 했다.

오늘날 우리의 집 이름은 어떠한가? 푸르지오 그랑블, 해링턴 플레이스! 무슨 말인지 더구나 기억하기조차 어려운 이름에 1동 1302호, 2동 805호 등으로 구분한다. 이 역시 우리 시대 문화의 한 단면이다. 그렇다 하더라도 옛 양반의 집 이름이 한결 그럴듯해 보인다.

유물·유적, 생각과 삶의 흔적

조선시대 유교 문화의 담당자인 양반은 기본적으로 지식인이었다. 따라서 이들의 문화에서 가장 중요한 부분은 문자 기록이라고 할 수 있다. 양반의 문자 기록은 크게 두 가지로 나눌 수 있다. 하나는 그들의 감정이나 생각을 표현한 기록이고, 다른 하나는 일상생활의 필요에서 작성된 문서다. 전자의 대표적인 것으로는 일기, 시문, 간찰, 죽은 이를 조문한 제문, 국가 정책에 대한 의견 등을 정리하여 편찬한 문집류文集類 등을 들 수 있다. 후자의 것으로는 흔히 말하는 고문서古文書가 있다. 물론 이 두 가지가 명확하게 구분되지 않을 때도 많다. 가령 시문이나 간찰이라 하더라도 이것이 문집에 수록되지 않은 채 낱장으로 존재한다면 고문서로 분류된다. 다만 여기서는 편의상 이렇게 구분하여 설명하기로 한다.

일기는 말 그대로 그날그날 일어난 일과 자신의 생각을 기록한 것이다. 이순신李舜臣(1545~1598)의 『난중일기亂中日記』 같은 것이다. 조선의 많은 선비는 다양한 이유와 목적으로 일기를 썼다. 개인적 이유뿐만 아니라 어떤 단체나 조직의 활동도 일기라는 이름으로 기록했다.

평상시 일기라면 자신과 주위에서 일어난 사소한 일이 기록되게 마련이다. 날씨가 어떠했는지, 무슨 공부를 했는지, 누가 찾아왔는지, 어디에 갔는지, 농사는 어떠한지, 종의 일상은 어떠한지, 그들 각자의 관심사에 따라 혹은 상세하게 혹은 간략하게 기록할 것이다. 만약 전란 중의 일기라면 피란 생활과 굶주림, 살상과 약탈, 삶과 죽음 같은 전쟁의 참상을, 의병의 일기라면 의병의 조직과 활동상을 생생하면서도 구체적으로 기록한다. 서원이나 종가의 건축 과정을 기록한 일기에는 재목을 어디에서 구해왔고, 목수는 누구이고, 어떤 사람이 동원됐는지를 밝히기도 한다. 조선의 양반은 오늘날 우리가 상상하는 것 이상으로 많은 일기 자료를 남겼다. 다만 전란과 화재, 가난

선비의 일상 좋은 계절, 풍광이 수려한 누정 아래 선비들이 모여 세상사를 논하거나 시문(詩文)을 주고받으며 시간을 보내고 있다. 국립중앙박물관 소장.

과 개발 등 여러 사정으로 그 소중한 기록이 잘 보존되지 못했을 뿐이다. 아무튼 이런 일기를 통해 연구자는 조선시대 사람들의 일상을 보다 구체적이면서도 풍부하게 서술할 수 있게 됐다.

조선의 선비는 일기뿐만 아니라 다양한 형태의 글쓰기를 생활화했다. 어떤 광경이나 자연에 대한 감흥을 시詩와 부賦로 표현했고, 죽은 이를 애도하는 글輓詞·祭文이나 일대기인 행장行狀을 지었으며, 책의 서문과 발문 또는 누정樓亭 등의 건축물에 대한 사실을 기술한 기문記文이나 상량문上樑文, 국정에 대한 의견을 개진한 상소문이나 정책에 대한 책문策文, 학문적으로 심오한 이론을 담은 논論 등 아주 여러 분야에서 다양한 형식으로 글을 지었다. 이런 글은 일정한 체제와 형태로 엮어 문집이라는 이름으로 출판됐다. 문집은 해당 인물의 일생과

고산정 고산정(孤山亭)은 안동 도산면 청량산 가송협의 절벽 아래에 있는, 성재 금난수가 1564년(명종 19)에 건립한 정면 세 칸 측면 두 칸의 정자다. 주위의 빼어난 경관과 잘 어우러져 조선시대 정자의 멋스러움을 잘 보여주고 있다. 김대원 그림.

그들이 이룩한 학문적 성과 등을 살필 수 있는 좋은 자료다. 이들 개별 문집의 집적은 조선의 선비가 이룩한 유교 문화의 정수를 응축한 성과다. 따라서 이를 출판하기 위해 만든 목판은 현재 유네스코 세계기록유산으로 지정되어 있다.

유교 문화의 유적으로는 양반의 동성마을이나 가옥(종가)을 비롯해 교육시설(서당·향교·서원), 휴식 공간으로서의 누정, 조상을 모시는 묘지·재실·재사·사당 등을 들 수 있다. 앞에서 이미 종가와 향교, 서원 등은 언급했으니 여기서는 누정과 재실 등을 중심으로 설명하기로 한다.

조선의 선비는 생활공간 외에도 다양한 특수 공간을 마련해두고 있었다. 즉 경치를 관망하거나 휴식을 위해, 또는 독서나 학문을 위해 건물을 조성했다. 이런 건물에는 누樓 · 정亭 · 당堂 · 대臺 · 각閣 · 헌軒 등의 다양한 이름을 붙였다. 또 이런 건물을 흔히 누정이라 했다. 일반적으로 2층 정도 높이에 규모가 큰 건물을 누라 하고, 작은 건물을 정이라 했다. 모두 전망 좋은 곳에 벽 없이 기둥과 지붕만으로 지었다. 당연히 담장도 두르지 않았다. 따라서 경치를 관망하기 좋았고, 휴식 공간으로도 사용됐다.

누정과는 조금 다른 기능을 가진 건물로는 정사精舍가 있다. 이 또한 휴식을 위한 것이기는 하지만, 마루와 방을 포함하거나 별도의 살림채와 대문채를 둠으로써 겨울에도 기거가 가능했다. 따라서 찾아오는 손님을 맞이하거나 후진을 가르칠 수 있는 기능을 겸할 수 있었다. 그러나 정사와 같은 구조와 기능을 가진 정자도 없지는 않았다. 따라서 이들 다양한 건물을 명칭에 따라 그 경계를 명확하게 구분하기란 쉽지 않다.

정사와 정자 모두 양반 가문 남성만의 공간이다. 하지만 돈 있는 양반이라 하더라도 누구나 지을 수 있는 것은 아니었다. 동성마을이나 양반 가문 중에서도 지체가 높은 사람, 곧 관직이나 학문이 높은 사람만이 특별히 지을 수 있었다. 그 때문에 정사와 정자 수가 그 마을의 격을 결정하는 기준이 되기도 한다. 이런 누정은 유교가 성했던 경상도에 가장 많았고, 경상도에서도 안동에 특히 많았다.

조상을 추모하거나 제향하기 위한 건축물로는 재사齋舍 또는 재실齋室이 있다. 따라서 조상의 묘소나 사당 인근에 위치한다. 여기에는 묘직墓直 또는 산직山直이 거주하면서 제사를 위해 마련된 제위전祭位

田을 경작하여 제수祭需를 마련했다.

조선의 유교식 장례는 매장이었다. 따라서 무덤이 조성되는데, 이를 산소나 묘소라 했다. 이 또한 유교 문화의 한 형태다. 고려는 불교 사회였기 때문에 화장을 했으니 무덤이 조성될 일이 거의 없었다. 그리고 조선 초기에도 아직 조상 숭배의 관념이 강하지 못했고, 또 남자들이 처가살이를 했기에 조상의 무덤이 잘 관리되지 못했다. 그래서 조선 중기 이전에 조성된 묘소를 찾아보기란 쉽지 않다.

조선시대 고위 관료를 역임한 인물의 묘소에는 여러 석물이 세워져 있다. 망주석望柱石, 상석床石, 향로석香爐石, 묘비나 신도비神道碑, 문인석文人石 등이다. 망주석과 상석, 향로석은 오늘날 묘소에서도 흔하게 볼 수 있지만, 신도비나 문인석은 주로 2, 3품 이상의 고관 무덤에서나 볼 수 있다. 이러한 사정으로 신도비는 비각에 안치된 경우가 많다.

묘비나 상석의 앞면에는 무덤에 묻힌 인물이 누구인지 알려주는 글이 기록되어 있다. 물론 생전의 관직이나 품계를 함께 쓴다. 관직이나 품계가 없다면 흔히 학생이나 처사라고 쓴다. 처사는 경상도 북부 지역, 곧 안동 인근에서 주로 쓴다. 혼탁한 세상에 나아가지 않고 오직 학문하는 선비로 고고한 삶을 살았다는 의미다. 이 지역 선비는 정치적으로 남인이었고, 남인은 조선 후기에 실세하여 과거나 관직으로 나아가기가 쉽지 않았다. 처사란 이런 영남 선비의 자존적 자화상이라 할 수 있다.

서원, 또 하나의 하늘: 양반이 아닌 사람들에게 서원이란 무엇인가

여성에게도 출입을 허許하다

서원에 대한 연구자의 관심은 그 운영 주체인 양반, 경제적 기반, 서원에서 행하는 교육·문화 활동 등에 이르기까지 다양했다. 이 같은 관심은 당연히 서원을 건립하고 운영한 주체인 양반이나 그것을 규제·통제하는 상급 단위로서의 관 및 국가를 매개로 하여 이루어졌다. 이를 통해 많은 것이 밝혀졌다. 그러나 양반이나 국가를 통해서만 서원을 이해할 수 있는 것은 아니다. 어쩌면 양반이 아닌 사람에게 서원은 더 크고 더 높아 보였을지 모른다. 감히 범접할 수 없는 하늘처럼!

서원에는 국가나 양반만 관련이 있었던 것은 아니다. 이들과 함께 양반이 아닌 다양한 사람들도 직접 또는 간접으로 참여하거나 관련되어 있었다. 이들의 역할은 물론 국가나 양반과는 아주 달랐다. 역할이 달랐을 뿐 서원과 무관한 존재는 아니었다. 이런 서원을 오직

병산서원 복례문 복례문은 안동에 있는 병산서원의 솟을대문이다. '복례'란 극기복례(克己復禮. 사리사욕을 억눌러 이기고 예의범절을 좇음)에서 따온 것이다. 병산서원은 서애 류성룡을 모시기 위해 1613년(광해군 5)에 건립된 서원이다. 강당인 만대루에서 바라본 풍경이다.

국가와 양반의 입장에서만 바라본다면, 그것은 반쪽에 불과하거나 왜곡된 형상일지도 모른다.

서원은 양반이 모여서 선현을 제향祭享하고 학문하는 공간이다. 제향하고 학문만 하는 것이 아니라 때로는 하층민을 호령하고 그들의 불경죄를 다스리기도 했다. 그러니 하층민에겐 두려울 수밖에 없었다. 두려움은 경외감을 수반한다. 물론 서원이 늘 폭력적이고 억압적이었던 것은 아니다. 양반이 아닌 사람도 서원과 공존할 수밖에 없었다. 서로 기대고 의지하여 살아가지 않으면 안 됐다.

이렇듯 서원을 기준으로 할 때 조선시대 사람은 크게 두 부류로 나누어진다. 하나는 서원에 출입이 가능한 사람이고, 다른 하나는 출입

병산서원 만대루 만대루(晚對樓)는 병산서원의 누각으로 유생들이 회의나 공부를 하기도 했지만, 주된 기능은 주변 산천의 풍광을 보며 휴식을 취하던 건물이다. '만대'는 오래도록 마주 대한다는 의미다.

이 허용되지 않은 사람이다. 여기서 출입이란 서원의 출입문 안, 좀 더 구체적으로는 동재·서재와 강당, 사당 등에 오르거나 참배가 가능한 경우를 말한다.

출입이 가능한 사람은 다름 아닌 양반 유생이고, 출입이 금지된 사람은 여성과 비양반이다. 비양반은 중인·서류庶類로 지칭되거나, 평민·천민의 농민이었다. 비양반은 기본적으로 서원 밖에 존재했지만, 이들도 자의 혹은 타의에 의해 원속院屬이나 유생儒生이 됨으로써 서원 소속이 될 수 있었다. 물론 당堂에 오르거나 사당에 참배할 수 있는 것은 아니었다.

그러나 사대부 집안의 부녀자는 어떤 경우에도 출입이 불가능했다. 여성과 함께 중인·서얼도 출입이 금지됐다. 이러한 사정에서 서원은 출입 가능 여부를 두고 출입이 가능한 사람, 서원 출입이 금지된 사람 그리고 서원에 소속된 사람과 서원 밖의 사람으로 나눌 수 있다.

1965, 1966년쯤에 자유당 시절 권력의 실세, 훗날 민주공화당의 전국구 국회의원이기도 했던 모윤숙이 안동에 왔다가 도산서원을 방문했다. 하지만 거절당했다. 그 이유는 역시 '여성 출입 금지' 때문이었다. 아예 진도문進道門 문턱을 넘지 못했다고도 하고, 강당인 전교당典教堂에 오르거나 사당인 상덕사尚德祠 참배가 거부됐다고도 한다. 알다시피 모윤숙은 친일 문학가로 잘 알려져 있다. 그래서 상상을 해본다. "어디 친일의 주구走狗(남의 사주를 받아 앞잡이 노릇을 하는 사람)가 성현께서 의리가 무엇인지, 염치가 무엇인지, 부끄러움이 무엇인지 가르치던 곳에 감히…." 여성을 들먹일 게 아니라 이렇게 친일을 준엄히 꾸짖었다면, 얼마나 안동이 안동다웠을까! 부질없는 생각이다.

서원은 이렇듯 오랫동안 많은 사람을 차별하고 배제해왔다. 그 특권이 소멸된 지, 그에 부여된 역사적 역할이 사라진 지는 이미 오래됐다. 이제 새로운 시대와 소통하면서 급변하는 세상에 스스로를 적응시켜야만 했다. 안동의 도산서원은 2002년에 이르러 비로소 여성에게도 출입을 허용했다.

서원 출입이 가능한 사람

많은 사람들이 서원은 양반만 관련되어 있다고 생각한다. 서원이 양반의 전유물이긴 하지만, 그렇다고 양반만 관계한 것은 아니었다. 다양한 많은 사람이 소속되거나 관련되어 있었다.

양반이란 조선의 지배층 일반을 지칭하는 말이다. 이들은 다름 아닌 서원을 건립하고 운영하는 주체다. 당연히 이들 양반이 서원의 주인이다. 그렇다고 국가나 관官과 무관한 것은 아니었다. 서원을 건립하는 과정에서 소재지의 고을 또는 인근 수령의 지원도 적지 않았다. 설립 이후에는 국가에서 사액과 함께 토지와 노비를 지급했고, 지방 수령 또한 노비나 장인匠人, 양인을 수시로 떼어주어劃給 경제적 기반을 마련해주었다. 사정이 이러했으니 서원을 사립 교육기관이라고만 할 수는 없다. 그러나 서원을 운영할 때 관의 간섭은 크게 받지 않았다. 이런 전통을 만드는 데는 퇴계 이황의 역할이 컸다.

양반은 서원을 운영하기 위한 조직을 갖추었다. 원장院長을 모시고 재임齋任을 선출했다. 이들이 바로 서원의 임원, 곧 원임院任이다. 원임은 당연히 양반이 맡았다. 서원은 교육기관이니 학생이 있어야 한다. 서원의 학생을 원생이라 했다. 원생을 받아들이는 데도 원칙을 세웠다. 이를 원규院規라 한다.

원규에 따르면 가능한 한 초시初試 합격자 이상을 원생으로 받아들이고자 했다. 원칙적으로 생원·진사 합격자를 대상으로 했던 국학인 성균관의 규정을 크게 의식했던 것으로 보인다. 그러나 향촌 사회의 여건은 이들만으로는 학생 수를 채우기 어려웠다. 점차 아무런 제한을 두지 않게 됐다. 나이도, 정원도 상관없었다. 오직 능력만 있으면 서원에 나아가 공부할 수 있었다. 나이에 구애됨이 없다 했지만, 적어도 관례冠禮 전후의 시기, 15~16세 이상이어야만 했을 것이다. 그리고 능력이란 서원에서 수학이 가능한 것을 말한다. 그러니 초학자가 아닌, 적어도 글을 읽어 뜻이 통하는 자여야 했다.

그러나 모든 양반이 자유롭게 서원을 드나들 수 있는 것은 아니었다. 그것은 재능만이 아니라 공론公論이니 천거薦擧니 하는 것으로 제약을 가했기 때문이다. 즉 "공론으로 허락받지 않고 함부로 오는 자는 입원入院할 수 없다"라거나, "일고여덟 명이 천거해야 입원할 수 있다"라는 등의 규정을 두었기 때문이다.[1] 공론이나 천거를 받아야 서원 출입이 가능했다면 중인이나 서얼 출신자는 물론이고, 비록 능력이 있다 하더라도 한미한 가문의 양반은 출입이 쉽지 않았을 것이 분명하다.

서원은 설립 초기와 달리 시간이 지나면서 더욱 폐쇄적으로 운영됐고, 제향祭享 인물의 직계 자손과 함께 소수의 특권적 성씨가 주도해 나갔다. 이러한 경향은 후기에 이를수록 더 심해졌다. 서원은 교육의 장이 아니라 이제 제향 인물의 후손에 의해 독점됐고, 그 후손은 서원의 권위에 의지하여 권력을 생산하고 행사하곤 했다. 이런 일은 다반사로 일어났다. 당연히 서원이 마구 설립되는濫設 폐단이 뒤따를 수밖에 없었다. 이러한 사정에서 서원은 당쟁의 소굴로 인식되기도 했고, 향전鄕戰의 중심지가 되기도 했다.

그러자 동일 인물이 여러 곳에 제향되지 못하도록 첩설疊設 금지령이 내려지고 사전 허가제가 시행됐지만, 법은 지켜지지 않았다. 서원에 대한 통제는 이미 숙종 대부터 시작됐고, 훼철이라는 극단적 방법이 동원된 것은 영조 대였다. 1741년(영조 17)에는 이미 173개소에 달하는 서원이 훼철됐다. 그래도 서원 건립은 계속됐다. 마침내 흥선대원군이 전면적 훼철을 단행했다. 그러나 훼철된 서원은 일제강점기와 오늘날에 이르러 대부분 복원됐다. 서원은 참으로 강한 생명력을 가졌다. 강한 생명력을 가질 수 있었던 것은 사실 서원 자체가 아니라 서원에 제향된 후손들의 욕망 때문이었다.

서원 출입이 금지된 사람

조선시대 서원에서 일관되게 출입을 금지당한 것은 여성이었다. 그 연원은 이황의 이산서원伊山書院 원규로부터 시작된다. 하지만 이것이 오직 퇴계만의 생각은 아니었다.

책을 밖으로 가지고 나가서는 안 되며, 여자를 데리고 들어와서도 안 된다. 책을 가지고 나가면 잃어버리기 쉽고, 여자가 들어오면 문란해지기 쉽다.[2]

서원은 유생이 공부하고 학문하는 교육의 장소이고, 또 제향자의 신주를 모신 신성한 공간이다. 남존여비의 유교 이념을 강력하게 실천하는 조선의 유학자가 여성의 출입을 금지한 것은 어찌 보면 너무나 당연한 일이었다. 모든 여성의 출입이 금지됐지만, 구체적인 대상은 주로 기생이었을 것이다. 16세기 이후 사대부 집안 부인의 바깥나들이는 거의 자유롭지 못했다. 남편이 아내를 대동하거나 부인이 남편을 찾아 서원을 출입한다는 것은 상상할 수 없는 일이었다.

조선시대 여성의 공간은 밖이 아닌 중문中門 안이었고, 그 역할은 공부가 아니라 바느질이었다. 이런 세상에서 그것도 외간남자들이 모여 공부하는 곳에 부인이 드나들 일이란 아예 없었다. 그에 비해 기생은 바깥출입이 상대적으로 자유로웠다. 또 유생과 자주 어울려 유흥을 즐기기도 했으니, 기생이 서원을 출입하게 되면 유생의 공부에 방해가 되고 풍기가 문란해질 우려가 있었다.

그렇지만 모든 여성을 막을 수는 없었다. 어쩔 수 없이 서원에 상주해야 하는 여성도 있었다. 식모나 주모 등이 바로 그들이다. 이들은 원내에 상주했지만, 서원에 출입했다고는 할 수 없다. 이들은 서원의 고직사庫直舍(서원이나 관아, 향교를 관리하는 집)로 통하는 서쪽 협문을 통해 들락거렸다. 원속院屬이나 노비도 마찬가지였을 것이다.

이황이 제정한 이산서원의 원규에는 신분에 대한 언급이 없다. 즉 그것은 적극적으로 금지하지 않았다는 뜻이다. 이는 향안의 입록 규정과 비교해보면 더욱 분명해진다. 향안과 달리 서원의 원안은 공부하는 유생을 등록하는 것이니, 신분 차별을 엄격히 할 필요가 없었던 것이다. 양인 이상이면 누구나 과거에 응시할 수 있었던 것과 마찬가지로 교육도 비록 형식적이긴 해도 개방되어야 했다.

향교 역시 서얼을 교생으로 참여시켰다. 서원이 세워지기 시작할 무렵 이것은 너무나 당연한 문제였을 것이다. 적어도 이황은 그렇게 생각했다. 그래서 대장장이 배순裵純을 제자로 둘 수 있었고, 서원 모임

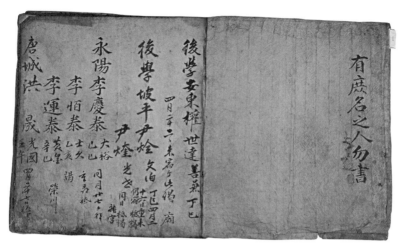

도산서원 심원록 심원록(尋院錄)은 서원을 방문한 사람들의 명단을 적은 책이다. 오늘날 방명록과 같은 것이다. 도산서원 심원록 표지 뒷면에 '서얼은 기록하지 말 것(有庶名之人勿書)'이라고 크게 써 놓았다. 도산서원 운영위원회 기탁. 한국국학진흥원 소장.

院會의 좌석 순서座次도 오직 연령순으로 할 것을 강하게 희망했다. 그러나 제자들의 생각은 달랐고, 이황은 이들을 끝내 설득하지 못했다.

서원의 원생에 신분 차별을 두지 않았던 것은 이황만이 아니라 서원 설립 초기의 일반적인 분위기였다. 대부분의 서인계 서원에서는 후대에까지 "서류庶類와 범민凡民이라도 취하거나 버리지取捨 않았고",[3] 나이와 함께 '귀천貴賤'도 논하지 않았다.[4] 더 나아가 평민 교육의 필요성을 적극적으로 개진하기도 했다.

서인이나 기호 지방의 이러한 분위기와 달리 영남의 서원은 적서와 귀천의 차별을 엄격히 했다. 조선 후기에 이르면 더욱 그러했다. 진취적 안목을 갖지 못하고 그저 향촌의 보잘것없는 특권에만 집착했다. 따라서 그들은 중앙 관직에서도 멀어졌다.

서원에 소속된 사람

서원에는 원속院屬이란 존재가 있다. 서원에 예속되어 몸값身貢을 바치거나 노동력을 제공하는 사람을 말한다. 주로 양인이나 장인匠人 또는 노비로 구성된다. 이들은 서원에 소속됨으로써 국역國役이나 잡역雜役을 면제받았다. 즉 원속이란 역을 피할 목적으로 서원에 기생했다. 서원으로서는 이들을 통해 경제적 이득을 확보할 수 있었으니 마다할 이유가 없었다. 이들의 처지는 노비와 크게 다르지 않았다.

그러나 원속은 노비와 달리 서원의 소유가 아니라 임시로 소속된 것이었다. 이들은 국가나 수령이 제공하기도 했지만, 그들 스스로 투탁投託하거나, 서원에서 사사로이 모집하기도 했다. 합법과 불법이 혼재되어 있었고, 그 경계도 모호했다. 더 큰 문제는 시간이 지남에 따라 이들의 수가 급격히 증가했다는 것이다.

17세기 중반 이후 신분 상승을 목적으로 한 원생으로의 투속도 일반화됐다. 원생이란 곧 유생이니, 원생이 된다는 것은 양반의 이름을 얻는 것이었다. 하층민의 신분 상승과 서원의 재정 확보 욕구가 맞물리면서 이들의 수는 급속히 확대되어갔다. 이에 국가는 제재를 가했다. 그러나 전면적으로는 금지하지 못하고 문묘종사서원文廟從祀書院 30명, 사액서원 20명, 미사액서원 15명으로 제한하는 정도로만 조치했다. 물론 이조차 지키는 서원은 없었다.

이 같은 조치는 국가가 공식적으로 비사족층을 서원의 원생으로 인정한 셈이었다. 이들을 유생으로 일컫기도 했으니, 하층민에게 원생이란 상당히 매력적일 수밖에 없었다. 물론 그 대가로 서원에 예전

禮錢이라는 찬조금을 납부해야 했다. 예전은 원속의 신공에 비해 조금 더 많은 액수였다.

비사족 원생은 공식적인 부담 외에 서원의 대소사에 각종 부조를 강요받기도 했다. 또한 평민 중 재력이 있는 자는 서원 중건이나 문집 간행 등을 빌미로 원생으로 강제 차출되어 원하지도 않는 원납전願納錢을 바쳐야 했다.

역을 피하거나 신분 상승을 위해 서원에 들어온 비양반층 원생이 100명이 넘는 일은 허다했다. 이런 현상은 향교에서도 마찬가지였다. 따라서 한 고을의 서원이나 향교를 단위로 할 때 피역자 수는 400~500명이 넘기 일쑤였다. 경상도 안동향교의 교생 수는 무려 1천 명에 이른다고 했다.[5]

이들 원속의 거주지는 서원 소재지 군현을 벗어나는 경우도 많았다. 원생 수가 많아지자 이들을 액내額內와 액외額外로 구분하기도 했다. 액내란 국가에서 인정한 수이고, 액외는 불법적으로 관리하는 정원 외의 수를 말한다.

원속과 마찬가지로 점인店人이나 장인, 곧 수공업자 역시 서원에 소속되어 있었다. 이들은 주로 서원에서 필요한 숯이나 철, 소반, 접시, 꿩 등 다양한 현물을 납부했다. 이들 또한 국가나 관에서 제공하기도 했지만, 서원에서 사적으로 모집하거나 점인·장인 스스로 소속되기를 원하는 경우도 없지 않았다. 후자의 경우는 역시 피역 때문이었고, 따라서 불법이었다. 그래서 국가나 관의 제재를 받을 수도 있었고, 지방관이 제공한 경우라도 그 지방관이 교체되거나 관계가 소원해지면 얼마든지 환수될 수 있었다. 따라서 서원은 관과 원만한 관

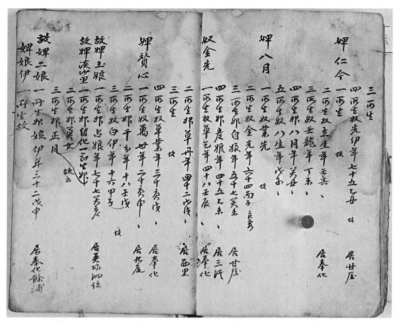

도산서원 노비안 도산서원에서 소유한 노비를 기록해놓은 장부다. 부모를 중심으로 그 소생들의 성별(노·비), 이름, 나이, 출생 간지, 거주지 등을 파악했다. 도산서원 운영위원회 기탁, 한국국학진흥원 소장.

계를 유지하고자 했다.

서원에 소속된 사람 가운데 가장 많은 수를 차지하는 것은 노비다. 이들을 원노비院奴婢라 했다. 17세기 초반 도산서원의 노비는 160여 명□이었다.[6] 건립된 지 30여 년이 지난 서원으로서는 적지 않은 수다. 그러나 이것은 약과다. 18세기 초에는 1천여 명, 그 중반에는 2,500여 명에 이르렀고, 19세기 초에는 4천여 명을 훌쩍 넘어섰다. 엄청난 수다. 물론 이 시기를 경계로 하여 노비 수는 급격히 줄어들지만, 19세기 전반만 해도 1,600여 명이나 됐다.[7] 역시 적지 않은 수다.

남아 있는 자료가 없어서 구체적인 내용을 파악할 수는 없지만, 노비는 주로 서원이 설립되던 시기에 관에서 제공했다. 이를 기반으로 해서 더 매입하거나 기증받기도 해서 노비 수는 조금씩 늘어났다. 그러나 노비의 증가는 대부분 출산으로 자연스럽게 이루어졌다. 물론 원노비끼리의 결혼이 아니라, 양인과 노비가 결혼하는 양천교혼良賤 交婚에 따른 것이었다. 부모 중 한 사람이라도 천인이면 그 자식도 천인이었기에 서원이나 양반가에서는 양천교혼을 적극 활용했는데, 이는 불법이었다. 이로써 노비는 기하급수적으로 증가했다.

도산서원이 소유한 2천 혹은 4천여 명에 달하는 엄청난 노비 수는 실재한다기보다는 장부상으로만 존재하는 경우도 많았다. 그것은 많은 수의 노비가 도망했기 때문이다. 도망한 노비를 장부에 올리느냐 마느냐에 따라 그 수는 크게 차이 날 수 있었다. 그렇다 하더라도 적지 않은 수다.

이렇게 많은 노비 소유는 도산서원이 가지는 향촌 사회 또는 국가 차원에서의 지위와 권위를 웅변해주는 것이다. 다른 일반적인 서원의 경우 18세기 중반부터 노비 수가 급감하여 19세기 중반에 이르면 몇 명에 불과할 정도였다. 그러나 도산서원은 19세기에 이르러 비록 장부상이라 하더라도 최고 수치를 보였고, 19세기 전반까지도 1,600여 명에 달하는 많은 노비를 소유했다. 도산서원과 마찬가지로 문묘 종사서원이고, 더구나 집권 노론의 핵심 인물인 하서河西 김인후金麟 厚(1510~1560)를 제향하는 전라도 장성의 필암서원筆巖書院 노비 수가 48명(1680), 160명(1745), 28명(1802)에 불과했던 것과 비교해도 엄청난 수다.

삼베 한 필과 말(斗) 18세기 삼베 한 필(匹, 1,240×36센티미터) 가격은 대략 두 냥 정도로, 쌀 여섯말에 해당한다. 조선시대의 말(斗)은 다양한 용량을 가지나 대체로 오늘날의 2분의 1 정도에 조금 못 미친다. 국립민속박물관 소장.

노비는 서원에 차출되어 원내에 상주하거나 인근에 거주하면서 수시로 사역됐다. 이들은 서원에 노동력을 제공함으로써 그 의무를 다했다. 원내에 상주한 노비는 전적으로 서원에 예속되어 생활했기에 따로 자신이나 가족을 위한 경제활동은 할 수 없었다. 따라서 서원이 이들의 생활을 보장해주어야 했다. 조선의 노비는 주인을 위해서만 봉사하는 것은 아니었다. 그에 앞서 자신의 생계를 책임져야 했다. 상전가에 예속되어 자기 생계를 스스로 책임질 수 없는 노비에게는 서원이나 양반가에서 일정한 월급月料이나 토지를 지급했다. 도산서원 역시 그러했다.

타 군현에 거주하는 원노비는 노동력 대신 삼베布나 특산물 등 현물 또는 돈을 납부함으로써 그들에게 부여된 의무를 수행했다. 노비가 상전가에 바치는 신공은 초기에는 노의 경우 포 세 필, 비의 경우 두 필이었다. 그러나 점차 그 부담이 줄어들었다. 일반 양민의 군포가 두 필에서 한 필로 줄어드는 것과 함께 노에게 두 필, 비에게 한 필 그리고 다시 노에게만 한 필이 부과됐다.

그러나 이것은 어디까지나 원칙일 뿐이었다. 실제로 신공을 바치는 노비는 전체 노비의 일부에 불과했다. 16세 미만과 60세 이상 노비는 원칙적으로 신공 납부의 의무가 없었기 때문이다. 게다가 많은 노비가 도망한 상태였다. 도망이란 대체로 원래의 거주지를 떠나 종적을 감추는 것이다. 그뿐 아니라 상당수의 노비는 신공 납부를 거부하거나 일부만 납부할 뿐이었다. 결국 도산서원에서 신공을 받을 수 있는 노비는 전체 노비의 40~50퍼센트에 불과했다.

그렇지만 노비 수가 엄청나게 많았기 때문에 신공의 양이 적지는 않았다. 18세기 초반 도산서원 원장을 지낸 청대淸臺 권상일權相一은 "(도산서원의) 추수곡은 100석에 불과했지만, 노비 신공은 1천 냥이나 된다"[8]라고 했다. 이러한 막대한 수입을 통해 도산서원은 문집이나 각종 도서를 간행할 수 있었고, 강회講會나 거접居接, 향사享祀와 원회院會에 몰려드는 수십 명에서 1천 명에 이르는 유생을 대접하고 필요한 경비를 감당할 수 있었다. 도산서원의 위상은 이를 통해 더욱 높아졌다.

그러나 18세기 이래 도산서원의 노비도 적극적으로 도망쳤기 때문에 노비 수는 현저하게 줄어들었다. 이 같은 추세는 물론 공노비와 비교할 경우 현저히 더딘 편이었다. 그것은 공노비에 비해 노비에 대한 관리가 더욱 철저했기 때문이다. 또한 문묘종사서원이라는 지위를 통해 지방 수령의 지원과 협조를 보다 쉽게 확보할 수 있었기 때문이기도 했다. 아무튼 도산서원의 노비는 노동력을 제공해 실질적인 서원 운영을 가능하게 했고, 그들의 막대한 신공으로 도산서원은 교육·문화뿐 아니라 사회 활동을 적극적으로 해나갈 수 있었다. 도산서원은 이로써 영남, 나아가서는 나라의 으뜸 서원으로서 그 역할과 책무를 다할 수 있었다.

서원 밖의 사람

서원 밖에는 유생이나 원속 또는 원노비가 아닌, 더 많은 사람이 존재했다. 말하자면 서원과는 직접 관계가 없는 이들이다. 그러나 유생을 제외하고 이런 관계는 가변적이었다. 일반 농민이라 하더라도 원속으로 투탁하거나 서원의 전답을 경작하게 되면 직접적 또는 간접적 관계를 맺을 수밖에 없었다. 이들은 또한 서원 인근에 거주함으로써 노동력 징발의 대상이 되기도 했다.

조선 후기 농민은 주로 전호였다. 토지를 가진 지주가地主家와는 대체로 지주-전호 관계였다. 모든 양반이 지주인 것은 아니지만, 지주의 다수는 양반이었다. 따라서 지주는 토지와 양반이라는 신분을 매개하여 농민 위에 군림했다. 즉 경제적으로뿐만 아니라 다양한 형태의 억압이 가해질 수 있는 구조가 형성되어 있었다.

서원도 경제적으로는 지주나 마찬가지였다. 안동의 도산서원이 소유한 토지는 17세기 초반에 10여 결結이었으나, 18세기에는 20여 결, 19세기에는 30여 결로 확대됐다. 1결을 50두락斗落으로 계산한다면 대략 600두락에서 1,500여 두락에 이른다. 물론 적게 잡은 것이지만, 그래도 대지주로 불릴 만하다. 두락이란 논밭의 넓이를 재는 단위로, 마지기라고도 한다. 도산서원에서 이렇게 전답을 확대해 나갈 수 있었던 것은 수입의 상당량을 다시 토지 구입에 투자했기 때문이다. 또

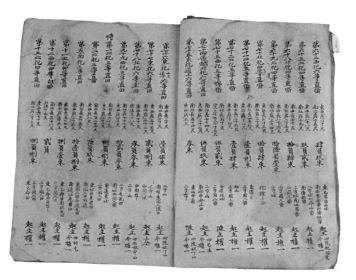

도산서원 전답안 도산서원에서 소유한 토지(田畓)를 기록해놓은 장부다. 전답의 지번, 등급, 생김새, 면적, 경작 여부, 토지대장(量案)상의 기주(起主) 등을 기록했다. 도산서원 운영위원회 기탁, 한국국학진흥원 소장.

한 관의 조치나 유생의 기부도 적지 않았다. 이들 전답의 분포지는 대부분 도산서원 부근이었다.

　도산서원의 토지는 서원의 노비와 함께 일반 농민이 경작했다. 이로써 도산서원과 인근의 농민은 직접적 관계를 맺기 시작했다. 서원전을 경작하는 서원의 노비나 일반 농민은 지대地代라는 명목으로 수확의 반을 서원에 납부했다. 이런 경영을 병작제竝作制라고 한다.

　농민이 서원전을 경작하면서 서원과 관계를 맺었다 하더라도 이것은 개별적인 문제였다. 그렇지만 이들은 서원의 건립이나 중수, 수리 등에 마을 단위로 조직적으로 동원되어 노동력을 제공해야만 했다. 이렇듯 서원에 직접 소속된 원속이나 노비 등이 아닌 서원 밖의 사람이라 하더라도 서원과 무관할 수는 없었다. 이들에게 서원은 거역할 수 없는, 그러면서도 감히 접근할 수 없는 '하늘'이었음이 분명하다.

하늘은 적어도 국권의 상실과 함께 무너져야 했다. 그러나 그러하지는 않았다. 여전히 그들 위에 군림했다. 1925년 도산서원에서는 소작료를 제때 납부하지 않는다는 이유로 소작농에게 매질笞刑을 가했다. 이로 인해 안동의 사회운동단체와 대구의 청년단체로부터 도산서원 철폐운동이 일어나기도 했다.[9] 물론 이런 운동을 주도한 것은 소작농이 아니라 선각자인 양반 집안의 자제였다.

정치

머나먼 귀양길

탄핵을 받다

양반에게 문과 급제는 가문의 영광이었고, 이로 인한 벼슬살이의 특권과 혜택도 많았지만, 관직 생활이 항상 영광과 특권으로만 가득했던 것은 아니다. 벼슬길에 나아간 직후에는 신참례新參禮라는 신고식을 치러야 했고, 좀 지나 6품 참상관에 오르기 전까지는 늘 시비와 탄핵의 대상이 될까 봐 전전긍긍하곤 했다. 오늘날의 관료 사회와 크게 다를 것이 없다.

시비와 탄핵뿐 아니라 매를 맞거나 심문받는 일도 많았다. 사간원, 사헌부의 관리가 특히 그러했다. 사간원이나 사헌부의 직책은 청직淸職이라 하여 높은 식견과 깨끗한 행실로 관료의 모범이 되어야 하는 자리였다. 그러나 왕이나 관료의 잘못을 비판하는 것이 직무였으니, 관료들의 인심을 잃거나 왕의 노여움을 사서 파직되거나 의금부에 하옥되기 일쑤였다. 더욱이 당파 간 대립과 갈등이 첨예한 시기에는 정치적 문제로 형장刑杖을 맞고 귀양 가거나 심지어 사약을 받는 일도 없지 않았다. 그래서 사간원이나 사헌부의 관직에 임명되는 것을 꺼리거나 회피하는 이들도 있었다.

세자를 보필하는 자리에 있던 사람도 마찬가지였다. 역시 이런저런 일로 파직되거나 귀양을 가거나 죽기도 했다. 세자가 글을 읽지 않거나 사냥만 일삼거나 노는 것에 정신이 팔려 부왕의 심기를 불편하게 하면, 물론 세자에게 엄한 꾸중을 내렸지만 세자 주위 사람에게도 벌을 내려 보다 강력하게 경고했기 때문이다.

그러나 무엇보다도 조선 전기의 사화士禍와 후기의 당파 간 정권 다툼이나 무고한 옥사 등 훈구와 사림 혹은 붕당朋黨 간의 정치적 대립과 갈등으로 수많은 관리가 죽거나 유배됐다. 말 그대로 선비의 화禍가 극심한 시기였다. 이러한 때에 온전하게 벼슬살이를 한다는 것은 여간 어려운 일이 아니었다. 더욱이 서로 극단적으로 대립하게 되면 중립적인 처신도 어려워진다. 그러니 이런 시기에는 벼슬이 곧 형벌일 수밖에 없었다.

조선의 형벌에는 다섯 종류가 있었다. 태笞·장杖·도徒·유流·사死가 그것이다. 태형과 장형은 같은 매질이다. 태는 10~50대, 장은 60~100대다. 다만 태를 칠 때의 매가 장을 칠 때의 매보다 조금 얇았다. 길이 1.1미터에 두께 8밀리미터와 1센티미터였으니 회초리보다 조금 큰 매에 불과하다. 매를 치는 부분은 볼기였으나, 남성은 아랫도리를 벗겨서 치고 여성은 홑옷을 입힌 채 형을 집행했다. 이외에 곤형棍刑이 있었는데, 조선 후기 군영에서 군법을 어기거나 도적을 벌할 때 사용했다. 곤형의 형구를 곤장棍杖이라고 하는데, 그중 가장

태장과 태장 치기 태장은 작은 나뭇가지로 만든 매로 죄인의 볼기를 치는 형벌이다. 죄의 경중에 따라 태 10에서 태 50에 이르는 다섯 등급이 있었다. 조선시대 형벌에는 태형과 함께 큰 매(곤장)로 치는 장형, 강제 노역에 처하는 도형, 먼 곳으로 유배 보내는 유형, 사형 등 다섯 형이 있었다. 김준근 그림, 프랑스 국립기메동양박물관 소장.

두껍고 긴 것이 치도곤治盜棍이다.

　도형은 죄인을 다른 지역으로 보내 관아에 소속시켜 노동을 시키는 것이고, 유형은 죄인을 먼 곳으로 내쫓아 죽을 때까지 고향에 돌아오지 못하게 하는 형벌이다. 사형은 목을 매게 하거나 베는 것으로, 극형이란 바로 이를 두고 하는 말이다.

　태나 장은 주로 하층민에게 적용됐고, 관리나 양반에게는 주로 유형, 곧 유배형이 내려졌다. 그러나 양반이라도 심문을 받을 때는 태와 장을 맞기도 했다. 다만 죄가 가벼워 태나 장에 처해지면 종에게 대신 매를 맞게 하거나, 돈으로 속전을 하는 방법도 있었다. 흥부가

매 맞는 품을 팔았던 것도 이 같은 사정에서 가능했다.

이런 다양한 형벌이 있었지만 오늘날과 같은 징역형은 없었다. 죄인을 가두어둘 감옥이 없었기 때문이다. 물론 감옥 같은 곳이 있었지만 그것은 미결수를 가두는 구치소일 뿐이었다. 굳이 비슷한 형태를 찾는다면 도형과 유형이 여기에 해당한다. 도형과 유형을 흔히 유배 또는 귀양이라고 했다.

귀양이란 고려의 '귀향형歸鄕刑'에서 온 말이다. 귀향형이란 잘못을 저지른 관원을 고향으로 돌려보내 다시는 벼슬길에 나서지 못하게 하는 것이었다. 일반적으로 말하는 귀양은 도형과 유형으로 나눌 수 있다. 모두 멀리 보낸다는 점에서는 같다. 그러나 도형은 유기징역에 해당하며 또 주로 관아에 배속해 노역을 시키는 징역형이고, 유형은 무기징역에 일을 시키지 않았다. 그러나 실제로는 도형에 처해져도 일하는 경우가 드물었고, 무기징역이라 하더라도 임금의 마음이 바뀌거나 정치적 상황에 따라 곧바로 관직에 복귀할 수도 있었다. 관리에게 죄를 물을 때 가장 흔하게 적용했던 것이 바로 이 유형이었다. 연구에 따르면 15~16세기 관료의 대략 4분의 1 정도가 유배를 경험했다. 붕당 간의 정치적 대립과 갈등이 격화되던 17세기 이후에는 그 비율이 더 높았을 것이다.

귀양은 법률상으로는 최고 3천 리 밖으로 보내는 것이다. 물론 죄인의 거주지로부터다. 그런데 좁은 한반도에서 3천 리 밖으로 보낸다는 것은 불가능했다. 그런데도 이러한 조항이 있게 된 것은 중국의 법조문을 그대로 베꼈기 때문이다. 물론 돌아서 간다면 3천 리가 아니라 5천 리도 가능하다. 그러나 그에 따른 문제도 만만찮았다. 그래서 저 삼수, 갑산 같은 변방이나 흑산도, 추자도 같은 외딴 섬으로 보내는 것으로 대신했다. 이런 곳은 농사가 제대로 되지 않았기 때문에 그곳 주민도 살아가기 어려웠으니, 낯선 유배객의 형편은 더 말할 나위가 없었다. 주민의 살림살이가 형편없었으니 수령이라도 넉넉하게 유배객을 돌봐줄 수 없었다. 더욱이 가족의 왕래도 여간 어려운 일이 아니었다. 이런 곳에 유배되면 자신뿐만 아니라 가족도 힘들기는 마찬가지였다.

유배길, 종과 자식을 대동하다

죄를 지어 심문을 받고 최종적으로 유배가 결정되어 유배지가 정해지면 서둘러 떠나야 했다. 관원이라면 의금부의 도사都事나 서리胥吏·나장羅將 등이 압송하고, 관원이 아닌 자는 역졸이 압송했다. 감옥에서 바로 떠나기도 하고, 집에 들러 사당에 고한 후 가족·친지 혹은 마을 사람들의 전송을 받으며 떠나기도 했다. 죄인의 처지에 따라 또는 죄의 경중에 따라 달랐다.

유배길에는 말이 필수였다. 투옥되어 매를 맞았다면 먼 길을 걸어가는 것이 불가능했다. 또 유배지까지 당도해야 할 일수를 맞추기도 어려웠다. 귀양길 또한 평상시와 마찬가지로 보통 하루에 80~90리 혹은 100리 정도를 가야 했지만, 중죄인에겐 두 배로 빨리 가라는 특별 명령이 떨어지기도 했다. 이렇든 저렇든 시간에 맞추자면 말을 타지 않을 수 없었다. 관원이라면 역마를 이용할 수 있었지만, 관원이 아닌 자는 자비로 말을 사거나 세를 내어 타고 갈 수밖에 없었다.

양반의 유배는 혼자 가는 것이 아니라 대부분 종이나 자식을 대동했다. 유배길이 그래도 수월하려면 압송하는 관리에게 상당한 뇌물을 주어야 했다. 뇌물은 가족이나 일가친척의 도움으로 마련했고, 미처 준비하지 못했다면 길을 가는 동안 꾸어서라도 줄 수밖에 없었다. 이런 일은 전적으로 동행하는 자제들의 몫이었다. 압송관은 일정에 맞춘다는 명분으로 말을 급히 몰거나 쉬지 않음으로써 유배객을 고통스럽게 할 수 있었다.

양반이나 관리는 공금 횡령이나 백성에 대한 가혹한 수탈 같은 개인적인 문제보다는 대부분 당파 간의 갈등이나 정치적 탄압으로 유배를 떠났다. 정치적 문제는 한 개인만이 감당할 일은 아니었다. 그러나 어떤 이유로 유배를 가든 길목마다 일가친척이나 이런저런 정치사회적 관계 속에서 맺어진 사람들이 나와 여비를 부조하거나 술을 대접했다. 그 규모와 범위는 죄의 성격보다는 유배객의 정치사회적 지위에 따라 달랐다. 특히 죄인이 권세가 출신이라면 비록 탐욕스럽게 백성을 착취했더라도 유배 길목의 고을 수령과 아전은 고을 입구까지 마중 나와 음식과 술을 접대하고 여행 경비와 필요한 물품을 바치기에 급급했다. 물론 가는 길에 조상의 묘소에 들르거나 일가친척을 만나기도 했고, 심지어 고을 수령과 며칠씩 어울려 놀기도 했다. 마치 호사스러운 여행길과 같았다. 그러나 고통스럽기 그지없는 지옥길이나 마찬가지인 경우가 더 많았다고 할 수 있다.

죄인이 당도하면 고을 수령은 이들을 감독하고 관리해야 했다. 그러니 수령으로서도 골칫거리였다. 그래서 한 고을에 10명 이상의 유배객이 배정되지 않도록 했다. 어떤 지방에서는 별도의 집을 지어 죄인을 함께 거주하게 하기도 했지만, 대부분은 주인집을 정해 그곳에서 거처하게 했다. 세상은 공평하지 못했고, 예나 지금이나 권력과 돈은 법 위에서 노는 일이 많았다.

죄인에 대한 대우는 사정에 따라 크게 달랐다. 권세가 있고 유배지의 수령과 개인적 친분이나 정치적 이해관계가 있다면 점고點考가 생략되는 것은 물론이고, 연회에 초대되거나 심지어 관아 기생의 시중을 받을 수도 있었다. 관내는 물론이고 인근 지역의 유람도 가능했다. 그뿐 아니라 관찰사나 인근의 수령도 환곡을 빌려주거나, 면포·곡물·반찬·술 등 각종 생활용품을 수시로 제공했다. 특히 정치적 문제로 귀양을 온 경우에는 함께 참여했던 유생이나 당파에서 조직적인 지원 활동을 벌였다.

그러나 권세도 없고 곧 풀려나지도 못할 유배객은 호의는커녕 온갖 굴욕을 당할 수밖에 없었다. 생계 대책 또한 스스로 마련해야만 했다. 대부분의 양반 유배객은 서당을 열어 찾아오는 이웃 아이들을 가르쳐 생계를 꾸려갔다. 이것이 불가능하다면 고기라도 잡고 동냥이라도 나설 수밖에 없었다. 무작정 주인집에 신세를 질 수는 없었기 때문이다. 이래저래 세상일은 다양했고, 정치권력이나 사회적 지위 그리고 시대와 주위의 환경에 따라 같은 유배 생활이라도 그 실상은 하늘과 땅 차이만큼이나 컸다.

유배객은 가족이나 노비 등과 함께 살 수도 있었다. 법적으로 아무런 문제가 되지 않았다. 가족이 함께 지내려면 거주할 별도의 가옥을 빌리거나 새로 지어야만 했다. 물론 관에서 농민을 동원해 적극적으로 돕기도 했다. 또 거주지 주위의 논밭을 빌리거나 사서 농사를 지어 생계를 유지하기도 했다. 물론 농사는 병작竝作으로 부치게 하거나, 데리고 간 노비를 부려서 지었다.

영조 대의 무신란에 연루되어 유배된 영남의 인사들은 각지 관청의 노비가 되어 노역을 해야 했다. 이들은 아예 가족과 노비를 대동한 채 유배지에서 새로운 근거지를 마련하여 살았다. 반역죄로 유배됐으니 쉽게 풀려나지 못할 것이 분명했기 때문이다. 비록 자신은 관노비로 묶여 있다 하더라도 자손은 그곳에서 큰 어려움 없이 양반으로서 생활할 수 있었다. 유배형은 당대에 한했고, 일정한 시기가 지나면 주기적인 점고를 제외하면 실질적인 규제도 없었다. 거주지 역시 관내 지역을 이탈하지 않는 한 어느 곳에 머물든 상관하지 않았다. 따라서 유배는 당대에 한해 관계와 정계 그리고 고향으로 돌아갈 수 없도록 금하는 것이었으니 강제 이주나 격리와 마찬가지였다.

귀양살이, 독서와 저술

묵재默齋 이문건李文楗(1494~1567)은 을사사화에 연루되어 경상도 성주에서 유배 생활을 했다. 1545년 9월에 유배길에 올라 한강을 건너 경기도 양지, 충청도 괴산, 연풍을 지나 조령을 넘어 11일 만에 성주에 도착했다. 성주는 서울에서 630리 떨어져 있으며, 『의금부노정기義禁府路程記』에 따르면 7일 반 일정으로 하루 평균 84리를 달려야 도착할 수 있었다.

이문건은 성주 유배지에서 아내와 아들, 손자와 함께 생활했다. 유배 중인데도 사회 활동을 활발히 했다. 경주 부윤의 초대를 받아 경주까지 가서 첨성대 등을 둘러보고 오기도 했다. 지나치다 싶을 정도로 연회 출입이 잦았고, 고을 기생과 어울리거나 유람도 다녔다. 이를 문제 삼는 아내의 질책에 질투가 심하다고 푸념을 하기도 했다. 여러 사람의 청탁을 들어주기도 했다. 물론 현물로 일정한 사례를 받았다. 손자 교육에도 세심한 주의를 기울였고, 병이 나면 점쟁이를 불러 점을 치거나 고사를 지내기도 했다. 이문건의 유배 생활은 일반적인 향촌 양반의 일상생활과 다를 바가 없었다. 다만 관직에 나아갈 수 없다는 것뿐이었다. 그러나 모두가 이문건과 같은 처지는 아니었다.

조선시대 유배객을 꼽자면 빼놓을 수 없는 인물이 다산 정약용과 추사秋史 김정희金正喜(1786~1856)일 것이다. 1800년 정조가 세상을 떠났다. 너무나 갑작스러운 죽음이었다. 노론 벽파는 마치 잃어버린 10여 년을 되찾은 듯 보수·수구의 길로 치달렸다. 정약용도 화를 피할 수 없었다. 정약용은 천주교를 신봉했다는 죄목으로 2월에 체포되어 27일간의 모진 고문 끝에 경상도 장기로 유배를 가게 됐다. 한강의 남쪽 사평에서 가족과 이별하고 충주에 있는 부모 묘소에 들러 눈물을 뿌린 후, 새재를 넘어 12일 만에 장기에 도착했다.

장기에서는 가끔 포구에 나가 해녀가 소라 따는 것을 보기도 하고, 고래가 물 뿜는 것을 신기해하기도 했지만, 문득 앞으로 갈까 망설이다가 뒤를 돌아보며 가을비 같은 눈물을 뿌리기도 했다. 술과 담배로 소일하기도 하고, 고향의 정경을 그려 향수를 달래기도 했다.

흑산도 흑산도는 현재 전라남도 신안군에 속해 있지만, 조선시대에는 나주목에 소속되어 있었다. 지도에서는 대흑산도와 소흑산도 그리고 여러 작은 섬들로 이루어져 있다. 바닷길이 멀고도 험하여 조선 후기에 유배지로 활용됐다. 다산의 형 정약전은 이곳에서 유배 생활을 하면서 『자산어보』를 저술했다. 「1872년 군현지도」, 서울대학교 규장각 한국학연구원 소장.

유배 중이던 같은 해 10월에는 조카사위 황사영黃嗣永(1775~1801)의 백서사건帛書事件으로 형 정약전丁若銓(1758~1816)과 함께 체포되어 또다시 한 달 가까이 모진 고문을 받았다. 형제는 함께 귀양길에 올랐다. 그러나 함께한 시간은 잠시였고, 이별의 슬픔은 오래다 못해 영원했다. 형제는 나주에서 눈물로 이별한 후 형은 흑산도에서 풀려나지 못한 채 16년 만에 세상을 떠났고, 다산은 18년간 강진에서 유배 생활을 해야 했다. 형 약전은 『자산어보妓山魚譜』를, 정약용은 그의 3대 불후의 명작인 『목민심서』, 『경세유표經世遺表』, 『흠흠신서欽欽新書』 등을 저술했다.

유배 생활은 어쩌면 부부간의 영원한 생이별을 의미하기도 했다.

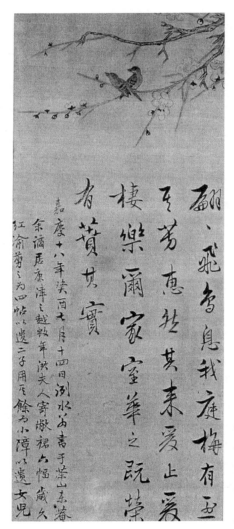

翻翻飛來息我庭梅有止

止芳蕙蒸其末愛止爱

棲樂爾家室華之託荤

有蕡其實

嘉慶十八年癸酉七月十四日洌水尚吾于荣山東菴

余讁居康津之越数年洪夫人寄敝裙六幅歳久

紅褕剪之為四帖以遺二子用其餘為小幛以遺女兒

「매조도(梅鳥圖)」 다산 정약용이 직접 쓰고 그렸다. 이 참새들처럼 꼭 붙어 살면서, 만발한 매화꽃처럼 화사한 가정을 이루고, 주렁주렁 열린 매실처럼 아들딸 많이 낳고 잘 살라는 기원을 적었다. 고려대학교 박물관 소장.

정약용의 아내 홍씨는 자신이 입던 낡디낡은 다홍치마를 강진의 남편에게 보냈다. 이렇게 옷으로나마 마음을 전하는 수밖에 할 수 있는 일이 없었다. 정약용은 아내가 그리울 때면 이 붉은 치마를 부여안고

「세한도」 제주도에 유배가 있는 추사 김정희에게 통역관이었던 제자 이상적이 중국에 갈 때마다 귀한 서적들을 구해서 보내주었다. 이에 감동한 추사는 이 「세한도」를 그려 감사의 마음을 전했다. '세한(歲寒)'이란 "겨울이 되어서야 소나무와 잣나무가 시들지 않는다는 사실을 알게 된다"는 『논어』의 한 구절이다. 국립중앙박물관 소장.

통곡을 했을 것이다.

어느덧 10여 년의 세월이 흘러 정약용의 어린 딸이 장성하여 시집을 갔다. 딸의 혼사에 얼굴도 내밀지 못했음은 물론이다. 어쩌면 해가 바뀌고 난 뒤에나 혼사 소식을 알았는지도 모른다. 정약용은 고이 간직하던 이 치마 한 폭을 잘라 매화나무 꽃가지에 붙어 앉아 있는 참새 한 쌍을 그렸다. 그리고 이렇게 다정하고 화사하게 행복한 가정을 이루어 매실처럼 주렁주렁 아들딸 낳아 잘 살라는 기원을 시로 적어 딸에게 보냈다. 이것이 아버지로서 할 수 있는 일의 전부였다.

정약용이 저술 활동을 하며 유배지에서 살았다면, 김정희는 그 암울한 시기를 글씨를 쓰고 그림을 그리면서 승화했다. 추사체의 완성이 그러하고, 우리에게 잘 알려진 「세한도歲寒圖」가 그러하다. 추사가 제주도로 귀양을 간 것은 그의 나이 54세 때인 1840년(헌종 6)이었다. 62세에 풀려났으니 9년 정도 제주도에서 산 셈이다. 물론 이후 한 차

추사 김정희의 글씨 추사 김정희의 독특한 글씨체를 흔히 추사체라고 한다. 김정희는 중국의 주요 서체들을 두루 섭렵하여 서투른 듯하면서도 맑고 고아한 독창적인 추사체를 제주도 유배 중에 완성했다. '好古有時搜繼碣 研經婁日罷吟詩(호고유시수계갈 연경루일파음시)'라는 글은 "옛것을 좋아해 때로 깨진 비석을 찾아다녔고, 경전 연구로 여러 날 시를 읊지 못했네"라는 뜻으로, 1824년(39세)에 중국의 등전밀(鄧傳密)에게 써 보낸 것이라 한다. 리움미술관 소장.

례 더 함경도 북청에서 1년 정도 유배 생활을 했다.

정약용에 비하면 그래도 유배 기간이 짧았지만, 그는 더 큰 슬픔을 맛봤다. 제주도 유배지에서 아내와 영원히 이별하는 슬픈 소식을 들어야 했기 때문이다. 그가 아내의 죽음을 듣고도 할 수 있는 일이라고는 통곡밖에 없었다. 그러나 가슴 저 밑바닥에서 저미어오는 애끓는 마음을 통곡으로만 다 풀어낼 수는 없었다.

내세에는 우리 부부 서로 처지가 뒤바뀌어,

나는 죽고 그대는 천 리 밖에 살아남아,

그대가 내 아픈 마음 알아나 주었으면.

또 누가 있어 이렇게 애절한 지아비의 마음을 담아낼 수 있을까. 참 아이러니가 아닐 수 없다. 추사의 애절한 고통이 오늘날 우리에겐 아름다운 시를 감상할 수 있게 해준 행운이라니.

유배객의 신세가 됐던 것은 높은 벼슬아치나 이름난 인물만이 아니었다. 평범한 시골 선비도, 장사꾼도 죄를 지으면 귀양살이를 해야 했다. 경상도 단성 땅의 이름 없는 선비 김령도 전라도 임자도에서 1862년부터 꼭 1년간 유배 생활을 했다.

김령이 지은 죄는 1862년(철종 13)에 농민과 함께 부정과 비리를 일삼은 수령을 축출한 것이었다. 6월에 암행어사에게 체포되어 진주 진영에 갇혔다가 진주와 삼가에서 여러 차례 조사를 받고 윤8월 마침내 유배길에 올랐다. 조상의 산소를 찾아 성묘하고 친척과 인근 주민의 전송을 받으면서 길을 떠났다. 여러 벗과 집안 조카들이 멀리까지 함께했고, 아들은 행장을 꾸려 뒤따랐다.

김령은 이 길이 처음이 아니었다. 7년 전인 1855년(철종 6)에는 그가 평생 스승으로 높이 존경했던 영남의 큰 학자 정재定齋 류치명柳致明(1777~1861)이 임자도 인근의 지도智島에 유배되자 이 길을 따라 찾아가 문안인사를 한 적이 있었다. 그래서 당시에 찾아들었던 일가나 주막에 들러 인사를 하고 안부를 묻기도 했다. 그러다 보니 행로를 빙 돌아서 가기도 했다. 그러나 그 노력은 헛되지 않아 어느 곳 어느 집에서나 하룻밤 묵었다는 인연으로 혹은 다만 일가붙이라는 이름만으로도 후한 대접을 받았다. 그래서 그는 "지금 사람 중에 나와 같은 성씨만 한 사람 없네"라는 『시경詩經』의 구절을 반복해서 읊조리기도 했다.

그렇다고 가는 길이 마냥 순조로웠던 것만은 아니었다. 가마꾼이 도망가버렸기 때문이다. 우여곡절 끝에 임자도에 도착한 것은 집을 떠난 지 16~17일 만이었다. 곧 주인집을 정했다. 먼저 유배와 있던 다른 사람들이 찾아와 반겨주었다. 압송관과 함께 왔던 집안 친척들과 아들이 돌아갔다. 이제 홀로 남았다.

김령은 같은 처지의 유배객, 집주인 등과 함께 어울려 술을 마시거나 『주역周易』을 읽고 시를 지어 주고받으며 마음속 회포를 풀었다. 가끔은 임자도 진장鎭將의 초대를 받아 관아에 들어가 좋은 술과 안주를 대접받고 환담을 나누기도 했다. 그런데 이곳에는 전 개령開寧 현감이었던 김후근金厚根도 있었다. 그는 개령 현감 당시 김령과는 정반대로 비리와 탐학으로 농민에 의해 쫓겨나 이곳에 귀양 와 있었다. 그런데도 두 사람은 아무 거리낌 없이 어울렸다. 거의 매일 서로 방문해 함께 술을 마시고 운韻을 내어 시를 지어 주거니 받거니 했다. 김후근뿐만 아니라 다양한 유배객, 인근 섬 지역의 선비들과 만나 매일같이 술과 회를 먹고 시를 지어 회포를 풀었다. 생활에 필요한 돈은 일가친척과 친구가 보내오는 것으로 충당했다. 자진해서 온 여행이었다면 더 바랄 나위가 없는 좋은 세월이었을 것이다.

서신도 빈번하게 집으로 보내고 받았다. 전주에서 들락거리는 장사꾼이 진주로 편지를 전하면, 거기서 다시 단성 집으로 보냈다. 집에서는 통영 역말驛馬에 부치고, 통영에서는 해남 우수영으로 보냈다. 그러면 우수영의 하인이 임자도로 전해주었다. 편지는 20여 일만에 도달하거나 전해졌다. 편지뿐 아니라 친척 또는 아들이 한두 차례 먼 귀양지까지 찾아오기도 했다.

가끔은 이웃 아이들을 가르치기도 했으나 얽매이지는 않았다. 독서도 거의 매일 거르지 않았다. 하루를 건너면 다음 날 보충했다. 주로『주역』, 『서경』, 『시경』, 『춘추좌씨전』, 당시唐詩 등을 읽었고, 특히 『사기』와 우리 역사를 바탕으로 하여『역대천자문』을 편찬하기도 했다. 물론『간정일록』이라는 일기도 썼다.

김령은 유배를 온 지 꼭 1년 만인 1863년 8월에 풀려났다. 아들이 서울에 가서 아버지의 석방을 위해 백방으로 뛰어다닌 덕분이었다. 고향에 돌아와서는 10여 일이나 축하 잔치를 열었다.

김령은 유배에서 풀려난 다음다음 해인 1865년 7월에 세상을 떠났다. 아마 무절제한 유배 생활로 인해 건강을 크게 해친 것으로 보인다. 그래도 고향에 돌아와 세상을 뜰 수 있었던 것은 관료였던 아들의 힘이 컸다.

벼슬에서 물러나다

퇴계 이황, 쉰세 번 사직소를 올리다

퇴계 이황은 1501년(연산군 7) 경상도 예안현 온계리(오늘날의 경상 북도 안동시 도산면 온혜리)에서 태어났다. 어린 시절 이름은 서홍瑞鴻 이며, 본관은 진보眞寶 또는 진성眞城이라고도 했다. 자는 경호景浩이 고, 퇴계는 그의 호다.

이황은 아버지 이식과 어머니 춘천박씨 사이에서 7남 1녀 중 막내 로 태어났다. 아버지는 서당을 지어 교육을 하려던 뜻을 펴지 못한 채, 퇴계가 태어난 지 7개월 만에 40세의 나이로 세상을 떠났다. 그 리하여 퇴계의 유년 시절은 그리 평탄하지만은 않았다.

이황은 6세에 『천자문』을 배우는 것으로 학문을 시작했으며, 12세 에는 숙부 이우李堣에게서 『논어』를 배웠다. 13세와 15세에는 넷째 형 온계溫溪 이해李瀣(1496~1550)와 숙부를 모시고 청량산에 가서 함 께 독서했고, 16세에는 천등산 봉정사에 들어가 혼자 공부하기도 했

청량산 청량산 골짜기 안에 청량사가 있고, 그 왼쪽 산기슭에 퇴계 이황이 어린 시절에 공부하던 오산당(吾山堂)이 있다. 권기윤 그림.

다. 17세에 안동 부사로 재임 중이던 숙부가 세상을 떠나자 이후 대부분을 스승 없이 홀로 공부했다. 이 때문에 자기 힘으로 연구하는 힘을 기르게 됐다. 20세에는 『주역』 연구를 무리하게 해서 건강을 해치게 됐다. 21세에 혼인을 하고, 23세 되던 겨울에는 성균관에 유학했다. 28세에 비로소 진사시에 합격했다. 27세에 둘째 아들이 태어났으나, 산후병으로 아내가 세상을 떠났다. 이후 30세에 재혼하고 32세에 문과 별시 1차에, 34세에는 대과에 급제해 벼슬길에 나섰다.

이황이 본격적으로 과거에 관심을 가지게 된 것은 20세부터라고 한다. 34세에 대과에 급제했으니 무려 15년을 매진한 셈이다. 이후 43세까지는 그럭저럭 관료 생활로 세월을 보냈다. 그러나 50세 이후에는 벼슬에서 물러나 고향의 한적한 시냇가에 한서암寒栖庵과 도산서당陶山書堂을 세우고 찾아오는 문인을 가르치며 성리학 연구와 저술에 몰두했다. 그러나 왕은 성균관 대사성, 홍문관과 예문관·대제

학·공조판서·예조판서·의정부 우찬성·판중추부사 등의 벼슬을 계속 제수했다. 이황은 거듭 사직하는 상소를 올려 벼슬을 받지 않았으며, 마지못해 잠시 나갔다가도 곧 사퇴하고는 귀향하기를 반복했다.

> 내가 불민不敏하고 어진 이를 좋아하는 정성이 부족하여, 전부터 여러 번 불렀으나 늘 늙고 병들었다고 사양하니, 나의 마음이 편치 못하다. 그 대는 나의 지극한 심정을 알아주어 속히 오라![1]

명종이 자꾸 사양하는 이황에게 벼슬과 함께 내린 교지의 내용이다. 은근하면서도 간곡하기 그지없어 보인다. 끊임없이 사퇴하려는 이황과 붙들어두려는 왕의 마음이 항상 교차하여 문서상의 임명과 사퇴가 계속되고 있었다. 그것은 이황이 49세 되던 해 9월에 풍기 군수의 사임장을 감사에게 올린 것을 시작으로 70세 되던 해 9월 마지막 사퇴서를 올리기까지 21년 동안 무려 53회나 됐다. 사퇴의 이유로는 병과 늙음, 재능의 부족과 무능, 염치 등을 거론했다. 이황은 정치보다는 조용히 학문에 정진할 수 있기를 진정으로 원했다.

이황은 벼슬하는 동안 많은 회의와 큰 울분을 느꼈다. 기묘사화 (1519, 중종 14) 때는 조광조의 도덕정치가 물거품이 되는 현실을 목격했고, 을사사화(1545, 명종 즉위년) 때는 권벌·이언적 등 존경받던 영남의 큰 선비들과 넷째 형인 이해가 이귀李貴의 모함을 받아 유배 가는 일이 있었다. 특히 형 이해는 갑산으로 유배 가던 중에 고문 후유증으로 세상을 뜨고 말았다.

이해는 관직에 있으면서 권세 있는 자에게 아부하지 않았으며, 어

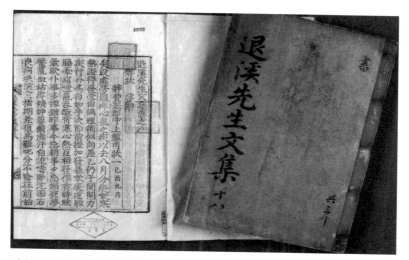

퇴계 이황의 사직소 퇴계 이황은 모두 53번의 사직소를 올렸다. 『퇴계선생문집』에 수록된 사장 (辭狀)은 1549년(명종 4) 풍기 군수를 사직하고자 경상 감사에게 해임해주기를 청하는 내용이 다. 이후에도 두 번이나 더 사장을 올리고는 허락을 기다리지 않고 고향으로 돌아왔다. 사직의 이유는 병을 핑계됐다. 『퇴계선생문집』에 실려 있다. 국립안동대학교 도서관 소장.

려서 이웃에 살았던 권신 김안로金安老(1481~1537)가 권력을 잡고 그의 당파로 끌어들이려 했을 때도 응하지 않았다. 이황은 이런 형을 가장 의지하고 존경했다. 이황은 형의 묘지명에 이 같은 사실을 상세히 적었다. 그리고 마지막으로 다음과 같이 새겼다.[2]

간의 피를 찍어 만세에 고하노니, 이 글을 보는 사람은 반드시 분함과 원통함이 섞여 있음을 알리라.

이황의 글로서는 보기 드물게 과격한 표현이다. 을사사화는 바로 명종 즉위년에 일어난 사건이었다. 명종은 이귀를 비롯한 윤원형 등

간신에게 의존하고 있었다. 이 사건은 이황에게 큰 충격이었고, 더 이상 정치에 뜻을 두지 않게 됐다. 이황은 분함과 원통함을 이기지 못했다. 그래서 간의 피를 찍어 기록하는 심정으로 형의 묘지명을 지었다. 마찬가지 심정으로 권벌과 이언적의 행장도 지었다. 이후 명종은 앞의 교지에서도 볼 수 있듯이 이황을 불러들이려고 했다. 그러나 이미 임금에 대한 실망과 마음의 병은 깊었다.

제자가 물었다. "선비가 가난하여 벼슬에 나아가고자 하나 임금이 임금답지 않으면 어찌해야 합니까?" 이황이 답했다. "나아가서는 안 된다." 임금답지 않은 임금에게 나아가 세상을 구할 수는 없었다. 이것이 바로 이황이 생각하는 나아가고 물러남의 근원이었다. 이러한 사이에도 이황은 여러 차례 조정에 불려갔지만, 온 힘을 다해 사퇴하기에 급급했다. 그래서 퇴계는 스스로를 "나아가기를 어렵게 여기고 물러나기를 쉽게 여겼다"라고 술회했다. 명종 또한 바른 소리를 듣거나 그에게 세상을 맡길 생각은 조금도 없었다. 그저 허수아비로 붙들어두고자 했다. 그것으로 명분을 삼고자 했을 뿐이다.

오늘날의 일부 지식인은 나아가려 안달하고, 물러나기를 도리어 부끄럽게 여긴다. 더구나 출세를 위해서라면 나쁜 정권의 나팔수 역할도 마다하지 않는다. 지식인의 가치관과 세계관이 이렇게 바뀐 것인가. 그럼에도 지식인에 대한 세상의 기대는 여전하다.

나아가고 물러남의 이중주

조선의 유자儒者가 걷는 길에는 여러 갈래가 있었다. 정치 일선에 뛰어드는 관료도 있고, 일생을 재야에 머물면서 사회를 비판하는 데에 만족하는 학자도 있었다. 유자의 본분이 자기 수양修己과 함께 사람을 다스리는治人 데 있었기 때문에 대개는 관료로 출세해 자신의 경륜을 펴기를 원했다. 그러나 때가 오기를 기다리며 비판자로서 머물기를 고수하는 선비도 적지 않았다. 세상은 이들을 처사라고 했다. 이들은 왕의 부름을 받아 조정에 들어가면 산림山林이 되기도 했지만, 일생을 처사로 보내는 경우가 좀 더 일반적이었다. 특히 영남에서는 처사가 그 어느 곳에서보다도 존경받았다. 그래서 과거도 벼슬도 아무 품계도 없이 돌아가신 분의 신위에 하나같이 '처사'라고 표기했다. 처사야말로 진정한 선비의 표상으로 여겨졌다.

무릇 선비는 아래로는 농민·공인工人과 나란히 서며, 위로는 왕공王公과 벗하며, 지위는 등급이 없고 덕을 아름다운 일로 삼으니, 한 선비가 책을 읽으면 은택恩澤이 온 세상에 미치고 공훈功勳이 만세에 드리워진다.[3]

연암 박지원이 선비에 대해 언급한 부분이다. 평범한 선비가 아니라 진정한 선비, 지극히 이상화된 선비상이다. 이때는 이런 진정한 선비가 존재하지 않았지만, 그 역할도 가능하지 않았다. 그러니 더욱 신비화될 수밖에 없었다. 그리고 이러한 선비의 삶은 멀리 원시 유교에서부터 꿈꿔오던 이상이었다.

옛사람은 뜻을 얻으면 은택이 백성에게 더하여지고, 뜻을 얻지 못하면 몸을 닦으며 세상을 살아가나니 궁窮하면 홀로 그 몸을 선하게 하고 현달하면 천하를 아울러 선하게 한다.[4]

맹자가 한 말이다. 이 역시 유자의 삶과 처신을 말한 것이다. 박지원의 선비상과 다르지 않다.

선비에게 나아감과 물러남은 별개의 것이 아니었다. 때로는 나아가고 때로는 물러나는 것은 당연한 일이었다. 나아가고 물러남, 곧 출처出處의 원칙은 도가 행해지면 나아가고, 그렇지 못하면 물러나는 것이다. 따라서 나아가서는 하는 일이 있어야 했고, 물러나서는 지키는 것이 있어야만 했다. 이러한 나아감과 물러남에는 이윤伊尹과 안연顔淵이 가장 모범적인 인물로 등장한다. 이윤은 벼슬길에 나아갔으나 그 임금이 요순 같지 않음을 부끄러워했고, 안연은 누추한 길거리에 거처하면서도 3개월 동안 인仁을 어기지 않았다.

나라에 도道가 시행되면 나아가 백성에게 자신이 그동안 온축한 경륜을 펴는 것이고, 그렇지 않다면 물러나 자신이 옳다고 생각하는 바를 행하는 것이다. 그러나 반대로 도가 시행되는데도 나아가지 않는 것도 문제이긴 하지만, 도가 시행되지 않는데도 나아가 벼슬한다는 것은 선비로서 부끄러운 일이 아닐 수 없다. 그런데 문제는 도가 시행되고 있는가, 그렇지 못한가 하는 것인데, 이는 군주가 왕도정치王道政治를 할 의지가 있느냐 없느냐로 판단한다.

왕도정치란 인의仁義의 덕으로 정치를 하는 것이고, 인정仁政을 가장하여 권력을 행사하는 경우는 패도정치覇道政治가 된다. 도의 시행

여부와 왕도·패도의 기준은 스스로 판단할 수밖에 없다. 도가 시행되지 않은 시대라고 생각한다면, 나아간 사람은 절개를 온전히 지키지 못했다는 비판을 면할 수 없다. 선비로서 이런 평가를 받는 것은 큰 불명예였다. 선비라면 나아갈 것인가 물러날 것인가를 한 번쯤 고민해보지 않을 수 없었다.

그러나 현실은 그리 간단하지만은 않았다. 당대에 도가 행해지는지 아닌지를 판단하기도 어렵지만, 국왕이 몇 번이나 거듭하여 부른다면 나아가지 않을 수 없다. 그래도 나아가지 않는다면, 그것은 불충不忠이 된다. 불충이란 신하로서 할 도리가 아니었고, 또 그 자체만으로도 큰 죄가 될 수 있었다. 이런 경우 굳이 벼슬에 뜻이 없다면, 임금에게 감사 인사를 한 후 다시 사직소辭職疏를 올려 물러날 수밖에 없었다. 조선시대에는 사직을 허락해주기를 요청하는 상소가 많았다. 흔히 병이나 늙음을 핑계했다. 퇴계도 마찬가지였다. 이를 두고 사관史官은 다음과 같이 기록했다.

군자가 도道를 배워 벼슬에 나아갔으나, 말이 받아들여지지 않고 계책이 쓰이지 않아 구차하게 조정에 남아 있고 싶지 않으면 곧 병을 핑계하고 도를 지켜 돌아가게 마련이다. 이번에 이황이 부름에 응하여 오지 않는 것이 어찌 단지 자기 한 몸의 병 때문이겠는가.[5]

물론 사직한 이유가 출처와 무관한 경우도 없지 않았다. 그러나 후대에 이르러서는 이 모든 행위를 출처와 관련지어 포장한 경우도 없지 않았다. 더구나 조선 후기 지방의 선비에게는 나아가고 싶어도 그

런 기회가 주어지지 않았다. 그래서 은둔 처사나 진정한 선비로 자처하면서 스스로를 합리화하곤 했다. 그러나 누구에게든 나아가고 물러남은 무엇보다도 중요한 일이었다.

은거강학, 삶의 또 다른 묘미

선비가 물러나 갈 곳은 다름 아닌 고향이었다. 거기에는 친숙한 자연이 있고, 일가친척이 있으며, 친구가 있고, 전답과 노비가 있었다. 무엇에 더 관심을 갖느냐에 따라 강호자연江湖自然을 벗하여 노래하기도 하고, 친척과 친구를 맞이하는 도리를 다하기도 하고, 때로는 전답과 노비에 대한 경영을 살뜰히 하여 집안을 일으키기도 했다. 이

도산서원 1751년에 강세황이 도산서원의 실경을 그린 「도산서원도」다. 도산서원은 이황이 죽은 뒤 그의 학덕을 기려 건립한 서원이다. 그림에는 도산서원이 가운데 있고, 앞쪽에 흐르는 강물을 그렸다. 국립중앙박물관 소장.

모든 것은 별개이면서 하나였다. 다만 조금 더하고 덜한 차이만이 있을 따름이었다. 그러나 그 무엇보다도 선비의 중요한 역할은 교육講學에 있었다.

　고향으로 물러난 이황도 교육에 힘을 쏟았다. 세상을 바꾸는 방법은 다양했다. 직접 투쟁하는 방법도 있지만, 학문을 통해 근원적 진리를 밝히고 그러한 교육을 받은 선비를 길러내 세상을 바로잡는 방법도 있었다. 이황은 후자를 택했다.

　이황은 우선 집 부근에 계상서당溪上書堂을 열어 찾아오는 선비와 함께 글을 읽고 시를 주고받으며 지냈다. 이후 배우러 오는 선비가 더욱 많아지자 도산서당을 지어 본격적으로 교육에 힘썼다. 이황은

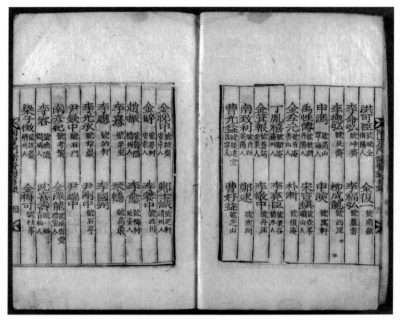

『도산급문제현록』 퇴계 이황과 그의 제자들의 사적(事蹟)을 모아 엮은 책이다. 19세기 중엽 도산서원에서 간행된 것으로 여기에는 퇴계의 제자 309명의 자(字), 호(號), 본관, 거주지, 생몰, 사적 등이 기록되어 있다.

찾아오는 선비를 싫어하거나 귀찮아하지 않았으며, 친구처럼 대하여 끝내 스승으로 자처하지도 않았다. 퇴계는 지식을 전하는 데 그치는 것만이 아니라, 인격적으로 감화를 줄 수 있는 '진정한 스승'이 되고자 했다. 그래서 제자를 마치 벗처럼 대했고, 비록 어린 제자라 하더라도 이름을 함부로 부르지 않았으며, 보내고 맞이할 때는 항상 공손한 자세를 잃지 않았다. 병으로 아파도 강론을 그치지 않았다. 퇴계의 강론은 숨을 거두기 며칠 전까지 계속됐다.

평소에 올바르지 못한 견해를 가지고 종일토록 강론한 것 역시 쉬운 일
은 아니었다네.**6**

이것이 이황의 마지막 강론이자 제자에게 건넨 끝인사였다. 제자
를 대하는 정중한 예의와 성실한 강론은 높은 인격과 제자를 향한 깊
고 뜨거운 애정 없이는 불가능한 것이었다. 이황의 문인門人은 참으
로 많았다. 『도산급문제현록陶山及門諸賢錄』에 수록된 제자만도 309명
에 이른다.

이황은 개별 교육에만 몰두했던 것이 아니다. 한편으로는 새로운
교육운동인 서원 창설에 열과 성을 다했다. 당시 교육기관으로는 성
균관과 향교 등이 있었지만, 이는 출세를 위한 과거 교육에만 힘쓸
뿐이었다. 그는 성균관 대사성이었을 때 도학道學 교육을 역설했지
만, 반응은 냉담했다. 도학이란 우주의 본질과 이성 탐구라는 성리학
에 대한 진실한 이해와 그 이해의 실천을 의미한다. 말하자면 입으로
외우고 글이나 쓰는 학문이 아니라, 인간과 자연에 대한 진실한 이해
와 그 이해한 바를 직접 실천하는 학문이다. 과거를 통한 출세에만
급급했던 성균관이나 향교의 교육으로는 이를 기대할 수 없었다.

세상을 바꾸기 위해서는 도학에 뜻을 둔 참다운 선비가 필요했
고, 이들을 체계적으로 길러낼 교육기관이 필요했다. 이황은 서원에
서 그 새로운 가능성을 발견했다. 최초의 서원은 1543년(중종 38) 주
세붕이 건립한 백운동서원이다. 애초에는 선현先賢을 봉사하는 데 더
큰 목적이 있었다. 이황은 이것을 성리학 교육기관으로 발전시켰다.
그리고 조정에 사액과 경제적 지원을 요청했다. 그러나 서원 운영에

는 전적으로 사림에 의한 자치와 자율을 강조했다. 이황은 이 같은 서원 건립에 적극적으로 앞장서 많은 서원을 세웠다. 그 하나가 역동서원易東書院이다.

역동서원은 역동易東 우탁禹倬(1262~1342)을 모신 서원이다. 너무 커서 고압적이거나 위압적이지 않으며, 너무 적어서 군색하지 않을 정도의 규모다. 공부하는 학생이 편안하고 안정감을 느낄 수 있게 지어졌다. 퇴계의 성품을 보는 듯하다. 퇴계가 만년에 기거했던 도산서당은 조촐하기 그지없고, 묘소에도 그저 "퇴도만은진성이공지묘退陶晚隱眞城李公之墓"라고만 새겨진 조그만 묘비만이 있을 뿐이다. '만년에 자연에 은거한 퇴계 이황의 묘'라는 뜻이다. 그 많고 많은 관직을 하나도 쓰지 않았다. 문화적 또는 학문적 수준이 저급한 단계에서는 규모의 큼과 높은 관직만이 중요할 뿐이다. 우리 주위에는 크기만을 숭상하거나 독재 권력에 빌붙어 얻은 벼슬이라도 자랑하지 못해 안달하는 부끄러운 모습이 지천으로 널려 있다. 부끄러움을 모르는 것도 큰 자랑이 되는 세상이다.

도산서원은 역동서원을 그대로 옮겨 지은 것처럼 규모만 조금 키웠을 뿐이다. 이 같은 서원을 통해 마침내 훈구 세력을 몰아내고 사림의 세상을 만들었다. 이황은 벼슬에서 물러났지만, 벼슬자리에 있을 때보다 더 큰 역할을 했다.

의병,
몸을 던져 나라를 구하다

성城이 성 아니요, 백성이 성이로다

임진왜란 직전 조선의 사정은 어떠했을까? 왜적이 쳐들어오는데도 동인이니 서인이니 하며 당파 싸움이나 하면서 허송세월을 하고 있었을까? 정말 까맣게 몰라 아무런 대비 없이 왜적의 침략을 받은 까닭에 보름도 되지 않아 서울까지 내주고 말았을까?

임진왜란에 대한 논란은 400여 년이 훌쩍 지난 지금까지도 여전히 분분하다. 그도 그럴 것이 그 초반의 상황이 너무나 어처구니없기 때문이다. 그래서 당파 싸움으로 아무런 준비를 할 수 없었고 무방비 상태에서 왜적을 맞게 됐으니 허무하게 패전할 수밖에 없었다는 것이 논리적으로도 아주 잘 맞아떨어진다. 정말, 그랬을까?

아니다. 당파 싸움만 일삼았던 것도, 전쟁 준비를 안 하거나 하지 못한 것도 아니었다. 그런데 전쟁 준비를 하고도 그랬다면 더 어처구니없는 일이 아닌가. 이를 해명하기 위해서는 긴 설명이 필요하다.

임진왜란 직전 조선의 사정이 어떠했는지를 우선 이해할 필요가 있다. 이것은 충청도 단양과 경상도 언양의 경우를 통해 잘 살펴볼 수 있다.[1] 임진왜란 발발 30여 년 전인 1557년(명종 12) 단양의 양민 호戶는 40호였고, 군인은 13명에 불과했다. 하나의 독립된 군현으로서는 무척이나 왜소해 보인다. 그러나 이것은 본래의 모습이 아니었다. 이보다 140여 년 앞선 세종 연간에는 235호에 보병 26명이었다. 여기서 호戶는 오늘날 집의 개념과는 좀 다르다. 그것은 국가에 세금을 내고 군인으로 차출되는 수를 말한다. 아무튼 140여 년이 지났다면 적어도 300호에 30명 정도는 됐어야 했을 것이다. 그런데도 도리어 6분의 1과 2분의 1로 줄어들었다면, 이것은 정상이 아니다.

이 같은 사정은 언양도 마찬가지여서 행정구역인 현縣을 유지할 수 없을 정도로 호구戶口가 감소했고, 또한 배당된 수군水軍도 반 정도만 남아 있을 뿐이었다. 호구와 군정軍丁이 감소된 주된 원인은 주로 양민 호의 도망 때문이다. 그런데 양민 호의 도망은 시간이 지남에 따라 더욱 심해졌다. 그것은 도망가지 않은 사람에게 도망간 사람의 세금이 계속 보태졌기 때문이다. 이러한 사정을 학봉鶴峰 김성일金誠一(1538~1593)은 "도망하는 자가 속출하므로 … 일족이 있으면 일족에게 책임 지우고, 일족도 없으면 이웃 사람에게 책임 지우며, 일족도 이웃도 없으면 또 그 땅을 부치는 자에게 책임 지워 결국에는 장부帳簿가 텅 비게 됐다"[2]라고 했다.

문제는 이러한 사정이 단양이나 언양에만 국한된 것은 아니었고, 또한 임진왜란 직전에 이를수록 더욱 심각해졌다는 것이다. 1557년 단양 군수의 보고를 접한 중앙 관리는 "단양 한 읍의 폐단弊端으로 전국을 살펴볼 때, 그렇지 않은 곳이 없다"[3]라고 했다. 22년 뒤인 1579년에는 1557년 이후 유망流亡한 사람이 또 얼마나 되는지, 쑥밭이 된 땅은 또 얼마인지 알지 못할 정도가 됐다. 이러한 사정에서 군대는 이름만 있을 뿐 실제로는 없는 것이나 마찬가지이며, 서울이나 지방 가릴 것 없이 모두 그러하다는 보고가 계속 이어졌다.

16세기 조선에서 두드러진 문제는 바로 '민의 유망'으로 표현되는 민생民生 문제였다. 문제의 심각성을 당대의 대학자인 퇴계 이황과 남명南冥 조식曺植(1501~1572)을 통해 확인할 수 있다. 이황은 선조에게 올리는 글에서 민의 유망을 "나라가 흐트러지고 망하는 화근禍根"이거나, "백성이 나라를 엎어버리는 민암民巖의 원인"이라고 했고,[4] 조식은 "백성과 군졸이 유망하여 아버지와 아들이 서로를 보호하지도 못 하는 현실"을 목도하면서 "탄식하고 울먹이다가 잇따라서 눈물을 흘리는" 안타까운 심정을 표현했다.[5] 말하자면 임진왜란 직전 민의 유망은 왕조 정부의 존립 문제로까지 이해될 정도였다.

임진왜란 직전의 현실을 이렇게 이해한다면, 우리는 다음과 같은 문제를 제기해보지 않을 수 없다. 왜적이 곧 침략해올 것이라는 주장에 따라 대대적인 전쟁 준비에 들어갔다면 어떻게 됐을까? 아마도 김성일의 염려대로 "적이 이르기도 전에 백성이 장차 먼저 무너지게 될" 것을 상상하기 어렵지 않다. 바로 이 지점에서 김성일이 우려했던 '민심의 동요'를 이해하게 된다.

김성일은 이러한 사정을 누구보다 잘 알고 있었다. 그것은 그가 지방 수령으로서 백성의 삶을 직접 살필 수 있었으며, 또 순무어사巡撫御使로서 수령의 불법과 탐학, 이로 말미암은 백성의 고통을 누구보다 생생하게 목격했기 때문이다. 그는 생생한 현실을 관찰하는 데에서 그치지 않고 더 나아가 문제의 시정을 계속 그리고 적극적으로 요구했다.

김성일은 임진왜란 직전에 왜적의 동향을 살피기 위해 통신사 부사로 일본에 갔다. 그러나 정사인 황윤길黃允吉(1536~?)과 달리 왜적이 쳐들어오지 않을 것이라고 보고했다. 많은 사람은 이를 두고 당파 싸움 때문에 이렇게 주장했을 것이라고 본다. 황윤길은 서인이고, 서인에 반대하기 위해 동인인 김성일이 '거짓' 보고를 했다는 것이다. 그리고 당시 동인이 권력을 잡고 있었기 때문에 동인의 의견이 채택되어 전쟁 준비를 사전에 할 수 없었다는 것이다.

그러나 김성일의 거짓 보고에도 왜적의 침략에 대한 대비는 강행되고 있었다. 조정에서는 신립申砬(1546~1592)과 이일李鎰(1538~1601)을 각 도에 파견하여 군비를 점검하거나, 성과 못池을 정비하고, 병사를 선발하여 왜란에 대비했다. 또 이순신을 전라좌도 수군통제사로 발탁하고, 김수金晬(1547~1615)를 경상우도 관찰사로 삼아 진주성 등 열한 곳의 성채를 새로 고쳐 쌓게 한 것도 바로 전쟁에 대비함이었다. 그러나 이러한 성과 못의 수축修築과 병기 수리, 군사 징발 등은 도리어 민생을 도탄에 빠뜨려 백성의 유망과 토지의 황폐화를 더욱 초래했을 뿐이었다.

김성일은 인화人和로 뭉치기만 하면 호미와 고무래로도 진시황의 진나라를 망하게 할 수 있고 수나라의 100만 대군도 무찌를 수 있다고 생각했다. 민생이 안정되지 않은 상황에서 왜적의 침략을 두려워하여 미리부터 백성을 원망하게 하고 배반하게 만들 필요는 없으며,

『임진일기』 검간 조정(1555~1636)의 『임진일기(壬辰日記)』는 임진왜란 당시 경상도 상주 지역을 중심으로 한 의병의 활동, 지방 수령의 행태, 왜병의 동태, 사대부와 백성의 고초 등을 상세하게 묘사하고 있다. 상주박물관 소장.

힘써야 할 것은 민생이 우선이라고 했다.

> 백성이 원망하여 배반하면 호미와 고무래로 창을 삼아 쓰더라도 강한 진秦나라를 망하게 할 수 있고, 인화人和로 뭉치면 조그마한 고구려가 수나라 100만 대군도 무찌를 수 있는데, 지금 백성이 흩어졌으니 누구와 더불어 지키겠는가.[6]

민생 안정을 우선한 김성일과 동인의 주장은 관철되지 못했고, 특히 왜란에 대비한 영남의 축성築城 폐단은 극에 달했다. 이러한 사정에서 성 쌓는 공사에 동원된 백성 사이에는 "성城이 성 아니요, 백성이 성이로다"라는 내용의 속요가 유행했다. 이것이 임진왜란 초 관군의 패배와 직결됨은 물론이다. 경상도 상주 지역에서 의병 활동에 참여했던 검간黔澗 조정趙靖(1555~1636)의 생각도 이와 같았다.

경상 감사 김수金晬는 영남에서 성을 쌓는 역사를 지난가을부터 시작하여 금년 3월 초에 이르기까지 완공을 보지 못했다. 역사役事에 종사하는 장정壯丁이 죽어가고 쓰러져 신음하는 참상은 진秦나라 백성이 당한 고통과 다를 바가 없었다. 갑자기 병화兵火를 당하여 백성은 일시에 흩어졌으니 김수가 원한을 쌓은 것은 이것으로 알 만하다.[7]

도망간 수령들, 무엇이 두려웠나

경상도 전역에 왜적의 침략 사실이 알려진 것은 대략 4월 15일 전후였다. 이후 동래가 함락되고 밀양이 포위됐다는 소식이 전해지면서 지방 수령은 도주하고, 백성은 피란하기 시작했다. 임진왜란 발발 직후 경상도 지역 관군 또는 지방 수령의 동태는 여러 기록에서 다양하고도 생생하게 확인할 수 있다.

지방 수령의 도망은 임진왜란 초기의 패전 원인이라고 지적되는 당쟁과 이로 인한 대비 부족 그리고 적의 최신식 무기인 조총 때문이라는 것으로는 설명되지 않는다. 보다 근본적인 패전의 원인은 국가 기강의 문란과 지방 수령의 폭정에서 오는 민심의 이반 때문이었다.

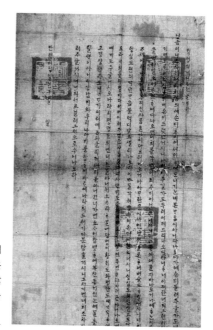

선조의 한글 교서 1593년 9월 임진왜란 당시 선조가 백성에게 내린 한글 교서다. 내용은 부득이 왜인에게 잡혀간 백성의 죄는 묻지 않음은 물론 왜군을 잡아오는 자 등에게는 벼슬을 내리겠다는 것이다. 김해한글박물관 소장.

왜적이 쳐들어옴에 무부건장武夫健將이 일시에 무너짐은 성과 못이 높고 깊지 않음이 아니고 병기가 견고하고 날카롭지 않음도 아니다. 그 이유는 다만 민심이 이산離散하여 세상이 무너질土崩 근심이 있기 때문이다. 민심을 이산시킨 자는 바로 김수다.[8]

초계유생草溪儒生 이대기李大期 등 30여 인의 진정서

지금 병기兵器가 잘 들고 날카롭지 않음이 아니요, 성과 못이 높고 깊지가 않음이 아닙니다. 진실인즉 읍을 맡아 다스림邑宰에 어진 사람이 없고, 진지를 지킴鎭守에 적합한 사람을 얻지 못하여서 정사政事가 가혹하고 법망이 가을 찻잎보다 더 빽빽하여 토색하고 주구하여 백성이 흩어진 지

이미 오래인데, 급기야 변란이 창졸간에 일어나니 장수나 수령이 된 자들은 평소에 한 일이 민심을 크게 잃어서 비록 수습하여보려 하여도 백성이 나를 따르지 않을 것임을 알기 때문에 숲속에 달아나 엎드려서 오히려 깊게 숨지 않음을 두려워하는 바입니다. 나랏일이 이에 이른지라 다시 어찌할 나위가 없게 됐습니다.[9]

앞의 기록은 전라도 장수에서 피란살이를 했던 유생 오희문吳希文(1539~1613)이 쓴 『쇄미록瑣尾錄』의 내용이고, 뒤의 기록은 이대기 등 30여 명의 경상우도 유생이 선조 임금에게 올린 진정서다. 어느 기록에서나 임진왜란 초기 관군의 패전이 왜적의 침략에 대한 대비가 부족했다거나, 적의 최신식 무기인 조총 때문이 아님을 분명히 하고 있다. 그리고 수령의 탐학은 어느 한두 지역의 사정만이 아님을 확인케 해준다. 도리어 관군의 패전이 수령의 탐학에 의한 민심의 이반 때문이라는 것은 경상도뿐만 아니라 전라도에까지 소문이 자자했음을 보여준다. 이러한 사정은 선조가 경상도의 선비와 백성에게 내린 교서敎書에서도 다시 확인된다.

근년에 변경에 폐단이 많고 군정이 해이해진 것은 알고 있었으나 그래도 성이 높고 물이 깊으면 병갑兵甲이 예리하므로 가히 침략하여오는 적을 막을 수 있다고 생각하고 서울과 지방中外에 단단히 타일러 감독을 더욱 엄하게 하여왔던 것인데, 실로 성이 높아갈수록 나라의 힘은 날로 약화되고 못이 더욱 깊어질수록 백성의 원망은 날로 깊어가서 이렇게 쉽사리 허물어질 줄은 생각도 못 했던 것이다.[10]

이제 수령의 탐학은 왜란을 당하여 반역의 염려마저 해야 할 지경이 됐다. 반역은 염려를 넘어 현실로 나타나고 있었다. 농민은 왜적의 침략과 더불어 적의 항도嚮徒가 되거나 도적이 되기도 했다. 그러나 이러한 민심의 이반은 하층 백성만의 문제가 아니었다.

왜적의 분탕과 살육, 국내 인민의 토적土賊 활동에 직면한 경상우도의 재지사족은 이제 자신들의 생존을 위해서 스스로 적극적인 방법을 모색하지 않을 수 없었고, 이것이 바로 의병 활동으로 구체화됐다. 여기에 이곳에서 초유사로 활동하던 김성일의 창의격문倡義檄文과 의병에 대한 적극적인 지원은 경상우도에서 의병 활동을 더욱 두드러지게 했다.

초유사 김성일, 민심을 수습하다

대왜 항쟁의 주체로서 의병 활동이 원활했던 것은 아니다. 군량과 무기가 부족하기도 했지만, 지방 수령의 방해와 침학侵虐 또한 의병의 존립을 어렵게 만들었다. 그것은 의병을 구성하는 병사 대부분이 관군에 소속되어야 할 군사였으며 군량과 병기 또한 수령이 관할하는 관아의 곡식과 무기에 크게 의존해야 했기 때문이다.

더욱이 의병 창의를 주도하던 영남 유생은 왜란 초기의 패전 원인을 난전 수령의 탐학에서 비롯된 민심의 이반 때문이라고 생각했고, 이반된 민심을 안정시키기 위해서는 도망한 수령, 특히 경상 감사 김수와 병사 조대곤曹大坤을 제거해야 한다고 줄기차게 요구했다. 그러나 조정에서는 수령 교체의 빈번함과 서로 어긋남을 두려워하여 도주한 수령에게 직무에 복귀할 것을 독촉할 뿐이었다. 이에 따라 도망했던 수령은 거짓으로 또는 의병의 전공을 가로채 보고하여 큰 상을 받기도 했고, 의병에 참여하는 관군을 소환하거나 활과 화살을 회수해 의병 활동을 방해하거나 의병장을 사나운 큰 도적 또는 역적으로 보고하기도 했다.

이 같은 갈등은 관군의 거듭되는 패전과 수령의 도망으로 더욱 격화됐다. 이들 수령은 지키지도 못할 성을 쌓기 위해 가혹한 수탈과 형장刑杖을 일으켰고, 왜란이 일어나자 적이 이르기도 전에 도망한 장본인이었다.

이러한 중에도 영남우도의 의병은 전국에서 처음으로 창의했고, 그 어느 지역의 의병보다 수적으로나 활동에서 우월했다. 이는 초유사 김성일이 의병 창의를 주도하여 적극적으로 지원·비호하고 수령과 관군의 침학과 방해를 막아주는 방패 역할을 했으며, 나아가 관군과 의병 사이를 잘 조정하여 화해시켰기 때문이다. 이러한 모습을 당시의 사신史臣은 다음과 같이 말한다.

> 영남 선비와 백성士民이 김성일의 초유招諭와 효유曉諭에 의지하여 안집安集하여 흩어지지 않았다. 영남의 인심을 수습한 것은 김성일의 공이 가장 크다.[11]

영남우도의 의병은 바로 김성일의 통제를 받으며 그의 보호하에 활동할 수 있었다. 이러한 사정은 김성일이 경상좌도 감사로 발령이

나자 경상우도의 백성이 크게 낙담했다거나, 선비들이 통문을 돌려 유회儒會를 열고 임금에게 진정서와 상소를 올리거나 또는 김성일의 부임 행차를 막아 우도에 계속 머물러 줄 것을 호소하는 것 등에서 재삼 확인할 수 있다.

의병이 필요 없는 세상을 위하여

의병이란 일반적으로 국난에 즈음하여 자발적으로 일어나 무기와 군량을 스스로 해결하여 관의 통제를 받지 않으면서 활동한 민병民兵을 말한다. 그들의 활동 목표나 창의 동기는 자신들의 향토를 중심으로 한 지역 방위나 서울 수복, 실지失地 회복에 있었다. 그래서 전자의 경우를 흔히 향병鄕兵, 후자의 경우를 충의군忠義軍으로 이해하기도 한다.

의병을 크게 지도부와 군사로 나눠본다면, 지도부는 어떻게 구성되고 군사는 어떻게 모았을까? 즉 의병은 어떻게 조직될 수 있었을까? 흔히들 '의병장 ○○○' 또는 '○○○ 의병부대'라고 할 때 이 의병을 어떤 특정한 한 사람의 능력이나 활동에 의해 조직된 것으로 생각한다. 그러나 여기에는 많은 사족의 참여와 활동이 전제된, 말하자면 특정인을 중심으로 한 사족의 연합부대라고 할 수 있다. 연합부대란 한 지역의 사족이 함께 창의에 참여하거나, 여러 지역에서 각기 군사를 모집하여 특정인의 휘하에 가담한 것이라고 할 수 있다.

따라서 의병 조직에는 다음과 같은 두 가지가 우선 고려되어야 한다. 하나는 사족 상호 간의 유대 관계이고, 다른 하나는 군사를 모을 수 있는 사회적 또는 경제적 기반이다. 이로써 의병 조직이 가능했기 때문이다.

재지사족은 16세기 이래 점차 그들 중심의 향촌 지배체제를 확립해가고 있었고, 또한 경제적으로도 중소 지주층이었다. 이 같은 사회 경제적 기반은 곧바로 이들의 의병 활동을 위한 인적·물적 토대가 됐다.

사족의 부유한 가산家産은 전란으로 유리했던 농민과 수령의 도망과 더불어 흩어졌던 관군을 의병의 대오로 끌어들였고, 통문通文과 격문檄文은 충의심, 왜적에 대한 적개심 등을 고취함으로써 의병 활동에 필요한 인적 자원을 공급받을 수 있게 해주었다. 그러나 전쟁이 장기화되면서 의병 활동을 계속 수행하기 위해서는 군량미 확보가 반드시 필요했으나 이는 의병장 또는 여기에 참여하던 사족의 개인적 힘만으로는 감당하기 어려웠다. 이 같은 역할은 다름 아닌 지도부가 할 일이었다.

상층 지도부가 규합한 병사는 주로 '가동家僮'·'가노家奴'나 '읍병邑兵'·'촌병村兵'·'향병鄕兵' 혹은 '궁수弓手'·'관병官兵' 등으로 표현된다. 이들 중 가동·가노란 의병장 혹은 그들 가문 소유의 노비를 지칭한다. 읍병·촌병·향병이란 군현 혹은 촌락 단위의 양인 농민으로 생각된다.

관병의 경우 임진왜란 초에 관군의 패주와 지방 수령의 도망으로 인하여 지휘체계가 와해되자 대거 의병에 가담했다. 사실상 의병의 주력은 이들이었다고 할 수 있다. 이들은 당연히 관군에 편성되어야

「동래부순절도」 1592년 4월 15일 임진왜란 당시 왜적에 맞서 싸우다가 순절한 동래부사 송상현과 부민(府民)들의 전투 상황을 그린 일종의 전쟁 기록화다. 육군박물관 소장.

할 병사였다.

그러면 관병이 의병에 참가한 이유는 무엇인가? 이것은 우선 왜란 초 관군의 지휘체계가 붕괴됐기 때문이기도 했지만, 여기에는 관병들이 적극적으로 참여할 수 밖에 없는 현실적인 문제가 있었다. 즉 관병은 관에 소속되기를 꺼리는 반면 의병으로 계속 남기를 원했다. 의병은 큰 적을 보면 피하고 적은 적만을 상대하여 패敗해도 죄가 없고, 이기면 큰 상을 받을 수 있었기 때문이다. 그리고 의병 활동은 전란으로 인하여 생활의 기반을 상실한 상황에서 생존의 유용한 한 수단이 될 수 있었기 때문이기도 했다.

따라서 의병과 관군의 관계는 이분법적·단절적으로 이해해서는 안 된다. 이들 관병의 의병 가담은 의병의 전투력을 배가하는 중요한 요인이었지만, 다른 한편에서는 관군과 갈등을 유발하는 요인으로 작용했고, 나아가 관군의 재편과 강화를 방해하기도 했다.

의병이 임진왜란이라는 국난을 극복하는 데 큰 공을 세웠다는 것은 누구나 인정하는 사실이다. 그리고 나라가 어려운 상황에서 몸을 던져 나라를 구한 그 정신 또한 높이 사야 함은 물론이다. 특히 낙동강과 왜적의 북상통로 혹은 그들의 거점 지역을 가운데 두고 군현 혹은 지역 단위로 활발한 활동을 했던 경상우도 의병의 공이 매우 컸다. 이런 점에서 임진왜란 당시 의병이 가지는 의의와 가치는 아무리 높이 평가해도 지나치지 않을 것이다.

그러나 이와 함께 그냥 지나쳐서는 안 될 점이 있다. 그것은 국가의 역할이다. 국난에 처한 국가의 역할을 문제 삼지 않고, 오직 의병의 성과만을 높이 평가한다는 것은 결국 모든 문제에 대해 백성에게 무한정의 의무와 책임을 요구하는 것이나 다를 바 없다. 의병의 영웅적인 활동만을 강조할 것이 아니라 국난을 자초한 조정의 무능, 위기관리 능력과 시스템의 부재도 엄히 지적해야 한다.

의병을 필요로 했던 시대에 백성의 삶이란 참으로 고통스러웠음은 말할 나위도 없다. 대한제국 말의 의병도 그러했고, IMF체제에서 금모으기 운동도 그러했다. 우리가 진정으로 바라야 할 참 세상은 의병을 더 이상 필요로 하지 않는 세상이다. 명심해야 할 일이다.

못다 한 이야기, '명군은 참빗 왜군은 얼레빗'

임진왜란을 의병의 활동만으로 설명하기란 턱없이 부족하다. 무엇보다도 명나라 군대가 참전했다는 사실을 빼놓고는 넘어갈 수 없는 문제다.

임진왜란은 애초 일본의 침략에 의해 시작됐지만 급기야 명나라 군대가 참전하는 데까지 이르렀다. 중국인들은 임진왜란을 '동원일역東援一役', '동원지역東援之役', '동사東事' 등으로 불렀다. 즉, '조선을 도운 전쟁'이라는 의미다.

명의 임진왜란 참전은 분명 그들 스스로의 안보를 확보하기 위한 것이었다. 일본이 조선을 점령하게 되면, 그것은 결국 중국 침략을 위한 교두보를 확보하는 셈이기 때문이다. 일본이 조선에 '정명가도征明假道', 곧 명나라를 치기 위한 길을 빌려달라고 요구했다는 것은 명나라도 알고 있었다.

왜군이 침략하여 파죽지세로 서울까지 점령하자 조선 조정에서는 1592년 6월, 청원사請援使 이덕형李德馨 등을 명에 보내 원병을 보내 달라고 요청했다. 그러나 명 조정은 선뜻 응하지 않다가 선조와 조선 조정이 평양을 버리고 의주를 향해 후퇴하고 있을 무렵에야 파병했다. 그러나 이 1차 파병 부대는 7월 17일에 벌어진 평양전투에서 일본군에게 참패했다. 이에 절강 등지의 화포火砲 부대를 동원하여 이여송을 제독으로 삼아 재차 파병했다.

명은 조선에 대군을 다시 보내면서 전쟁이 장기화되리라고 예측하지 못했을 뿐만 아니라 그것을 원하지도 않았다. 1593년 1월, 이여송이 이끄는 명군明軍의 본진이 평양성전투에서 승리를 거두자 전세는 일시에 역전되는 것처럼 보였다. 그러나 후퇴하는 일본군을 파주까지 추격했던 이여송 휘하의 병력이 벽제관전투에서 크게 패하면서 상황은 달라졌다. 금방이라도 일본군을 몰아낼 듯이 보였던 명군의 기세는 꺾였고, 전쟁은 다시 교착 상태에 빠지고 말았다.

벽제관전투의 패배를 계기로 명 조정과 명군 지휘부는 태도를 바꾸었다. 결전을 벌여 일본군을 몰아내겠다던 종래의 태도에서 돌변하여 이제 강화 협상을 통해 일본군을 철수시키겠다고 공언했다. 명 조정은 골동품 상인이었던 심유경沈惟敬을 통해 고니시 유키나가小西行長와 본격적으로 강화 협상에 나섰다. 그 과정에서 조선은 철저히 소외됐다. 하지만 강화 협상은 결말을 보지 못한 채 시간만 끌었다. 일본군은 남해안 일대로 물러났지만 철수할 생각을 하지 않았다. 명군은 이제 수렁에 빠지게 됐다. 철수할 수도, 무작정 주둔을 계속할 수도 없었다. 말하자면, 전쟁도 아니고 평화도 아닌 어정쩡한 상태가

지속된 것이다. 이 같은 상황은 1597년 정유재란이 일어난 이후에도 별로 달라지지 않았다. 명군이 철수한 것은 1600년 9월이었다. 조선에 주둔했던 명군의 수는 대략 5만 명에서 10만 명 정도였다.

명군의 참전이 조선에 군사적으로 도움이 된 것은 사실이었다. 실제 당시 일본군에게 일방적으로 밀려 서울을 버리고 의주까지 쫓겨갔던 선조와 조선 조정은 심리적으로 공황 상태에 빠져 있었다. 이 같은 형편에서 5만 명에 가까운 명의 대병력이 '구원군'을 표방하면서 조선으로 들어온 것은 분명 대사건이었다. 나아가 명군이 평양전투에서 승리를 거두어 전세가 단숨에 역전됐다는 소식을 접했을 때 선조와 조선 조정은 명군의 참전과 원조를 '망해가던 나라를 구해준 은덕再造之恩'이라고 극찬했다. 조선의 선비들 또한 명나라가 망한 (1644) 후에도 이 은혜를 갚지 못함을 안타까이 여겨 명에 대해 절의를 지켜 벼슬에 나아가지 않는다는 의미에서 '숭정처사崇禎處士'를 자처했다. 숭정이란 명나라 마지막 황제 의종毅宗의 연호다. 의종은 반란군이 북경을 함락하자 후원에서 목을 매어 죽었다.

그러나 명군이 참전하면서 조선은 많은 문제를 감내해야만 했다. 무엇보다도 명군에 의해 조선의 주권이 심각하게 훼손됐다. 명군이 조선에 진입하면서부터 조선군을 지휘하는 작전권은 사실상 명군 지휘부로 넘어갔다. 작전권의 이양을 명시한 구체적인 외교문서가 작성된 것은 물론 아니었다. 당시 조선은 명에 대해 독자적인 작전권을 갖겠다고 주장하기 어려웠다.

우선 '책봉冊封과 조공朝貢'이라는 전통적인 양국 관계가 그러했고, 당시 조선이 처해 있던 전황 역시 작전권이 명군 지휘부로 넘어가는

데 일조했다. 평양이 함락되면서부터 조선 관리들 사이에서는 '나라가 곧 망할 것'이라는 체념적인 분위기마저 번져가고 있었다. 더욱이 선조는 왜군이 의주까지 북상할 경우 압록강을 건너 명나라로 망명하겠다는 의사를 굳힌 상태였다. 비록 의병들이 일어나 왜군에게 타격을 주기 시작하고 이순신이 이끄는 수군이 서남해의 제해권을 장악하고 있었지만, 의주에 있던 선조와 조선 조정에게는 별로 실감나는 상황이 아니었다. 그들에게는 지척에 있는 왜군의 위협이야말로 발등에 떨어진 불이었다. 조선 조정이 이처럼 지푸라기라도 잡아야 할 처지였을 때 구원군을 표방하면서 들어온 명군은 그야말로 구세주였다. 선조는 유격장遊擊將에 불과한 사유史儒와 맞절을 나누는 것에서 더 나아가 그에게 '지휘를 삼가 받겠다'고 요청하는 형편이었다. 이 같은 형국에서 조선 조정은 명군 지휘관들을 접대하고 병사들에게 군량을 공급하는 문제에 신경을 써야 했고, 조선군의 작전권이 넘어가느냐의 문제에 대해서는 따질 겨를이 없었다.

명군에 의한 조선의 주권 침해는 강화 협상이 시작되면서부터 더욱 심해졌다. 명은 일본군을 달래기 위해 전투를 포기했고, 조선군에게 일본군을 공격하지 말라고 강요했다. 행주산성에서 일본군을 대파했던 권율權慄(1537~1599)은 명나라 장수 송응창宋應昌에게 불려가 곤장을 맞을 뻔했다. 그의 허락 없이 왜군을 공격했기 때문이었다. 1593년 4월, 명군은 서울에서 철수하는 왜군을 조선군의 보복 공격으로부터 '보호'하기 위한 작전을 벌이기도 했다. 삼도수군통제사 이순신도 명나라 수군제독 진린陳璘의 간섭과 압력 때문에 왜군에 대한 독자적인 작전을 펼칠 수 없었다.

명군 지휘부는 작전권뿐 아니라 때로는 조선 왕의 인사권까지도 간섭했다. 또 일방적으로 추진하는 강화 협상에 조선이 반발할 기미를 보이자 명나라 조정에서는 선조를 퇴위시키고, 조선을 직할령으로 삼아 직접 통치해야 한다는 주장까지 흘러나오고 있었다. 요컨대 강화 협상이 시작된 1593년 1월 이후 명군이 완전히 철수할 때까지 작전권을 비롯한 조선의 주권은 명군에 의해 심각하기 훼손됐다.

동서고금을 막론하고 자국 땅에 외국 군대가 주둔하는 것을 용인해야 했던 나라들이 필연적으로 부딪히는 문제는 민폐였다. 조선도 예외가 아니었다. 왜란 초반 선조와 조선 조정은 명에 원군을 요청하면서도 한편에서는 망설였던 적이 있었다. 바로 명군이 조선에 들어와 자행할지도 모르는 만행에 대한 우려 때문이었다.

명군이 진입하면서 그 같은 우려는 현실로 나타났다. 기후와 풍토가 맞지 않는 이국땅에서 명나라 병사들이 받았던 스트레스는 조선의 백성에게 전가됐다. 특히 명군이 전투에서 패했을 때, 조선의 관리나 백성이 자신들의 요구를 제대로 수용하지 않는다고 여겨질 때 그들은 극심한 횡포를 부렸다. 약탈, 강간, 폭행 등이 자행됐다.

일본군과의 강화 협상이 시작되고 전쟁이 소강상태로 접어들면서 그 정도는 더욱 심해졌다. 강화 협상이 성과 없이 지속되고, 왜군이 남해안 일대로 철수하여 장기 주둔하게 되자 명군 역시 남하하여 어정쩡한 대치 상태에 돌입했다. 적과의 결전을 회피한 채 장기간 주둔하는 군대는 군량만 축내게 되고, 군의 기강 역시 풀어지기 마련이다. 이렇게 되면 민폐는 더욱 심해질 수밖에 없었다.

조선 조정은 명군이 자행하는 민폐에 대해 이렇다 할 대책이 없었다. 그저 가끔 명군 지휘관들에게 휘하 병력에 대한 단속을 요청했지만 실효성은 없었다. 명군 지휘관 가운데는 구원군으로 들어온 자신들이 이역에서 고생한다는 명분을 내세워 웬만한 민폐에 대해서는 개의치 않겠다는 입장이기도 했다. 이 같은 와중에 명군이 자행하는 민폐는 제어할 수 없는 상황에까지 이르렀고, 조선 백성 사이에서는 '명군은 참빗, 왜군은 얼레빗'이라는 속요까지 돌게 됐다. 명군을 '천병天兵', '구원군'이라고 긍정적으로 평가하는 분위기의 한편에서, 민폐에 시달리는 백성은 명군에 대한 부정적인 인식을 드러냈다. 임진왜란 당시 명군과의 관계를 형상화한 구비설화口碑說話 가운데는 이여송 등에 대해 상당히 부정적으로 묘사하고 있는 것이 많다. 이여송이 조선의 혈맥을 잘랐다는 것도 그중의 하나다.

스스로를 지키지 못하고 외국 군대에 우리의 운명을 내맡기는 것이야말로 가장 비극적인 상황이다. 임진왜란 때의 명나라 군대뿐만 아니라 한말의 청나라 군대나 일본 군대 그리고 오늘날의 미국군에 이르기까지 지금도 계속되고 있다. 예외 없이 우리의 주권은 크게 침해됐다.

청나라는 개화파의 개혁을 좌절시켰고, 일본은 조선 군대를 앞세워 동학농민군을 학살했다. 이승만 대통령은 1950년 7월 14일 한국군의 작전통제권을 맥아더 연합군 총사령관에게 '기쁜 마음'으로 넘겼다. 여기에 1966년에는 주한미군지위협정SOFA이 체결되어 주한 미군의 법적 지위를 보장했다. 주한 미군이 범죄를 저질러도 사실상 피의자의 신병을 인도받을 수도, 재판권을 행사할 수도 없었다. 작전통제권은 40여 년이 훌쩍 지난 1994년에야 평시 작전통제권만 환수됐다. 주한미군지위협정도 부분적으로는 개정됐지만, 그 불평등성과 일방성은 조금도 바뀌지 않았다. 전시 작전통제권은 2012년에 환수될 예정이었지만, 이런저런 이유를 들어 사실상 무기한 연기됐다. 스스로 작전통제권을 보유할 능력이 없다는 것이다. 그럼 그동안 들인 엄청난 국방비는 어디로 갔으며, 정치 권력까지 농단하던 그 '능력'과 총칼로 국민을 겁박하던 그 '용맹함'은 또 어디로 꽁무니를 뺀 것인가. 글로벌 국력이 6위권에 진입했다는 대한민국에서 자국의 군인이 나라를 스스로 지키지 못한다니! 그러고도 부끄럽지 않은가?

상소,
유생들의 정치 활동

유생, 말해야 할 의무가 있는 사람

유생이란 유학을 공부하는 선비다. 구체적으로는 진사와 생원, 곧 소과 합격자를 비롯한 유학幼學으로 통칭되는 부류다. 이들은 한성의 성균관과 사부학당에 다니는 관학생도 있지만, 대부분 향촌에서 거주한다. 관학생 역시 그 절대다수가 향촌의 선비이니, 결국 향촌이 그들의 근거지인 셈이다. 이런 사정에서 흔히 향촌 유생이라 했고, 사림 또는 유림儒林이라 하기도 했다.

조선에서 유생이 주목받기 시작한 것은 이들이 과거 공부나 하는 단순한 서생이 아니라, 정치 활동을 하는 정치의 주체였기 때문이다. 초기 유학은 일종의 정치학이었고, 유가儒家는 정치 컨설턴트 역할을 했던 셈이다. 물론 수신修身이 가장 중요한 덕목이기는 하지만, 결국 치국평천하治國平天下에 궁극적 목적이 있었다. 따라서 유생이 정치에 관심을 갖는 것은 당연했다. 일본의 무사도 유학을 공부하면서부터 정치에 관심을 갖게 됐고, 메이지유신明治維新도 이로써 가능할 수 있었다.

유생의 정치 활동이 조선 초기부터 제도적으로 보장됐던 것은 아니다. 관료정치가 틀을 잡아가던 시기나 훈척勳戚의 시대에는 전혀 고려의 대상이 되지 못했다. 유생은 신분이 양반이라는 것 외에는 아무런 지위가 없었기 때문이다. 중국에서도 관료가 아닌 향신鄕紳에게는 정치적 발언권이 주어지지 않았다. 그러나 조선에서는 정치 구조가 공론公論을 중시하는 방향으로 자리를 잡게 되면서 유생의 역할이 점차 부각됐다. 즉 붕당정치가 전개되면서 중앙의 정치세력이 광범위한 공론을 토대로 집권 명분을 획득하고자 했기에 유생의 정치 참여가 필요했던 것이다.

조선의 정치는 공론을 매우 중시했다. 그리고 이 공론을 생산해내는 주체는 유생이라는 인식이 점차 확립됐다. 그래서 유생은 국가의 흥망과 유학의 성쇠에 대해 '반드시' 말해야 할 의무가 있다고 여겨졌다. 여기서 공론이란 모든 사람이 옳다고 동의하는 보편적 논의를 말한다. 말하자면 오늘날의 다수 여론과 같다.

물론 공론을 창출해내는 주체는 유생만이 아니었다. 사실 이들은 부차적 존재에 불과했다. 조정에는 언관이 있고, 일반 관료도 민정民情을 임금에게 전달할 수 있는 다양한 방법이 있었다. 언론을 담당했던 사헌부, 사간원, 홍문관의 삼사三司는 말할 것도 없고, 조정 중신 또한 임금을 직접 대면하여 진술할 수 있는 윤대輪對나 인견引見, 청대請對 등의 방법이 있었다. 윤대란 한 달에 여섯 번 정기적으로 왕을 대면하는 것이고, 인견이란 임금이 특정 신하를 불러서 만나는 것이며, 청대란 반대로 중신이 임금을 청해서 만나는 것이다. 그뿐 아니라 임금이 직접 궐문 앞에 나아가 백성의 여론을 청취하기도 했고, 백성이 신문고를 쳐서 고발이나 청원을 하는 제도도 있었다. 그러나 중신이 아니고는 임금을 직접 대면하여 의견이나 생각을 말한다는 것은 쉬운 일도, 기회가 많은 것도 아니었다.

민의民意를 임금에게 전달하는 보다 보편적인 방법은 역시 글, 곧 문자였다. 글의 형식으로는 소疏를 비롯하여 계啓·차箚 등이 있었다. 계는 일종의 보고서와 같은 공식 문서이고, 차는 자기 의견을 조목조목 나열한 것으로 소와 비슷한 것이나 관료에게만 허용된 형식이었다. 반면에 소란 소통의 의미를 가지는 것으로 모든 사람이 생각이나 의견을 서로 전달할 수 있는 가장 보편적인 방식이었다. 그 전달 대상자가 임금이었으니 상소上疏라 한 것이다. 퇴계 이황이 53회나 올렸다는 사직소를 생각하면 보다 쉽게 이해될 것이다.

유생에게도 공론을 표방할 수 있는 방법은 상소뿐이었다. 유생의 상소라 하여 이를 흔히 '유소'라 했고, 관료의 재조공론在朝公論과는 다른 재야공론在野公論으로 지칭됐다. 유소는 유생의 정치적 성장과 더불어 더욱 활발해졌고, 더불어 공론성을 확보하기에 이르렀다. 이를 통해 사림 세력은 훈척 세력을 정계에서 배제하는 데 성공함으로써 마침내 사림파는 국정을 주도하게 됐다.

이제 사림의 집권과 더불어 유생의 공론은 정국에 중요한 변수가 되기에 이르렀다. 그 때문에 정치세력이 명분을 강화하여 정치적 우세를 확인받기 위해서는 유생의 공론에 의존하지 않을 수 없었다. 이 같은 공론정치는 붕당정치와 불가분의 관계를 맺으며 발전했고, 공론 대결이라는 명분 아래 당론 대결은 더욱 격화되어갔다.

'근실謹悉', 언론을 검열하다

유생의 상소는 향촌이 아니라 관학에서 시작됐다. 관학생은 서울에서 집단생활을 할 뿐만 아니라 관료의 자제도 있었으니 향촌에 산재한 유생에 비해 정치 현안에 대한 정보를 보다 빠르게 입수할 수 있었고, 또 공유하기도 쉬웠다. 특히 '작은 조정'이라 불리는 성균관에서는 더욱 그러했다. 이에 비해 향촌 유생은 상대적으로 정치적 흐름에 둔감하거나 늦을 수밖에 없었다. 이런 점에서 유소는 주로 관학에서 주도했고, 그 절차도 간소했다. 더욱이 관학에서 상소가 결정되면 곧바로 전국의 향교에 통문을 발송하여, 관유소館儒疏는 향촌 유생의 궐기를 촉구하는 수단이 되기도 했다. 또한 이들은 자신들의 뜻이 받아들여지지 않을 경우 권당捲堂이니 공관空館이니 하는 방법으로 물리력을 행사하기도 했다. 따라서 명분이나 정치적 우위를 확보하고자 하는 정치세력은 관학생과 항상 긴밀한 관계를 맺고 있어야 했다. 이런 사정에서 관학의 내부 갈등은 필연적이었다.

유소는 공론성 확보라는 면에서 늘 다중의 참여를 전제로 했다. 향촌 유생은 정보에도 늦었지만 뜻을 모으는 데도 어려움이 많았다. 이를 극복하기 위해서는 복잡한 절차와 오랜 시간이 필요했다. 상소는 대부분 도道 단위로 올렸는데, 일단 상소가 발의되면 이를 통문으로 각 고을의 향교나 서원에 알려 소회疏會를 열어야 했다. 이 회의에서 상소가 결정되면 일을 책임지고 수행할 소임疏任을 선발했는데, 그 우두머리를 소두疏頭 혹은 소수疏首라고 했다. 각 소임이 결정되면 임시 사무실인 소청疏廳을 마련했는데, 주로 향교나 서원이 이용됐다. 상소문은 주로 공모하여 여러 명의 소본疏本을 받아서 그중 하나를 선택하는 것이 일반적이었다. 상소문이 마련되면 거기에 소임의 명단을 적어 붉은 나무 궤짝에 넣어 보관했다. 상소에 뜻을 같이하는 사람의 명단은 각지에서 모아졌는데, 자필로 연명하는 것이 원칙이었다. 이들을 소유疏儒라고 했다. 모든 준비가 끝나면 이제 서울로 가져가는데, 여기에는 수십 명 또는 100여 명이 넘는 유생이 함께했다. 서울에 도착하면 숙소를 정하고 연고가 있는 유력자에게 소본을 보여 수정하기도 하면서 상황을 봐서 궐문 앞에 엎드려 승정원에 제출했다. 승정원에서 왕에게 보고하면 왕이 여기에 비답批答하는 것으로 마무리된다. 왕의 비답이란 '알았다'거나, '번거롭게 하지 말라'거나, '물러나 학업에 열중하라'라는 정도에 그치는 경우가 대부분이었다. 그러나 승정원에서 이 상소를 받아들이지 않으면 승정원에 난입하여 난동을 부리거나 10여 차례 이상 계속해서 제출을 시도하기도 했다.

향촌 유생의 상소에 왕의 비답이나 처분이 내려지면 소사疏事는 끝나지만, 그렇지 않으면 계속 궐문 밖에서 연좌농성을 했다. 대개는 유생의 사기士氣를 과시한다는 의미에서 질서정연하게 행해졌지만, 18세기 이후에는 궐문 밖에 곧바로 소청을 설치하는 일이 빈번해지기도 했고, 또 과격한 표현이나 허황한 말로 물의를 빚는 등 폐단이 심했다. 심지어 출세를 위해서 남의 손을 빌려 쓴 상소를 승정원에 제출하는 일도 허다했다. 무엇보다도 붕당 간의 대립이 격화되면서 그것은 공론이 아니라 특정 당파의 이익을 대변하는 것으로 변질되어갔다. 이러한 폐단을 막기 위한 대책이 제기되기도 했고, 특정 사안에 대해서는 승정원에 제출하는 것이 금지되기도 했지만, 그것은 언로가 늘 크게 열려 있어야 한다는 명분 앞에서 큰 의미를 가지지 못했다.

유소의 폐단은 유생 공론의 파탄뿐만 아니라 왕권의 간섭을 불러온다는 것이다. 마침내 1779년(영조 49)에 이르러 향유소鄉儒疏의 경우 반드시 성균관의 우두머리인 장의掌議의 '근실謹悉'을 받도록 했다. 근실이란 원래 대간臺諫의 조율된 의견에 동의함을 의미하는 것인데, 여기서는 유소의 내용이 공론에 부합하는지를 판단하는 것이었다. 말하자면 언론에 대한 사전 검열인 셈이었다. 이는 당시 일방적으로 쇄도하던 노론계의 유소를 통제하기 위한 조치였다. 그러나 노론 세력이 성균관을 장악함에 따라 도리어 남인의 영남 유소를 사전에 봉쇄하는 결과를 가져왔다.

만인소, 만인의 뜻 하늘의 뜻

근실 제도가 마련되면서 영남의 유소는 사실상 불가능해졌다. 성균관을 장악한 노론계의 장의가 남인의 당론을 표방하는 영남 유소를 받아들일 이유가 없었던 것이다. 언로가 막힌 영남의 유소는 근실 없이도 승정원에 제출할 수 있는 방법을 찾지 않을 수 없었다. 그것은 다름 아닌 만인소萬人疏였다. 만인소란 만 명의 유생이 참여하는

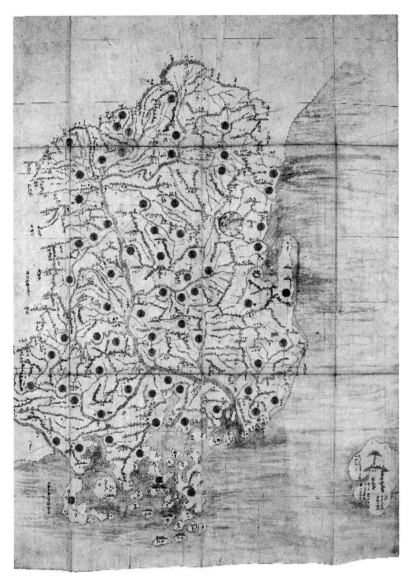

경상도 지도 18세기 중엽에 제작된 것으로 추정되는 경상도 지도다. 산줄기는 청록색, 물줄기와 바다는 파란색, 읍치는 붉은색 원으로 표시되어 있다. 오른쪽 하단에는 대마도도 그려져 있다. 국립중앙박물관 소장.

상소를 말한다. '만 사람의 뜻이니, 이것이 곧 공론이요, 온 천하의 뜻이다. 그러니 성균관에서 굳이 공론 여부를 따져 근실을 받을 필요가 없다'는 논리였다. 이 같은 논리는 물론 노론의 방해가 있었지만 통용됐다. 19세기에 만 명의 유생을 동원할 수 있다는 것, 그것은 불가능한 일처럼 보였다. 그런데 이 일이 실제로 일어났다. 그것도 일고여덟 번이나. 모두 영남에서였다. 만인소는 영남에서만 가능한 일이었다.

18세기 이후 영남은 경제적으로 더 이상 선진 지역이거나 중심지가 아니었다. 그것은 이앙법의 광범위한 보급으로 수전水田 농업 지대가 평야 지대로 확산되어가고 있었으며, 또 농업에서 상업으로 경제 기반의 축이 옮겨가고 있었기 때문이다. 이러한 과정에서 중앙과 지방의 분리는 더욱 가속화됐고, 이에 따라 영남은 정치적으로도 더욱 소외되고 있었다.

당시 영남의 정치적 상황은 좋지 못했다. 인조반정(1624)을 계기로 경상우도의 남명학파가 쇠퇴 일로를 걷게 됐고, 갑술환국甲戌換局(1694)을 계기로 좌도의 퇴계학파마저 정계 진출이 거의 불가능해졌다. 이후 영남 유림은 우율牛栗의 승무陞廡[1]와 예론禮論을 통해 서인 또는 기호학파와 심각하게 대립·반목하게 됐다. 더욱이 1728년(영조 4)에 일어난 무신란은 영남을 한때 반역의 고을로 인식되게 했다. 여기에 노론 권력은 그들의 외곽 세력을 영남에 부식하기 위해 많은 노력을 쏟음으로써 이제 영남은 좌도와 우도 또는 상도와 하도에 따라 차별되고, 같은 지역 내에서도 노론계 인사가 등장하게 되어 영남의 공론은 크게 위축되고 제한될 수밖에 없었다.

번암 채제공 채제공은 남인계 인물로 영
조와 정조의 두터운 신임을 받아 우의
정 · 영의정 등을 지냈다. 문화재청 소장.

　이러한 와중에도 영남의 남인은 정치적 활동을 멈추지 않았다. 정
조의 등극과 더불어 그리고 채제공蔡濟恭(1720~1799)을 매개로 한 것
이었다. 이 과정에서 사도세자의 억울한 죽음을 신원해달라는 만인
소가 등장하기도 했다. 정조 또한 영남 남인을 그의 외곽 세력으로 적
극 활용하고자 했기에 채제공과 영남 남인의 관계는 보다 긴밀해졌다.
그러나 채제공과 정조가 잇달아 죽은 후 여전히 조정에 광범하게 포진
하고 있던 노론 세력은 영남 남인을 향촌 사회에만 묶어두려 했다.

　실세한 영남의 유림은 노론 전제정권의 확립과 더불어 중앙 정계
진출을 포기하고 향촌 사회의 지배자로 만족하고 있었다. 그것은 지
주경제의 발달과 동성촌락의 확대, 서원 건립 등으로 그들의 향촌 기
반을 확보할 수 있었기 때문이다. 그러나 영남의 남인은 늘 중앙집권

세력의 견제에서 벗어날 수 없었다. 정조 이후 특히 안동김씨 척족 세력의 전제체제가 확립되면서 영남 남인의 집단적 정치 활동은 극히 제한되고 있었다. 이러한 가운데 흥선대원군의 등장은 영남 남인에게 정치적 재기를 꾀할 수 있는 새로운 계기를 마련해주었다.

대원군의 정치적 기반이 처음부터 확고했던 것은 아니다. 안동김씨의 세도정치 아래 같은 처지에 있던 남인과 대원군은 정치적 이해관계를 공유할 수 있었다. 이 같은 관계는 대원군이 집정하면서 곧바로 정치적 제휴 관계로 발전했다. 즉 대원군은 안동김씨 척족 세력, 나아가 노론의 전제 권력을 견제하기 위해, 영남 남인은 중앙의 정치세력으로 재기하기 위해 상호 지원과 협조가 절실히 필요했던 것이다.

영남의 남인은 비록 향촌 세력으로 존재했지만, 촌락과 군현 단위를 넘어서는 차원에서 광범한 인척 관계를 맺고 있었고, 학문적 사승 관계와 서원을 통한 문벌가 상호 간의 횡적 유대 관계를 형성하고 있었다. 즉 영남의 유생은 학문적으로는 퇴계학파였고, 정치적으로는 남인으로서 그 어느 지역보다도 내부 결속력이 강고했다. 영남 남인의 이러한 관계는 정치 문제에 집단적 대응을 가능하게 했다. 이제 영남은 노론 전제와 그 연장선상에서의 척족 세도정치가 계속되는 동안에도 정치세력으로 결집될 수 있는 유일한 지역이었다. 이런 사정에서 영남의 만인소가 가능했다. 여기에 오랜 정치적 좌절과 소외는 영남의 남인으로 하여금 정치적 재기를 더욱 절실하게 했다.

수만 냥의 경비가 들다

만인소는 숙종조 이래 오랫동안 권력의 핵심에서 소외되고 노론
세력에 의해 언로가 차단된 영남 유생이 공론을 집약해 이를 국왕에
게 전달할 수 있는 거의 유일한 방법이었다. 18세기 말에서 19세기
중반에는 사도세자와 관련하여, 19세기 후반에는 개혁과 개화 등의
문제에 대해 영남 유생은 만인소를 통해 집단적이고 적극적으로 자
신들의 입장을 표명했다. 예를 들어 1792년(정조 16) 사도세자 신원伸
寃, 1855년(철종 6) 세도세자 추존 그리고 1871년(고종 8) 대원군에 의
해 추진된 서원 훼철 반대, 1875년(고종 12) 실세 후 양주의 직곡별장
에 머무르던 대원군의 봉환 촉구, 1881년(고종 18) 황준헌黃遵憲의 『조
선책략朝鮮策略』에 대한 비판, 1884년(고종 21) 복제服制 개혁 반대 등
이 바로 그것이다.

만인소는 많은 인적·물적 자원을 필요로 했다. 준비 단계에서 상
경해 상소를 올리기까지 수십 일이 걸렸다. 특히 상소가 받아들여지
지 않거나 그들의 주장이 수용되지 않으면 3, 4차에 걸쳐 수개월간
지속하기도 했다. 그리고 책임자인 소수 대부분이 유배되기 마련이
었다.

상소를 위해서는 100여 명 이상의 소유가 때로는 수개월간 서울에
서 머물러야 했다. 그 비용은 막대했다. 서원만인소 당시 상주 한 고
을에서 담당해야 할 공동 경비疏資와 30명의 치송治送 비용이 1천 냥
아래로 내려가지 않는다고 했고, 모든 것이 끝난 뒤 영남에서 다시
거두어야 할 돈이 8천여 냥이라고도 했다.[2] 각 고을에서는 공동 경비

외에도 상경해 상소에 참여하는 소유의 경비도 별도로 준비해야 했다. 공동 경비와 소유의 수는 고을의 규모에 따라 서로 다르게 분배됐다. 가령 상주는 30명, 안동은 50명 등 당시 경상도 72개 고을 가운데 63개 고을에 경비와 소유의 수를 분담하게 했다. 그러나 실제로는 23개 고을에 113명의 유생이 참여했다. 그리고 8천여 냥은 '다시 거두어야 할' 돈이니 총 경비가 아니라 추가 비용이라 할 수 있다. 이런 사정을 염두에 둔다면 서원만인소에 든 총 경비는 적어도 1만 냥이 넘었을 것으로 추산된다.

1만 냥은 당시로서는 엄청난 액수다. 1870~1880년대 경상도 감영이 있던 대구 인근의 논 1두락(마지기) 가격이 대략 30냥 내외였고, 이를 쌀로 환산하면 6석(1석=15두) 정도가 된다.[3] 그러니 1만 냥은 논 330여 두락, 쌀 2천여 석에 해당한다. 이를 다시 겨울철 농한기 농민에게 지급되던 하루 노임(1끼니)인 쌀 1승(10승=1두)으로 계산하면 연인원 30만여 명을 동원할 수 있는 거금이 된다.

서원만인소는 논의 과정에서 어려움을 겪기는 했지만, 대원군의 강경한 조치로 제대로 상소를 올리지도 못한 채 종결되고 말았다. 소수 또한 강제로 귀향 조치됐을 뿐이니 상대적으로 단시간에 별 탈 없이 마무리된 셈이었다.

이에 반하여 대원군봉환만인소의 경우는 1874년 10월 25일 안동에서 250여 명의 유생이 모여 상소를 결정했다. 그러나 소수와 임원들이 곧바로 안동부에 구금되어 재차 소수를 뽑아 12월 8일 서울에 도착할 수 있었다. 상소가 제출된 것은 해를 바꾼 3월 5일이었고, 그와 함께 소수와 임원 세 명이 엄형에 처해진 후 먼 곳으로 유배되는 상황이 됐다. 이런 사정에도 6월 18일 4차에 이르기까지 상소는 계속 됐으니, 그 기간은 반년을 훌쩍 넘긴 셈이다. 물론 더 많은 소수와 임원이 계속해서 유배 처분을 받았다. 대원군의 봉환은 고종 친정을 반대한다는 뜻이었으니 대립이 첨예할 수밖에 없었다.

1881년 척사만인소의 경우에는 경상도 거의 전 지역인 59개 고을에서 260명이 상소에 참여한 가운데 반년간 4차에 걸쳐 진행됐고, 역시 소수들이 유배됐다. 서원만인소에 비한다면 아주 긴 기간 동안 두 배나 더 많은 소유가 참여했으니 그 경비 또한 이에 비례하여 증가했을 것이다. 아마 수만 냥이 들지 않았을까 추측된다.

만인소의 진행에 투입된 경비, 곧 소유의 노자와 소청의 공공 경비 그리고 유배객의 치송 등에 들어간 돈이 각 고을에 분배되면, 각 고을에서는 이를 다시 경내의 서원·향교·서당 등과 각 문중에 배정하는 것이 일반적이었다. 그러나 영남의 분열과 경제적 침체 그리고 서원 훼철 등으로 경비 마련이 어려워지자 집집마다 나눠서 거두기도 했다. 이를 호렴戶斂이라 했다.

가령 척사만인소의 경비를 당시 예안에서는 각 문중이 나눠 거두었지만, 예천에서는 향회를 열어 호렴으로 하고자 했으나 군수가 이를 방해함으로써 뜻을 이루지 못했다. 유림의 공공 경비를 호렴이나 문중 단위로 분배하는 것은 오래된 관행이었다. 그러나 호렴은 준조세의 강제성을 띠었기에 이렇듯 관권과 마찰을 빚기도 했다. 이런 방법은 1862년 임술농민항쟁이나 대한제국 말의 의병 활동에서도 실행됐던 것으로 보인다.

이렇듯 만인소는 엄청난 인적·물적 자원을 필요로 했고, 이를 동원할 수 있었던 것은 영남 유림이 향촌 사회에 동성촌락이나 지주로서의 공고한 기반이 있었기에 가능했던 것이다. 영남 유림은 만인소를 통해 집단의 힘을 과시하기도 했지만, 이 같은 집단 활동은 지식인으로서의 유생 개개인의 독자성을 제약하고, 나아가 그들의 활동이 반개혁·반개화였다는 점에서 영남 유림의 보수화에도 크게 영향을 미쳤을 것이다.

　영남의 만인소는 그 규모와 치열함 그리고 정조나 대원군 같은 정치적 후원자를 확보하고 있었음에도 정치운동으로서는 결국 성공하지 못했다. 이것은 노론 또는 안동김씨 척족 세력의 기반이 굳건했기 때문이기도 하지만, 보다 중요한 것은 영남 유림 또는 남인이 가진 주체적 역량이 부족했기 때문이라고 할 수 있다. 주체적 역량이란 시대를 이끌어갈 수 있는 경세론經世論이나 세계에 대한 안목을 의미한다. 즉 당시 위정자는 무엇보다 봉건체제의 개혁을 추진할 수 있어야 했고, 외세와 자주적 관계를 설정할 수 있어야 했다. 이러한 점에서 볼 때 서구에 대한 환상을 가졌던 개화파의 개화론이 이 시대의 진정한 해답일 수 없듯이, 유림의 반개혁과 배타적 척사론도 결코 우리의 정체성을 지켜낼 수는 없었다.

시대와 인물

16세기 비판적 재야지식인의
현실 인식과 대응

남명 조식, 하늘을 우러러 탄식하다

대체로 연산군의 등장으로부터 시작되는 16세기는 15세기에 정비된 사회체제의 많은 문제점이 드러나는 시기였다. 문제는 정치·사회·경제 등 전반에서 유기적으로 발생했지만, 가장 두드러진 현상은 훈구 세력과 사림 세력의 정치적 갈등으로 말미암은 사화士禍와 농민의 유망流亡 그리고 왜란으로 집약할 수 있다.

훈구파는 세조가 정권을 장악하고 유지하는 과정에서 많은 공신을 만들어낸 이후 새 군주가 즉위할 때마다 공신을 책봉함으로써 세력을 크게 확장했다. 이들은 기득권 세력으로서 권익 유지에 급급했고, 상당수는 불법과 비리를 자행했다. 기존의 토지에 공신전과 노비까지 하사받아 엄청난 대토지를 확보했고, 또 개간과 고리대로 이를 더욱 확대해 나갔다. 이들은 또한 관권의 비호 아래 농민을 불법으로 사역하거나, 방납防納에도 관여하여 부를 축적했다.

이들과 달리 성종 대부터 비로소 중앙 정계에 등장하기 시작한 초기 사림 세력은 국가와 왕실에 대한 공로, 정치적 지위 및 경륜, 사회경제적 기반 등 그 어느 것에서도 훈구 세력의 상대가 될 수 없었다. 사림 세력은 대부분 소규모의 농장을 소유한 중소 지주였고, 자영농 상태에서 벗어나지 못한 경우도 있었으며, 노비를 보유했어도 많은 부분을 양인 농민의 노동력에 의존해야만 했다. 이들은 훈구 세력에게 토지와 노비가 집중되고, 부세 제도 등의 문제로 농민이 유리·도망하는 사회 현실에 위기의식을 느끼고 이를 주목했다.

사림 세력은 훈구파를 견제하고 자신들의 정치적 기반을 확보하기 위해 주로 다음과 같은 세 가지 측면에서 활동했다. 첫째는 훈구파의 비리와 비행을 직접 비판하는 것이었고, 둘째는 다양한 개혁 정책을 추진하는 것이었으며, 셋째는 향촌 사회에서 그들의 기반을 확고히 다지는 것이었다. 직접 비판이 방납을 통한 비행, 토지 겸병, 공권력을 통한 농민 사역 등에 대한 것이라면, 토지와 노비, 방납의 폐단을 제거하기 위한 제도적 방안 모색, 왕도정치 실현을 통한 사회 개혁 추진 등은 사림 세력이 추진한 개혁 정책이었다. 한편 유향소留鄕所 복설 운동, 향약의 보급과 실시, 서원 건립 운동 등은 훈구파의 중앙집권적 향촌 정책을 배격하고 향촌 사회를 그들의 세력 기반으로 확고히 하기 위한 것이었다.

그러나 이러한 사림 세력의 활동은 훈구 세력의 반격으로 번번이 실패하고 말았으며, 더욱이 많은 사림이 희생되는 대가를 치러야만 했다. 그러나 거듭되는 사화에도 사림 세력은 꾸준히 성장했고, 마침내 선조의 등극과 더불어 정국을 주도하는 위치에 서게 됐다.

산천재 산천재(山天齋)는 남명 조식이 만년에 후학을 양성하기 위해 세운 학당이다. 경상남도 산청의 덕천서원 경내에 있으며, 이곳 뜰에 서면 멀리 지리산 천왕봉이 바라보인다. 남명학연구원 제공.

남명 조식 또한 이 같은 정치적 상황에 큰 영향을 받으면서 사림파의 정치적·학문적 전통을 계승하거나 이끌어가고 있었다. 그러나 선조 이후의 일반적 경향과 달리 조식의 현실은 여전히 낮에는 하늘을 우러러보며 탄식하다가 밤에는 천장만 쳐다보는 비관적인 것이었다. 그것은 다름 아닌 깊은 산중에 살면서 굽어 살펴본 민정民情 때문이었다.

16세기 향촌 사회에서 가장 두드러진 것은 바로 농민 유망 같은 민생 문제였다. 농민 유망은 나라가 흐트러지고 망하는 화근이거나 백성이 나라를 엎어버릴 수도 있는 원인이 되기도 하는 심각한 문제였다. 말하자면 왕조 정부의 존립 문제와 직결된 것이었다.

이 같은 농민 유망은 당시 일반적으로 지적되던 군포와 공물 등 부세賦稅 부담의 과중 때문이었다. 그런데 문제는 농민 유망이 그 자체로만 끝나지 않는다는 것이었다. 국가 차원에서는 농민이 부세와 군역 담당자라는 점에서 이들의 유망은 곧 국가 재정 및 군액軍額 감소와 직결됐고, 향촌 사회 차원에서는 도망친 자들의 세금이 유망하지 않은 농민에게 전가됨으로써 유망을 더욱 심화하는 요인이 됐다. 이에 따라 백성, 군사 할 것 없이 이산離散하여 마을이 텅 비게 됐다. 이 같은 현실에서 왜란을 맞닥뜨리게 된 조선 사회는 일거에 붕괴될 수밖에 없었다.

조식은 백성과 군졸이 유망하여 아버지와 아들이 서로를 보호하지 못하는 현실을 안타까워했다. 그리고 그 원인을 행정의 번거로움과 세금의 과중 때문이라고 여겼다. 농민 유망이 본격화한 것은 주로 연산군 이후 훈구 세력이 집권하면서부터였다. 훈구 세력은 대토지를 소유했으며, 국가권력을 이용해 숱한 비리와 부정을 저질렀다. 따라서 농민 유망의 근본 원인으로 지적되는 번거로운 행정과 과중한 세금은 다름 아닌 이들의 나쁜 정치에서 기인한 것으로 이해할 수 있다.

그렇다면 이렇게 유망한 농민은 어디로 갔을까? 유망한 농민 대부분은 사실상 달리 삶의 방도가 없는 상황에서 또다시 농촌 사회에 재편성될 수밖에 없었다. 훈구 세력이 대토지 소유와 여기에 걸맞은 노비를 소유하고 있었다면, 사림 세력 역시 중소 지주로서 일정한 토지와 노비를 확보하고 있었다. 사림의 이러한 경제적 기반은 주로 16세기를 거치면서 확보된 것이었다. 따라서 당시 향촌 사회의 농민 유망은 다만 훈구파의 나쁜 정치만이 아니라 사림파의 경제활동에서도 그 원인을 찾을 수 있다. 즉 사림파는 향촌 사회의 지배층으로서 그들 자신의 경제적 기반 확보에 적극적이었고, 이러한 활동으로 인해 훈구파뿐 아니라 사림파 스스로도 자신들을 무단토호로 규정하기도 했다.

아무튼 사림 세력은 16세기에 상당한 양의 토지와 노비를 소유한 향촌의 중소 지주가 됐다. 그들의 토지와 노비는 부·모와 처가로부터 상속을 받은 것이기도 했지만, 흉년이나 세금으로 몰락하는 농민의 투탁을 통해, 아니면 이들의 전답을 헐값에 사들이거나 노비로 만듦으로써, 또는 그들이 소유한 노비를 양인과 교혼시킴으로써 얻게된 것이었다. 이것이 사림의 급격한 수적 증가와 자녀균분상속으로 인한 전민田民의 재분배에도 계속 중소 지주로서의 경제적 기반을 확보해 나갈 수 있었던 배경이었다. 따라서 훈구뿐만 아니라 사림 또한 결과적으로 국역 체제의 기반을 해체·파탄시키는 데 크게 기여한 셈이다. 다시 말해 농민 유망의 또 다른 결과는 사림의 토지 집적과 노비 증가를 가져왔는데, 이는 곧 국가의 공전公田과 공민公民의 점탈占奪을 의미하는 것이었다.

"전하의 나라는 이미 글렀습니다!"

조식은 이 같은 현실을 전후 4차에 걸친 상소와 한 차례의 진언進言을 통해 왕에게 전달했다. 이들 상소와 진언은 1555년(명종 10)부터 1571년(선조 4)까지 계속된다. 이것은 다만 시간이 흘렀다는 것뿐만

이 아니라, 정치 주도 세력이 훈척에서 사림으로 교체됨을 의미한다. 또한 선조의 즉위와 더불어 사림이 정국을 주도함에 따라 낙관적 분위기가 팽배했음도 염두에 둘 필요가 있다.

그럼 조식은 당대를 어떻게 이해했을까?

① 전하의 나랏일이 이미 그릇되어서, 나라의 근본이 이미 망했고, 하늘의 뜻은 가버렸으며, 인심도 이미 떠났습니다. 비유하자면, 큰 나무가 100년 동안 벌레가 속을 먹어 진액이 이미 말라버렸는데 … 이 지경에 이른 지가 오래됩니다. 그 형세가 극도에 달하여 지탱할 수 없고 사방을 둘러보아도 손쓸 곳이 없다는 것을 알면서도, 낮은 벼슬아치는 주색만을 즐기고, 높은 벼슬아치는 오로지 재물만을 늘리며 물고기의 배가 썩어 들어가는 것 같은데도 그것을 바로잡으려 하지 않습니다. 게다가 궁궐 안팎의 신하들은 후원하는 세력을 심거나 백성을 수탈하는 데만 급급할 뿐입니다. 자전慈殿은 궁중의 한 과부에 지나지 않고, 전하는 어리니 천백 가지 천재天災와 억만 갈래의 인심을 무엇으로 감당해내며 무엇으로 수습하시겠습니까?[1]

② 나라의 근본은 쪼개지고 무너져서 물이 끓듯 불이 타듯 하고, 신하들은 거칠고 게을러서 시동 같고 허수아비 같습니다. 기강이 없어졌고, 원기가 나른해졌으며, 예의가 없고 형정刑政이 온통 어지러워졌습니다. 선비들의 습속은 허물어졌고, 공공公共의 도리가 없어졌고, 사람을 쓰고 버리는 것이 온통 뒤섞였고, 기근이 갈 데까지 갔고, 창고는 고갈됐고, 제사는 더럽혀졌고, 세금과 공물은 멋대로 하고, 변경의 방어는 텅 비었습

니다. 뇌물이 만연하고, 남을 헐뜯는 풍조와 원통함, 사치가 극도에 달했고, 공헌이 통하지 않고, 이적夷狄이 업신여겨 쳐들어오니, 온갖 병통이 급하게 되어 하늘의 뜻과 사람의 일도 예측할 길이 없게 됐습니다.[2]

③ 예로부터 권신으로서 나라를 마음대로 했던 일이 있기도 했고, 척신戚里으로서 나라를 마음대로 했던 일이 있기도 했으며, 부인과 환관으로서 나라를 마음대로 했던 일은 있었습니다. 그러나 지금처럼 서리胥吏가 나랏일을 마음대로 했던 일이 있었다는 것은 듣지 못했습니다. 정권이 대부大夫에게 있어도 오히려 옳지 못한데, 하물며 서리에게 있어서야 되겠습니까?[3]

④ 전하의 나랏일이 이미 글러 한 가닥도 손댈 곳이 없는데, 모든 관원은 둘러서서 보기만 하고 구원하지 않습니다. 이미 어떻게 할 수 없음을 알고, '어떻게 해야 할까?'라고 생각조차 하지 않은 지가 오래됐습니다.[4]

①은 문정왕후와 윤원형으로 연결된 척신 정치기에 사림에게 화를 입히고 난 뒤 민심을 수습하고 사류士類를 회유하기 위한 수단으로 은거 중인 선비를 등용한다遺逸登用는 허명 아래 조식을 단성 현감에 임명하자 조식이 그 유명한 '과부론'으로 사직소를 올린 것이다. 말하자면 척신 정치의 폐해를 극렬하게 비판한 것이라 할 수 있다. 즉 척신 정치로 말미암아 나라의 근본이 망했고 천심과 인심도 떠나버려 더 이상 손쓸 곳이 없다는 것이다. 이를 벌레가 속의 진액을 다 빨아먹어 말라버린 고목에 비유했다. 이 같은 현상은 어제오늘의 일

이 아니라 '이미' 오래됐다고 했다. 더욱 심각한 문제는 이러함에도 어느 누구도 바로잡으려 하지 않으며, 또 어떻게 해야 할지 생각조차 하지 않는데, 왕은 어리고 후견인 문정왕후는 일개 과부에 불과하니 천재와 인심의 이반을 감당해낼 수 없다는 것이다. 이러하니 멸망의 조짐이 나타남은 당연한 것이다. 말하자면 조식에게 당시의 현실은 가히 절망적이었다.

그러나 1565년(명종 20) 문정왕후의 죽음과 윤원형의 실각 그리고 선조의 즉위는 척신 정치의 청산을 가져왔다. 조식은 이러한 정세 속에서 한때 희망을 가지고 상경하여 명종을 대면하기도 했다. 그러나 그의 기대와는 거리가 멀었기 때문에 곧 낙향하고 말았다. 또한 선조의 즉위와 더불어 사림의 정치가 본격적으로 전개됐음에도 조식이 보는 절망적 현실은 조금도 달라지지 않았다. ②, ③, ④는 선조의 등극 이후에 올린 것으로, 이 같은 사정을 잘 보여준다.

②에서는 어디 하나 성한 곳이 없어서 손댈 곳이 없음을 말한다. 구체적으로는 국가와 사회 기강의 문란, 인사 제도의 문제, 국고의 탕갈, 이적의 침략 등을 지적했다.

③은 조식이 새로 등극한 선조에게 학문하는 방법과 나라를 다스리는 근본, 군신 관계 및 선정善政에 필요한 그의 정치관을 피력한 것이다. 이른바 '향리망국론鄕吏亡國論'의 일부다. 천한 서리가 국정을 마음대로 하니 앞서 지적했던 척신 정치의 폐단보다도 더욱 심하다. 서리와 온갖 관리가 한 무리가 되어 나라의 심장부를 차지하고 앉아 국맥國脈을 결딴내고 있기 때문이다. 따라서 현실은 더욱 절망적으로 인식될 수밖에 없다. 그래서 민정을 굽어 살피고 하늘을 우러러보며

탄식하고 울먹이다가 눈물을 흘리지 않을 수 없었던 것이다.[5]

④는 음식물을 내리는 선조의 하교를 받고 감사하는 글이지만, 도리어 조식은 음식을 하사할 것이 아니라 임금이 의를 실행할 것君義을 촉구한다. 조식의 부정적 현실 인식은 조금도 바뀌지 않았음을 알 수 있다. 그것도 이미 글렀으며 어떻게 해야 할지 생각조차 않은 지가 오래됐음을 말하고 있다.

이렇듯 조식이 보는 현실은 총체적 위기에서 오는 절망적인 상황이다. 총체적 위기는 어디에서 오는 것일까? 을묘사직소의 입장, 즉 척신 정치의 폐해를 극론한 것에서 본다면 그 원인은 척신 정치에 있다. 그러나 척신 정치가 청산된 사림 집권기에도 조식의 인식은 달라진 것이 없다. 그렇다면 그 원인은 달리 찾아야 한다. 그는 관리의 안일함과 탐학, 국맥을 결딴내는 향리의 문제도 제기했다. 그러나 이것이 근본 원인처럼 보이지는 않는다.

앞에서 주목하고자 했던 훈구와 사림의 정권 교체가 그의 현실 인식에서 중요한 변수가 되지 못하는 이유는 현실 인식의 긍정·부정이 척신이나 안일한 관료에게 있는 것이 아니라 오직 군주에게 달린 문제였기 때문이다. 다음의 시에서 남명의 부정적 현실 인식이 어디에서 오는지 확인할 수 있다.[6]

> 노魯나라 들판에서 기린麒麟은 헛되이 늙어가고,
> 기산岐山엔 봉황새도 날아오지 않네.
> 빛나던 문물도 이제 끝장이니,
> 우리의 도道는 누굴 의지해야 하나.

기린이나 봉황이 성군을 의미함은 자명하다. 조식은 기린은 노나라의 들판에서 늙어가고 봉황은 기산에 날아들지 않는다고 하여 성왕聖王의 부재不在와 이로 말미암아 의지할 곳조차 없게 된 현실을 한탄한다. 즉 조식은 그의 시대를 성왕이 부재한 현실로 본다. 따라서 남명의 부정적 현실 인식은 덕을 갖춘 군주가 없는 데서 기인한 것이라 하겠다.

성군론, 부정적 현실의 극복 방안

조식의 현실은 부정적이다. 그것도 너무나 절망적이어서 재주가 주공周公과 소공召公을 겸하고, 지위가 정승이라 하더라도 어찌해볼 도리가 없다고 했다. 그렇다면 이 같은 부정적 현실을 타개할 방법은 없는 것일까?

조식은 이 같은 현실에 필요한 것은 개혁임을 절절히 역설한다. 그는 개혁의 시급함을 '구급救急'이라 표현하기도 했고, 명종을 면대해서는 획기적 변통 없이는 난국을 수습할 수 없다고도 했다. 획기적 변통이란 곧 7년 가뭄에 시들어버린 풀을 윤기 나게 하는 큰 장맛비와 같은 것이라고 했다. 그렇다면 남명이 현실 극복 방안으로 제시한 개혁의 구체적인 내용은 어떤 것일까?

① 근위병을 불러 모으고 나랏일을 정돈하는 것은 자질구레하게 형벌을 정하는 데에 있지 않고 오직 전하의 한마음에 달려 있습니다. … 전하

가 학문을 좋아하는지 풍류를 좋아하는지, 그 좋아하는 바에 나라의 흥망이 달려 있습니다. 전하가 진실로 어느 하루 깜짝 놀라 깨달아, 팔을 걷어붙이고 학문에 힘쓰면 홀연히 덕을 밝히고 백성을 새롭게 하는 도리 안에 온갖 선이 갖추어지게 되고 온갖 덕화德化도 이로 말미암아서 나오게 됩니다. 이것을 들어서 시행하면 나라는 다 잘 살게 할 수 있고, 백성은 화합하게 할 수 있으며, 위태로움을 편안하게 만들 수 있습니다. … 엎드려 원하옵건대, 전하는 반드시 마음을 바로 하는 것으로써 백성을 새롭게 하는 요점으로 삼고, 몸을 수양하는 것으로써 사람을 쓰는 근본으로 삼아 왕도王道의 법을 세우소서. 왕도의 법이 왕도의 법답지 않으면 나라가 나라답게 되지 못합니다.[7]

② 백성을 잘 다스리는 요점은 임금이 선을 밝히고 몸을 정성되게 하는 데에 있을 뿐이다. 선을 밝힌다는 것은 이치를 궁구함을 이름이요, 몸을 정성되게 한다는 것은 몸을 닦는 것을 말한다. … 이 같은 공부는 반드시 경敬을 위주로 해야 한다.[8]

①에서는 백성이 흩어지고 군정軍丁이 격감한 부정적 현실을 극복하여 나라를 잘 살게 하고, 백성을 화합하게 하고, 위태로움을 편안하게 만들 방법을 제시한다. 그 방법이란 자질구레한 형벌을 정하는 데 있지 않고, 오직 군주 한 사람이 학문에 힘써 덕을 밝히려는 마음먹기에 달렸다는 것이다. 말하자면 군주가 진실로 어느 하루 문득 깨달아 학문에 힘써 성군이 된다면 주공·소공도 어쩔 수 없는 절망적인 현실이라도 금방 새로워질 수 있다는 것이다.

②에서는 백성을 다스리는 요점을 보다 구체적으로 말한다. 그런데 당시 백성은 7년 기근에 이미 시들어버린 상태다. 이런 백성을 잘 다스려 소생시키기 위해서는 군주가 경敬을 위주로 하여 선善을 밝히고 몸을 정성되게 해야 한다고 했다. 이렇게 하면 아래로 나라가 저절로 다스려지는데, 그것은 마치 우레가 치면서 소낙비가 쏟아져 천지가 해갈되는 것과 같다고 했다. 그렇지 않고 다스려지기를 구하는 것은 배 없이 바다를 건너는 것과 같아서, 다만 저절로 빠져 죽을 뿐이라 하여 군주의 수양을 강조한다.

조식은 부정적 현실을 군주에게서 찾듯이, 이를 해결할 수 있는 주체, 곧 개혁의 주체도 군주에게서 찾고 있는 것이다.

그렇다고 하여 임금 혼자 정치를 할 수는 없는 노릇이다. 신하의 보필이 절실하다. 말하자면 훌륭한 인재를 얻어야만 덕화德化를 베풀 수 있는 것이다. 훌륭한 인재를 얻는 것 또한 군주의 일이고, 이것 역시 군주가 몸과 마음을 닦음으로써 가능한 것이다. 그러지 않으면 마음속에 저울과 거울이 생기지 않으므로 선악을 분별치 못하여 사람을 쓰고 버리는 데 실수하게 되며, 옳은 인재를 쓰지 않으면 군자는 초야에 머물고 소인이 나라를 마음대로 하기 때문이다.

사실 조식이 극렬하게 비판했던 척신 정치의 문제도 소인이 나라를 마음대로 하는 데서 말미암는다. 이 같은 소인을 등용한 것은 다름 아닌 군주다. 따라서 모든 문제는 군주가 크게 성을 내어 하늘의 기강을 한 번 떨치면 해결될 것이라고 봤다. 이 같은 조식의 개혁론을 '성군론聖君論'이라 할 수 있다.

부정적 현실의 원인과 그것을 극복할 방법은 오직 군주 한 사람에

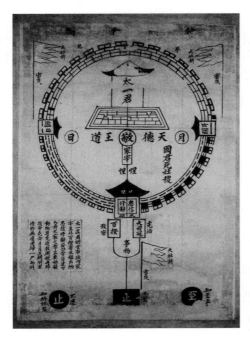

「신명사도」 「신명사도(神明舍圖)」는 남명 조식이 심성 수양의 요체를 임금이 나라를 다스리는 것에 비유하여 그린 그림이다. 남명학연구원 소장.

게 달렸지만, 그렇다고 하여 조식을 포함한 선비의 역할을 무시할 수는 없다. 선비는 임금의 덕화를 펼치기 위한 보좌로서 그리고 민의 대변자로서 중요한 역할을 하기 때문이다.

그러나 조식은 거의 관직에 나아가지 않고 은거 생활을 했다. 또한 스스로를 정치권력에 타협하지 않고 향리에 묻혀 지내는 처사라고 일컬었다. 15세기 말부터 50여 년간이나 사화가 지속되어온 정치적 환경은 사림 사회에 출사出仕를 부정적으로 인식하는 기풍을 조성했다.

일반적으로 지적되듯이 조식의 은거는 노자老子나 장자莊子의 은둔과는 다르다. 즉 조식이 벼슬길에 나아가지 않고 은거했던 것은 노장적 은둔이 아니라, 왕도정치를 실현할 때를 기다리기 위함이었다. 조식은 자신에게 세상을 소생시키려는 의지와 능력이 있음을 그의 문집 곳곳에서 내비친다. 명종을 만난 것도 그러했고, 더욱이 현실에 대한 극렬한 비판 자체가 그것을 역설적으로 말해준다. 그만큼 자신이 있었던 것이다. 그런 그가 민생의 고초를 생각하고 깊이 탄식하며 눈물을 흘렸던 이유는 이미 그릇되어버린 참담한 현실 때문이기도 했지만, 한편에서는 그의 재능이 쓰일 수 없는 현실에 대한 안타까움 때문이기도 했다. 어쩌면 이는 사실상 은거가 아니라, 적극적인 현실 참여의 또 다른 방법이었다.

그러나 지식인의 사명을 직접 실현할 수 있는 방도는 오직 군왕의 '밝은 해'를 기대하는 길뿐이었다.[9] 다시 말해 선비에게 세상을 소생시키려는 강렬한 의지가 있더라도 밝은 해인 군주가 선비의 몸을 비춰주지 않는 한 선비의 의지는 실현될 수 없었다. 따라서 개혁에서 선비의 역할은 어디까지나 군주에게 종속되어 있었다. 조식의 의지와 능력은 사실상 도가 행해지는 세상, 즉 성군이 위에서 덕화를 베풀 때에나 펼쳐질 수 있는 것이었다.

"전하, 문제는 바로 당신입니다"

조식의 현실 인식은 상당히 정확했고, 이를 바탕으로 한 그의 나아가고 물러남出處 또한 적절했다. 오랜 척신 정치로 국가 기강이 크게 문란해졌고, 이에 국역 체계는 파탄 나고 민생은 도탄에 빠졌으며 군역 자원은 크게 감소했다. 더욱이 이러한 폐단의 여독이 사림이 정국을 주도하던 선조 연간에도 그대로 이어졌다. 조식은 이러한 현실을 낙관하지도 방관하지도 않았다. 그는 결코 세상을 등진 은둔자가 아니었다. 소를 올려 시폐時弊를 극론하고, 임금을 격려하여 성군이 되게 하고자 했다. 이러한 조식에 대한 사관史官의 평가는 조식의 나아가고 물러남이 어떠했는지 적절하게 잘 보여준다.

당시 유일遺逸에 가탁하여 실제 학덕을 갖추지 않고 한갓 허명으로 이름을 도적질하고 세상을 속이는 자가 많았다. 그러나 조식은 초야에 묻혀 세상에 드러내려고 하지 않았으나, 그 명망이 자연 조정에 전달되어 관직이 누차 제수됐다. 그러나 끝내 출사하지 않으니 그 뜻이 가상하다. 조식은 결코 세상을 잊는 데 과감하지 않았다. … 아, 평소 뜻한 바를 임금 앞에 다 개진하고 끝내 처사로서 일생을 마쳤으니, 그 마음은 충성하고 그 절의는 높다 하겠다.[10]

당대의 현실에 대한 조식의 비판은 준엄했을 뿐만 아니라 역사의 정당성까지 확보하고 있었다. 또한 그의 부정적 현실 인식은 현실 부정이 아니라 그만큼 개혁이 절실함을 역설한 것이기도 했다. 특히 향리망국론은 이후 사회개혁론자들에 의해 계승되기도 했다.

그러나 조식의 개혁론이 구체성과 현실성을 가졌다고는 평가할 수 없다. 다시 말해 현실 인식의 정확성과 비판의 엄정함에도 현실의 타개 방안은 상당히 추상적이다. 예컨대 향리망국론을 제기했지만, 그는 그것의 개혁 방법을 '군주의 위엄'에서 찾는다. 율곡 이이는 "조

덕천서원 경의당 덕천서원은 지방 유림이 남명 조식의 학문과 덕행을 추모하기 위해 1576년 (선조 9)에 건립한 서원이다. 경의당(敬義堂)은 강당으로 유림의 회합이나 학문을 토론하던 곳 이다. 남명학연구원 제공.

식은 학문을 함에도 관견管見이 없고, 소장疏章에도 경제에 대한 대책 이 없다. 비록 그의 정견政見이 세상에 시행됐다 하더라도 어느 정도 효과가 있었을지는 미지수다"[11]라고 했는데, 조식의 개혁론이 구체성 과 현실성을 갖지 못했음을 적절하게 지적한 것이다.

　조식에 대한 이 같은 평가는 조식이 행정가가 아니라 정치가였고, 정치가라기보다는 유학자였고, 더구나 국정에 참여한 것이 아니라 재야의 지식인이라는 측면에서 이루어져야 한다. 그렇다 하더라도 조식의 개혁론이 가지는 한계를 거론하지 않을 수는 없다. 앞에서도 줄곧 언급했지만, 조식의 개혁론은 철저히 '성군론'에 입각해 있다. 성군론은 조광조의 지치주의至治主義에 입각한 왕도정치에 접맥된다. 이 같은 개혁론은 사실 위험한 것이다. 현실의 군주는 성군이 아니고, 임금의 수양을 통한 왕도정치의 실현은 우선 군주 자신이 수용할 수 없는 문제였기 때문이다. 조광조의 왕도정치 실패는 중종의 반발 때문이기도 했다. 따라서 조식의 성군론은 이러한 점에서 실현 불가능한 것이었다.

물론 조식은 성군만을 유일한 대안으로 생각하지는 않았다. 그가 현실 극복의 한 방법으로 제기한 것은 민암民巖의 문제였다. 말하자면 백성이 나라를 망하게 할 수도 있다는 것으로, 민을 역사의 주체로 인식한 것으로도 보일 수 있다. 그러나 민암이라는 말이 "왕은 … 백성의 험함을 돌아보고 두려워해야 한다"[12]라고 했듯이 왕을 경계하는 논리이지 민을 주체로 보지는 않았다. 따라서 이 같은 민본사상은 "나라의 흥망은 민심의 고락苦樂에 있다"[13]라거나, "군주는 마땅히 백성을 보전하는 데 마음을 두어야 한다"[14]라고 한 데서 보이듯 여말선초의 유학자가 보편적으로 가지고 있던 이데올로기였다. 따라서 조식의 「민암부民巖賦」에서 구체화된 민본사상은 조식만의 생각이 아니라, 조식에 의해 보다 구체화되고 강조된 것이라 할 수 있다.

조식이 비록 민을 생각하며 눈물을 흘리고 슬퍼했지만, 지식인으로서 이를 해결할 직접적인 방도가 없었던 것은 그의 대안이 오직 군왕을 통하는 길뿐이었기 때문이다. 조식에게 군왕, 곧 성군은 이 세상을 소생시킬 수 있는 유일한 희망인 '밝은 해'였다. 여기에 조식의 한계가 있다.

조식은 군주 국가의 체제를 뛰어넘을 수 없는 시대에 살았고, 왕도정치를 이상으로 삼았던 유학자였다. 이 점은 「성학십도聖學十圖」와 「무진육조소戊辰六條疏」에서 성학을 굳건히 하여 다스림의 근본을 세울 것을 건의했던 이황과 다르지 않다. 유학자 조식과 이황이 성군을 통해 현실 문제 극복 방안을 모색한 것은 당연했다. 따라서 조식의 한계는 한 개인이 아니라 시대적·역사적 한계라 할 수 있다.

역사 연구는 시대의 요구를 전적으로 외면할 수 없다. 따라서 오늘날 우리는 조식의 사회 모순에 대한 통렬한 비판에만 만족해하지 않는다. 비판을 넘어선 극복 방안과 해결책까지도 요구한다. 우리는 역사에 너무 많은 짐을 지운다.

또한 우리는 조식의 시대와 오늘날의 현실이 일맥상통함을 본다. '대통령님, 문제는 바로 당신입니다!' 오늘날 우리도 여전히 남명의 성군론에서 크게 벗어나지 못한 건 아닌지 모르겠다. '나라님' 한 사람이 바뀐다고 해서 세상이 바뀌는 것은 아니다. 기득권은 아주 견고하고 그리고 치밀하게 그들의 세상을 지켜내고 있다. 나라님이 성군이 될 것을 기대할 것이 아니라 '깨어 있는 시민' 스스로의 역할이 더욱 중요하다.

17세기 말,
한 영남 선비의 정치 역정

갈암 이현일, 벼슬길에 나서다

갈암葛庵 이현일李玄逸(1627~1704)은 서인과 노론에 의한 정치적 탄압을 극심하게 그리고 아주 오랫동안 받았던 영남의 대표적인 인물이다. 일찍이 과거 초시에 합격했으나 벼슬에 뜻을 두지 않았다. 그런데도 학문으로 이름을 얻어 이런저런 관직에 임명됐다. 물론 처음에는 나아가지 않았다. 그냥 물러나기만 한 것이 아니라 외척의 전횡과 당쟁의 폐단 등을 논하는 상소를 올리기도 했다.

그러나 숙종의 계속되는 부름에 1678년(숙종 4) 더 이상 물러설 수만은 없었다. 그것도 산림山林에게만 주어지는 사업司業이라는 벼슬이 내려졌기 때문이다. 출사하자 사헌부 장령, 공조 참의 등의 벼슬이 연이어 제수됐다. 물론 사직소를 거듭해서 올렸으나 허락되지 않았다.

이현일이 벼슬길에 나아간 숙종 연간(1674~1720)은 정치적 대격

변기였다. 당쟁의 폐해도 극심했고, 왕에 의해 정치판이 일거에 뒤집히는 환국換局이 거듭되기도 했다. 이런 과정에서 많은 선비가 죽거나 정치적 박해를 받았다. 그 결정판은 1689년(숙종 15)의 기사환국己巳換局과 1694년(숙종 20)의 갑술환국甲戌換局이었다.

숙종은 기사환국을 통해 서인을 축출한 후 남인을 등용하고 인현왕후 민씨를 폐하여 서인庶人으로 삼고, 희빈 장씨를 왕비로, 그 왕자를 세자로 봉했다. 이러한 과정의 주역은 숙종이었고, 남인은 어디까지나 조연에 불과했다. 물론 남인은 이에 편승하여 반대파인 서인을 조정에서 철저히 축출하고자 했다. 1694년의 함이완咸以完 고변告變 사건은 바로 이러한 과정에서 나온 것이다. 이를 통해 국청이 설치되고 국문이 계속됐다.

그러나 국문 과정에서 터져 나온 또 다른 고변으로 상황은 역전되고 말았다. 도리어 국청 대신 등 수많은 남인 관료가 대거 관직에서 숙청되는 결과를 가져왔다. 숙종은 비망기備忘記를 내려 조정의 대신 등 20여 명의 관직과 작위를 빼앗고 그들을 도성 밖으로 내쫓거나, 먼 섬으로 귀양 보냈다. 이뿐 아니라 승지와 삼사 등의 파직도 뒤를 이었다. 서인이 다시 등용됐음은 말할 나위도 없다.

서인 역시 숙종의 의중을 살펴가며 남아 있던 남인을 탄핵하여 파직하거나 체직시켰다. 갑술환국 이후 1년간 죽거나 유배되고 파직된 남인 관료는 140여 명에 이른다. 남인에 대한 탄압은 여기서 끝나지 않았다. 그간 있었던 모든 정치 문제에 관여했던 남인을 그 경중에 따라 처벌했다.

이현일은 고변과 환국으로 정국이 급박하게 전개되던 당시 향리에

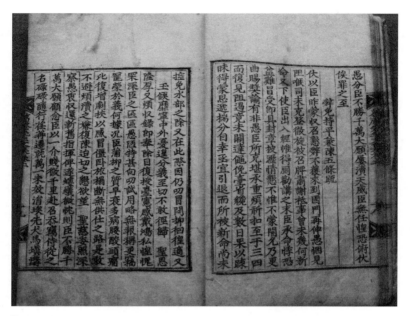

『갈암선생문집』 갈암 이현일은 사후에도 노론 정권으로부터 견제와 탄압을 받아야 했다. 그래서 그의 문집은 오랫동안 간행되지 못하다가 1811년에 이르러 21책으로 발간됐다. 그러나 책은 곧 회수되고, 책판은 불태워졌다. 그뿐 아니라 책 간행에 참여한 후손 여섯 명은 유배되는 수난을 겪기도 했다. 이후 1909년에 이르러서야 다시 간행될 수 있었다.

머물고 있었다. 물론 이전부터 수없이 사직소를 제출했다. 그러나 숙종은 받아들이기는커녕 또 다른 직첩을 계속해서 내렸다. 1692년 7월에는 이조 참판과 대사헌에 임명됐다. 이현일은 나아가지 않고 사직을 요청했으나 윤허되지 않았다. 하는 수 없이 67세이던 1693년 3월에 이르러 대궐에 나아가 사은謝恩하고, 왕을 만났다. 그러나 이후에도 병조 참판, 자헌대부 의정부 우참찬으로 승진했고, 사직을 청하는 상소와 숙종의 부름이 반복되는 가운데 7월에는 이조 판서에 임명됐다. 이후에도 병을 핑계한 상소와 조강朝講을 통해 계속해서 사직을 요청했으나 번번이 거절됐다. 부득이 10월에는 분황焚黃을 핑계로 휴가를 청했으나 이마저 허락되지 않았다.

숙종은 이현일이 조정에 남아주기를 원했다. 그러면서도 이현일의 개혁책을 적극적으로 받아들일 생각은 없었던 것으로 보인다. 그뿐 아니라 이현일이나 영남 남인의 협조가 절실히 필요했던 서울 인근의 남인 관료들도 도리어 이현일의 개혁책을 저지하기에 급급했다. 어쩌면 숙종과 남인 관료는 이현일에게 서로의 완충 지대 역할만을 기대했던 것인지도 모른다. 그러나 이현일은 자신뿐만 아니라 영남 산림으로서 역할을 다하고자 했다. 이상과 현실 사이에는 큰 괴리가 있었다.

선비가 조정에 나아가 뜻을 펼 수 없다면 사직하는 것이 당연하다. 계속된 이현일의 사직소는 물론 병을 핑계했지만, 형식적이고 의례적이 아니라 이러한 출처관出處觀에 입각한 것이었다. 그러나 이는 전혀 받아들여지지 않았다. 심히 난감한 문제였다. 병이라는 단순한 핑계가 아니라 숙종과 남인 관료에게 그의 의지를 보다 분명하게 피력할 필요가 있었다. 그렇다고 이를 직접 거론한다는 것은 또 다른 문제를 야기하게 된다. 이현일은 자책自責하는 방법을 택했다.

신은 너무 어리석고 물정에 어두워 건의했던 일들이 모두 실정에 맞지 않는 것이었습니다. 풍속을 바로잡고 인재를 길러 세도를 만회하고자 하면 옛것에만 집착하고 변통할 줄을 몰라 의정부에서 왕화王化를 보필하는 뜻에 어긋나게 되고, 세금을 줄여 생활을 넉넉하게 하여 조금이라도 백성의 노고를 덜어주고자 하면 간교한 술수를 막는 방법을 전혀 몰라 백성의 원망을 대신 떠맡고 공무를 봉행하는 의정부의 본뜻에 어긋나게 됩니다. 그리고 관작을 위해 사람을 뽑을 때에 청탁을 막고자 하면 오로지 신의 뜻만을 주장할 뿐, 인사상의 규례規例를 잘 따르지 않으며, 사람들이 미워하는 바를 살펴 단점을 버리고 장점은 취하고자 하면 결국은 적합지 못한 자를 추천하여, 처음에 입사하는 사람을 잘 가려서 임용하라는 성상聖上의 경계를 잘 받들지 못합니다.[1]

이 사직소는 이현일이 왜 사직하고자 하는지 그리고 이를 통해 무엇을 건의했고, 누가 이현일의 건의를 왜 반대했는지도 분명하게 보여준다.

이것은 사직소라기보다는 왕과 의정부 대신에 대한 강한 불만을 우회적으로 표출하여 숙종에게 자신의 건의를 적극 수용하든지, 아니면 사직을 허락하든지 결단을 내리라는 강한 요구였다. 그러나 숙종은 이를 회피하는 것으로 그의 요구를 모두 묵살했다. 그리고 당시 의정부 대신이란 바로 근기남인近畿南人을 지칭한다. 영남에 기반을 둔 이현일과 근기남인은 비록 한배를 탔지만 향촌 문제와 인재 선발 등 여러 문제를 두고 이렇듯 서로 갈등을 빚고 있었다. 이 같은 갈등은 이현일 혼자만의 생각이나 느낌이 아니었다.

강학하는 곳을 다시 복구하려고 하면 한갓 폐습만 자라게 한다고 하여 막고, 향약과 선비를 뽑는 법을 시행하고자 하면 백성의 마음이 선하지 못하다고 핑계를 대니, 아! 묘당廟堂에서 선비를 대우하는 것이 너무 박하지 않습니까?[2]

문묘 향사 배열도 문묘란 성균관에서 공자를 중심으로 하여 중국과 우리나라 현철(賢哲) 130여 명의 위패를 모시고 제사를 지내는 곳이다. 따라서 배열도는 이들의 위패 배치도를 그린 것이다. 성균관대학교 박물관 소장.

이것은 성균관 학생들의 주장이다. 강학하는 곳을 복구하고, 향약을 실시하여 풍속을 바로잡고, 인재 선발법의 시행을 건의한 것은 다름 아닌 이현일이었다. 그런데 이를 이런저런 핑계를 둘러대며 막은 것은 묘당인 의정부였다. 선비에 대한 대우란 다름 아닌 그 뜻과 포부를 펼 수 있게 해주는 것이다. 하지만 숙종과 남인 관료 모두 이현일에 대한 대우가 너무 박하다는 것이다.

이러한 상황은 이후에도 계속됐다. 이현일은 마침내 분황을 빌미로 휴가를 청하여 겨우 허락을 얻었다. 사람들은 휴가가 아니라 조정을 아주 떠나 은거하고자 하는 것임을 잘 알고 있었다. 그런데 이현일이 향리에 돌아와 있는 동안 조정에서는 큰 격변이 일어났다.

영남, 권력에서 소외되다

기사환국으로 남인이 대거 파직되거나 구금되고 유배되는 와중에 이현일 혼자 안전할 수는 없었다. 이현일에게도 함경도 홍원현으로 유배를 가라는 명이 내려졌다. 이현일의 죄목은 이전에 숙종의 어머니 명성왕후明聖王后를 모욕한 사람을 변호했다는 것이다.

이현일이 홍원현에 도착하기도 전에 또 다른 혐의가 덧씌워졌다. 이현일이 사주를 받아 폐출된 인현왕후를 모해하고 침해하는 말을 했다는 것이다. 결국 다시 서울로 압송되어 국문을 받았다. 사주나 모해의 증거나 근거는 없었다. 그럼에도 70여 일간 국문장의 옥에 갇혀 있다가 가장 먼 변방으로 위리안치圍籬安置하라는 처분을 받았다. 그를 오랫동안 옥에 가두어두었던 것은 서인 집권 세력의 의도와 다르게 일이 전개됐기 때문이다.

이현일은 이후 1697년(숙종 23) 5월에 감형되어 전라도 광양현으로 옮겨졌다. 이현일의 나이 71세였다. 물론 이 같은 옮김도 순탄하지는 않았다. 사간원 등이 문제를 제기했기 때문이다. 이현일이 유배에서 풀려 향리로 돌아올 수 있었던 것은 3년쯤 지난 1700년(숙종 26) 2월이었다. 물론 이보다 1년 앞서 풀려나 진주에 이르렀으나 대간의 상소로 다시 명이 거두어지는 우여곡절을 겪었다. 이현일의 유배 생활은 근 7년에 달했고, 나이는 이미 74세에 이르렀다.

유배에서 풀려나는 것이 곧 그에게 덧씌워졌던 모든 죄가 사면됐다는 뜻은 아니다. 다만 먼 곳에서 고향으로 유배지를 옮기라는 처분을 받은 것에 불과했다. 다음 해인 1701년 5월에 이현일을 완전히 석방하라는 숙종의 명이 내려졌다. 하지만 이 역시 대간에서 극력 반대했고, 끝내 석방의 명이 관철되지 못하다가 7월에는 환수되고 말았다. 사간원에서는 더 나아가 먼 변방에 다시 위리안치할 것을 청하는 상소를 계속해서 올렸다. 물론 이현일에게는 여전히 명분과 의리를 저버린 죄인이라는 뜻의 명의죄인名義罪人이라는 죄명이 덧씌워져 있었다.

유배에서 풀려난 후 이현일이 자리 잡은 곳은 안동 임하현의 금소역이었다. 이곳은 안동과 영해를 오가는 통로였다. 이현일은 이곳에서 마지막 사업을 펼치고자 했다. 그것은 강학을 통해 퇴계학의 정맥을 바로 세우는 것이었다. 그러나 많은 시간이 주어지지는 않았다. 이곳에서 강학한 기간은 4년여에 불과했다. 그러나 이 시기의 문인록인 『금양급문록錦陽及門錄』에는 모두 300여 명이 등재될 정도로 호응이 뜨거웠다. 이것은 이현일뿐만 아니라 당시 영남 선비들의 위기감도 컸음을 의미한다.

이현일은 1704년(숙종 30) 10월 78세를 일기로 세상을 떠났다. 이현일에게 덧씌워진 죄명은 사후에도 오랫동안 벗겨지지 않았다. 죄명에서 벗어난 것은 1710년이었고, 1711년에는 환수된 관작을 회복하라는 명이 있었지만 실행되지 못했다. 관작이 회복된 것은 이후 150여 년이나 지난 1852년(철종 3)이었다. 1871년(고종 8년)에는 문경文敬이라는 시호가 내려졌다. 하지만 이 또한 1873년에 환수되고 말았다. 관작과 시호가 다시 회복된 것은 1908년(순종 2)이었다. 때는 벌써 조선의 몰락이 확연해진 후였다.

이렇듯 이현일에게 정치적 탄압이 끈질기게 지속된 것은 이현일 개인뿐 아니라, 이현일로 상징되는 영남 남인을 탄압하기 위해서였다. 이현일은 영남 퇴계학의 한 정맥을 잇는 종장宗匠의 위치에 있었고, 영남의 산림으로서 현실 정치에 참여했다. 그러나 무엇보다도 이현일뿐만 아니라 남인은 숙종 주도의 인현왕후 폐위에 직간접적으로 참여함으로써 군신 간의 의리라는 명분에서 회복하기 어려운 큰 상처를 입을 수밖에 없었다.

이현일에게 덧씌워진 죄목의 사실 관계는 그다지 중요한 것이 아니었다. 더욱이 인현왕후는 복위됐고, 따라서 남인은 결코 그 명분을 회복할 수 없었다. 이후 노론 집권 세력은 그들의 집권을 정당화하기 위해 그리고 유일한 정치세력으로 존재하는 남인을 탄압하기 위해 결코 이현일의 명예를 회복시킬 수 없었다. 국권을 상실하는 그 마지막까지 이현일은 명의죄인의 명에를 벗어날 수 없었고, 노론 집권 세력은 기회가 있을 때마다 이를 상기시켜 그들의 집권 명분을 확보하는 한편, 남인 세력을 적절히 견제할 수 있었다. 반대로 남인의 입장에서는 이현일의 명예를 회복하지 않고는 비록 국정에 참여한다 하더라도 그것은 남인이라는 정치세력으로서가 아니라 개인 활동에 불과할 수밖에 없었다. 이로써 노론의 권력은 갑술환국 이후 200여 년간 지속될 수 있었던 반면, 영남 남인의 국정 참여는 극히 제한적일 수밖에 없었다.

이현일의 정치 역정은 이렇듯 고달팠다. 영남의 선비 또한 마찬가지였다. 그들은 이후 200여 년간 벼슬길에서 소외됐다. 그러면서도 영남 또는 남인의 정체성을 버리지 않았다. 처사로 자처하면서 자득自得의 삶을 살았다. 처사, 더할 나위 없는 벼슬이었다. 그래서 죽어서도 처사라는 호칭을 버리지 못했다. '처사부군신위處士府君神位!'이렇게 썼다.

영남이 이렇게 오랫동안 권력에서 소외된 이유는 어디에 있을까? 반대로 서인은 어떻게 이렇게 오랫동안 영남의 선비를 소외시킬 수 있었을까? 인조반정 이후 서인의 공신들은 반드시 국혼國婚만은 지켜야 한다고 했다. 영남의 선비는 왕실과의 혼인을 탐탁지 않게 생각했다. 조선 후기 당파 간의 대립뿐만 아니라 국왕에 의한 환국이 수시로 일어나는 상황에서 영남의 선비는 권력의 핵심에 접근할 수도, 왕실의 비밀스러운 정보를 얻을 수도 없었다. 영남의 선비들이 희빈 장씨를 두둔하고 나선 이유도 여기에 있었다.

18세기에 이르러 영남은 더 이상 경제적 선진 지역이 아니었다. 이앙은 산곡보다 너른 평야지대로 확산되어갔고, 서울을 중심으로 상업도 크게 흥성했다. 경제적 침체는 더 이상 권력을 지탱해주지 못했다. 영남은 지리적으로도 서울에서 한참 멀었기에 급변하는 정세에 제때 대응하기란 쉽지 않았다. 무엇보다도 권력에서 소외된 것은 세상의 변화에 둔감하게 했다. 사신 행차에도 참여하지 못했다. 새로운 문물로부터도 소외되기 마련이었다. 이제 학문적 관심도 경세론經世論이 아닌 예론禮論이나 명분론名分論으로 점점 빠져들게 됐다. 새로움이 아닌 지난 영광을 지키기에 급급했다. 영남의 보수는 이렇게 이어졌다. 그러나 이런 보수로 현실을 극복할 수는 없었다. 기회는 왔지만, 대안이 될 수는 없었다.

머나먼 여정, 유배길의 고초

유배는 조선의 형벌인 태笞·장杖·도徒·유流·사死 가운데 두 번째로 무거운 벌로, 죄인을 먼 곳으로 내쫓아 죽을 때까지 고향에 돌아오지 못하게 하는 것이다. 일종의 무기징역이다. 관리에게 죄를 물을 때 가장 흔하게 적용한 것이 바로 이 유형이었다. 그러나 정치적 변화에 따라 곧바로 관직에 복귀할 수도 있었고, 풀려나 고향으로 돌아갈 수도 있었다.

이현일의 유배는 다분히 정치적 문제였다. 남인은 기사환국을 통해 정국을 주도하게 됐다. 그러나 그것은 남인이 주도적이었다기보다는 숙종이 의도한 바였고 집권 남인과 숙종은 서로에게 일시적으로 필요했을 뿐이었다.

이현일은 영남의 종장이며 산림으로 벼슬길에 나갔다. 이현일의 이 같은 상징성에도 그의 정치적 역할은 한계를 가질 수밖에 없었다. 도리어 이 같은 상징성으로 인해 이현일은 갑술환국 이후 노론의 견제와 탄압의 표적이 됐다. 이런 점에서 이현일의 유배는 단순하지만은 않았다.

유배형이 내려졌을 당시 이현일은 향리에 머물고 있었다. 의금부의 금오랑金吾郎이 유배의 명을 집행하기 위해 영해의 석계에 도착한 것은 1694년 4월 22일이었다. 이현일은 금오랑이 도착한 다음 날인 4월 23일 가족의 오열을 뒤로하고 집을 떠나 본격적인 유배길에 올랐다. 이로부터 유배지 홍원에 도착하는 5월 16일까지의 여정은 실로 파란만장했다. 그것은 당시 이현일의 나이가 68세의 고령이어서만은 아니었다. 영해·평해·삼척·강릉·고성 등을 거쳐 가는 유배길은 화비령, 함관령(해발 450미터) 등 수많은 고개를 풀뿌리, 돌부리를 잡고 올라야 하는 험난하기 그지없는 길이었기 때문이다.

집을 출발해 유배지 홍원에 도착한 것은 5월 16일이었으니, 24일 만에 도착했다. 노정은 총 1,350여 리였고, 하루 평균 56리(22.4킬로미터)를 이동한 셈이었다. 그러나 곧바로 또 다른 죄명이 덧씌워져 다시 서울로 향해야 했다. 서울로 압송하기 위해 새로 파견된 금오랑이 홍원에 도착한 것은 이현일이 유배지에 도착한 바로 다음 날이었다.

이현일은 또다시 서둘러 길을 떠나지 않을 수 없었다. 그간 어렵게 지나온 길을 다시 거슬러 서울로 향했다. 심문을 받기 위해 압송되는 것이었으니 유배길보다도 여유가 없었다. 더구나 이미 먼 길을 이동한 뒤였다. 연로한 이현일이 감당하기에는 무리였다. 그런데도 의금부의 하리下吏들은 길을 재촉했다. 더구나 고산역에 이르렀을 때는 단순한 심문이 아니라 국문 죄인을 압송하는 의금부의 임시 도사假都事가 재차 파견됐다. 이후 하루 여정은 이전보다 두세 배나 긴 150리, 170리(68킬로미터)나 됐다. 홍원을 떠난 지 10일 만에 도성에 도착하여 곧바로 의금부의 국문장으로 향했다.

이현일은 이후 70일간 국문을 받거나 옥에 유치되어 있었다. 이 오랜 시간에도 노론은 그들의 의도대로 죄를 얽을 수 없었다. 그렇다고

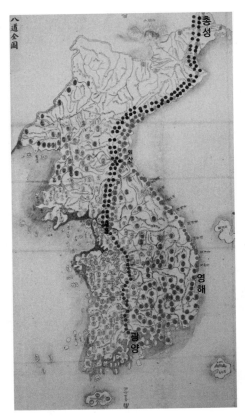

이현일의 유배길 「팔도전도」위에 이현일의 1, 2차 유배길을 표시한 것이다. 경상도 영해에서 출발하여 최북단 종성 그리고 남해에 연한 광양에까지 이른다. 광양에서 다시 고향 영해로 돌아오는 여정까지 합한다면 거의 전국을 순력(巡歷)한 셈이다.

무죄로 풀어줄 수도 없었다. 결국은 폐비 민씨를 두고 신하로서는 차마 할 수 없는 말을 했다는 명의죄인으로 가장 먼 변방에 위리안치하라는 처분이 내려졌다. 처음에는 명천으로 유배지가 결정됐으나, 먼 변방이 아니라는 이유로 함경도 최북단 종성으로 결정됐다.

종성으로 유배지가 결정된 후 7월 9일에 서울을 출발하여 8월 14일에 도착했으니 35일이나 걸렸다. 서울에서 종성까지는 총 2,038리이니 하루 평균 58.2리 정도 이동했다.

이현일의 유배길을 힘들게 한 것은 비록 역로驛路를 따랐다고는 하나 홍원이나 종성에 이르기 위해서는 태산준령과 급류를 수없이 넘고 건너야 했기 때문이다. 게다가 7월 초에는 함경도 지역에 큰비가 내려 길이 끊기고 논밭과 마을이 흙더미와 나뭇가지로 뒤덮이는 엄청난 피해가 속출했다. 기후는 벌써 7월 말에 삭풍이 불어 살이 에일 정도였고, 8월에는 눈과 비가 교차했다. 경우에 따라서는 유배길이 유람인 듯 여겨져 객사나 기생집에서 묵는 유배객도 많았지만, 실세한 남인의 영수에게는 엄청난 고통과 시련일 뿐이었다. 유배객이 이를 이겨내지 못하고 유배지에서 불귀의 몸이 되는 경우도 허다했다.

이현일은 주로 가마로 이동했고, 대부분 역원驛院에 묵었다. 이동에 필요한 말과 가마꾼은 대체로 경유지 군현에서 조달했다. 경유지의 수령은 말과 사람만이 아니라 음식물과 노자, 유배길에 필요한 각종 물품을 제공하는 것이 관례였다. 물론 인부와 말 지급을 거부하거나 이현일을 외면하는 수령도 없지 않았지만, 적어도 음식을 주거나 노자 등을 부조하는 데는 거의 예외가 없을 정도였다. 경유지의 고을에서 사람과 말을 지급했지만, 이현일의 유배에는 아들 밀암密庵 이재李栽(1657~1730)를 비롯해 적어도 두세 필의 말과 예닐곱 명의 노복이 함께했다.

유배지의 처소는 유배 고을에서 마련해두었다. 부엌과 마구간, 변소 등이 비교적 잘 갖추어져 있었고, 그릇 등 일상용품이나 쌀이나 콩, 어염魚鹽과 간장, 채소 등도 넉넉히 마련되어 있었다. 관리나 노비가 지급되기도 했고, 땔감도 수시로 대주었다. 그뿐만 아니라 인근의 수령도 자주 찾아와 필요한 물자를 보태주었다.

유배와 유배 생활에 필요한 경비와 물자는 사실상 유배객이 아니라 경유지나 인근의 수령이 제공했다. 이현일의 경우 유배길에서 겪은 한두 번을 제외하고는 경제적 궁핍을 찾아보기 어려웠다. 바꾸어 말하면 유배 과정 또는 유배 생활에 필요한 제반 경비는 전적으로 관할 또는 인근 수령에게 의존했지만, 전혀 궁색하지 않았다. 물론 모든 유배객이 이러했던 것은 아니다.

이현일의 유배 생활에 절대적 존재였던 지방관은 인아친척姻婭親戚은 말할 것도 없고, 남인이나 조정의 동료, 심지어 그들의 먼 인척 등의 관계망으로 연결되어 있었다. 그리고 동향同鄕·동도인同道人이라는 동향 의식도 크게 작용했다. 전혀 알지 못했던 인물도 이런 관계로 인해 쉽게 연결되고 관심 베풀기를 주저하지 않았다.

이러한 관계망은 조선의 양반 사회가 가지는 공동체의 한 모습이라 할 수 있다. 이를 통해 다양한 상호 부조가 행해졌기에 그들 자신에게 가해지는 시련을 극복할 수 있었다. 물론 이러한 관계망은 대상 인물의 학문이나 가문의 위상에 따라 그리고 정치사회적 지위 등에 따라 그 범위와 관계의 견고함에 큰 차이가 있었다. 따라서 조선 사회는 학문과 신분의 고하, 정치사회적 지위에 따라 그 연망聯網의 범위와 조직의 강도가 달라질 수밖에 없었다. 이런 사정은 오늘날에도 크게 다르지 않다.

19세기 한 향촌 지식인의
실천적 삶

해기옹 김령, 이름 모를 선비로 살다

김령金欄(1805~1865)이라는 사람이 있었다. 해기옹海寄翁은 그의 호다. 그는 19세기를 치열하게 살았던 한 향촌 지식인이다. 그러나 그는 연구자의 관심에서 멀리 벗어나 있었다. 그것은 그의 삶이 의미가 없어서가 아니라, 그에 대한 구체적인 자료가 없었기 때문이다.

김령은 1862년(철종 13) 삼남을 중심으로 하여 전국에서 전개된 임술농민항쟁의 출발점이 된 경상도 단성의 항쟁을 정언 벼슬을 지낸 아들 김인섭金麟燮과 함께 주도한 인물이다. 그리하여 김령은 진주 진영鎭營에 구금되는 등 여러 차례 심문을 받고 전라도 임자도에서 약 1년간 유배 생활을 했다. 이 사실만으로도 김령이라는 인물이 연구자의 관심이 되기에 부족함이 없다.

더구나 김령은 『간정일록艱貞日錄』이라는 유배 일기를 남겼고, 손자 교육을 위해 유배지에서 우리 역사를 포함한 『역대천자문』을 짓기도

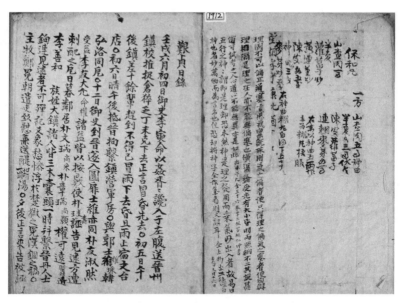

『간정일록』 『간정일록』은 1862년(임술) 6월 초4일부터 유배에서 풀려 고향에 돌아오는 이듬해 (계해)까지 약 1년간 김령이 쓴 일기다. 여기에는 임자도의 물산과 주민들의 모습, 다른 유배객 들과의 만남, 김령 자신의 유배 생활 등이 기록되어 있다. 단계 태허루(太虛樓) 소장.

했다. 그리고 아들의 문집 등에 수록된 몇 편의 간찰 자료도 확인할 수 있다. 이것이 오늘날 확인할 수 있는 김령과 관련된 자료의 거의 전부다. 물론 양적으로 풍부하지는 않지만, 질적으로는 그 가치를 높이 평가할 수 있다. 우선 『간정일록』이 유배 일기라는 점에서 그러하다. 어느 것이든 일기 자료는 당대의 다양한 삶을 구체적으로 기록했다는 점에서 중요하다.

그러나 일기 자료는 기록된 내용의 풍부함과 가치 면에서 큰 편차가 있다. 기록자의 학문 수준과 안목에 따라서도 그렇지만, 또한 어떤 시대에 어떤 삶을 살았던 사람인지에 따라서도 크게 다르다. 학식이 풍부하고 견문이 넓은 사람과 그 반대인 사람, 평범한 삶을 산 사람과 어려운 시대를 온몸을 던져 산 사람의 기록은 크게 다를 수밖에 없다.

　김령은 비록 잘 알려지지 않은 향촌 유생이었지만, 삼정三政 수탈이라는 관리의 가렴주구에 맞서 농민과 함께 앞장서 투쟁한 인물이다. 그리고 그로 말미암아 겪게 된 유배 생활의 기록인『간정일록』은 봉건 해체기인 19세기 중반의 조선 사회를 이해하는 데 아주 중요한 자료가 된다. 더구나 유배지가 임자도라는 섬이고, 그 섬의 생활과 풍습 등을 구체적으로 기록했다는 점에서 그간 역사에서 소외된 도서 지역 연구에 더할 나위 없이 중요한 자료가 될 수 있다.

　『간정일록』에는 섬 생활에 대한 기록만이 아니라 120여 편에 달하는 시문에 유배 생활이나 관리의 가렴주구에 대한 울분을 담아 싣기도 했다. 따라서『간정일록』을 통해 김령의 학문이나 생각 그리고 실천적 삶에 대해서도 알 수 있다. 또한 김령이 손자 교육을 위해 저술한『역대천자문』도 좋은 자료가 된다.『역대천자문』은 흔히 볼 수 있는 주흥사周興嗣의『천자문』과는 전혀 다르다.『천자문』에서 사용한 글자는 한 자도 없을 뿐만 아니라, 물론 전부는 아니라 하더라도 우리 역사를 수록했다는 점에서 특히 그러하다.

　김령은 1862년 단성항쟁을 이끈 인물이다. 이 시기 항쟁에는 양반이 참여하는 경우도 많았다. 연구자들은 이러한 양반을 대부분 몰락 양반으로 이해하거나 예외적인 일쯤으로 치부했는데, 이들이 어떤 인물인지 어떤 사회경제적 기반을 가졌는지에는 거의 관심이 없었다.

가난한 선비, 꿈을 접다

김령은 상산김씨商山金氏로 일족과 함께 단성에서 살았다. 조선 후기 단성의 상산김씨 집안은 관직으로 현달한 경우는 많지 않지만, 향촌 사회를 주도하는 유력한 양반 가문의 하나였다. 그것은 단성의 명문 양반이 기록된 17세기의 『단성향안丹城鄕案』을 통해 확인할 수 있다.

그러나 김령은 1825년(순조 25)경 세거지인 단성 법물리法勿里을 떠나 처향妻鄕인 함양, 호남의 운봉, 다시 함양 등지를 전전하다가 1833년 옛 세거지로 돌아왔다. 그러나 이곳에서도 잠시뿐이었고, 1839년에 이르러 단성 단계리丹溪里로 다시 옮겨가 살게 됐다. 김령의 세거지 이탈은 대부분 경제 문제 때문이었다.

김령의 선대先代는 다른 양반 가문이 그러하듯이 조상으로부터 상당한 전답과 노비를 상속받아 지주로서의 기반을 확보하고 있었다. 증조부 대에는 대략 전답 2,500여 두락, 조부 대에는 250여 두락 그리고 아버지 대에는 전답 160여 두락과 노비 네 명을 상속받았다. 많은 자식에게 재산이 상속되는 과정에서 점차 규모가 축소되기는 했지만, 김령의 선대는 18세기 후반에 이르기까지 세거지에서 양반으로서의 신분적 특권과 중소 지주로서의 경제 기반을 확보하고 있던 셈이다.

중소 지주로서의 경제 기반은 아마 조부의 사망과 더불어 점차 상실됐을 것으로 보인다. 김령의 조부가 30세에 요절했고, 조모 또한 일찍 세상을 떠남으로써 어린 자녀들이 토지와 노비를 경영하기가

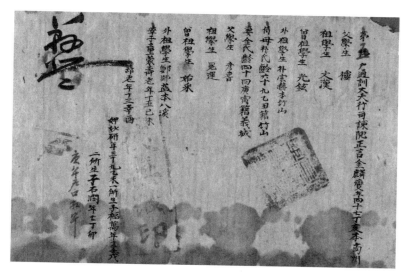

단계 김인섭 호구 자료 김령의 아들 사간원 정언 김인섭(47세)의 호구 자료다. 김인섭이 제출한 호구단자를 관에서 확인하여 돌려준 것이니 준호구가 되는 셈이다. 여기에는 김인섭 자신과 처(44세), 모(69세), 두 아들(15세, 13세), 세 명의 노비(39세, 12세, 7세)가 기록되어 있다. (39×28cm). 단계 태허루 소장.

쉽지 않았음을 짐작하기 어렵지 않다.

19세기에 들어와 '가업이 쇠락하여 지극히 궁핍했다'는 것과 세거지 이탈이란 바로 이러한 과정 혹은 그 결과였다고 할 수 있다. 이 같은 사정은 아들 김인섭이 문과에 급제(1847)해 중앙의 관료로 활동할 당시에도 크게 달라지지 않은 것으로 보인다. 청요직으로 인식되던 성균관 전적과 사간원 정언은 노론과 세도정권 아래서는 그저 이름뿐인 한직에 불과했고, 영남의 남인 선비가 조정에 발붙일 수 있는 여지는 그리 많지 않았다.

김인섭은 자주 낙향했고, 또 1856년 5월에는 안동으로 정재 류치명을 찾아가 나아가고 물러남에 대해 묻기도 했다. 궁핍함을 견디지 못했던 김령 부자는 결국 1858년(철종 9) 5월 관직의 꿈을 포기하고 귀향했다.

경제적 궁핍은 고향에서도 크게 다를 바가 없었다. 이 같은 사정은 1866년(고종 3) 김령의 상喪에 조문을 와 반나절이나 머물렀던 당시 김해 부사 성재性齋 허전許傳(1797~1886)을 아무런 대접도 하지 못한 채 돌아가게 했다는 사실에서도 확인된다. 그러나 이후 아들 김인섭의 말년에 이르면 양반가의 일반적인 모습인 중소 지주적 경제 기반을 확보하게 된다.

김령은 무척 적극적이고 호방한 인물이었던 것으로 보인다. 그는 어릴 적 여러 스승의 문하를 출입하면서 학문에 큰 뜻을 두었다. 그러나 가세가 기울면서 처가 및 이곳저곳을 전전하는 동안 뜻을 이루지 못했다. 그는 비록 문집은 남기지 못했지만, 유배 생활 중 쓴 『간정일록』과 손자를 교육하기 위해 지은 『역대천자문』 등을 통해 그의 학문적 성취를 짐작해볼 수 있다. 또한 당시 근기남인(혹은 경남)으로 석학이던 허전을 비롯해 영남 남인의 종장宗長이던 류치명 등과 교분이 두터웠다는 점에서도 김령의 학문적 경향과 성취를 엿볼 수 있다.

김령은 아들이 과거를 치르거나 벼슬에 나아가 서울에서 생활하는 동안뿐만 아니라 아들이 관직에서 물러나 낙향했을 때에도 서울에 머물러 있었다. 김령의 서울 생활은 분주하기 그지없었다. 그 또한 아들과 마찬가지로 주로 영남 출신 선비들과 폭넓게 교유하면서 아들의 벼슬자리를 위해 동분서주했던 것으로 보인다. 아들뿐 아니라 김령 자신 또한 오랫동안 과거에 미련을 버리지 못했다.

정재 류치명은 1855년에 사도세자의 추숭追崇 문제를 상소하다가 무함을 받아 전라도 지도에 유배됐다. 이에 경상도 사림이 류치명을 옹호하는 만인소를 준비했다. 이때 김령은 단성을 대표하는 소유疏儒로 추대됐다. 그러나 이 만인소는 성사되지 못한 것 같다. 그래서 김령은 6월 20일 염천의 더위를 무릅쓰고 직접 지도에까지 가서 류치명을 문안하고 7월 9일에 돌아왔다. 류치명은 1861년에 세상을 떠났다. 김령은 유배 생활을 마친 1863년 류치명의 대상大祥에 만사輓詞와 제문祭文을 준비하여 아들 김인섭을 보내 문상하게 했다.

아무튼 류치명 및 허전 등과 교유하면서 김령은 불명확하게 이어져오던 가학家學을 영남 남인의 학문적 연원에 보다 분명하게 연결했고, 그럼으로써 이후 아들 김인섭과 일족, 나아가 단성 유림의 학문적 성취에 크게 기여했다.

임술농민항쟁의 선봉에 서다

김령이 살았던 19세기의 조선 사회는 관리의 부정과 비리로 농민이 도탄에 빠져 허덕였다. 원인은 여럿 있겠으나 그중 하나는 지방 사족이 수령을 견제하고 향리를 감독하던 향촌의 자치권을 상실한 것에서 찾을 수 있다. 즉 왕권 강화와 더불어 수령권이 강화됨으로써 지방 사족의 권한이 억압되고, 사족 스스로도 당파와 학맥 등으로 분열하여 적절하게 대응하지 못한 데 그 원인이 있었다. 아무튼 왕권 강화와는 반대로 안동김씨의 세도정치가 더욱 기승을 부리는 가

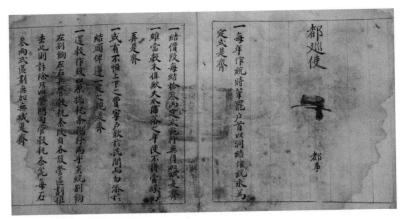

삼정문란 1862년 경상도 상주에서 작성된 「환결구폐절목(還結口弊節目)」이다. 여기에는 당시에 가장 심각한 문제였던 환곡을 어떻게 처리할 것인가에 대한 원칙이 기록되어 있다. 경상 감사를 지칭하는 도순사(都巡使)와 오늘날 부지사에 해당하는 도사(都事)가 참여했다. 개인 소장.

운데, 수령과 향리가 결탁된 수탈 체계는 더욱 고착화됐다. 말하자면 19세기 후반은 관이 백성 수탈을 주도하는 형국이었다.

관이 주도하는 수탈은 주로 부세 운영으로 이루어졌고, 이것은 바로 삼정의 문란으로 나타났다. 삼정이란 전정田政·군정軍政·환곡還穀을 말한다. 삼정 가운데 당시 농민에게 가장 고통스러운 것은 환곡이었다. 환곡은 원래 춘궁기에 빈민을 구제하기 위한 것이지만, 18세기 이후에는 세금으로 둔갑하고 말았다.

환곡은 이자곡耗穀을 거두어서 부족한 씀씀이에 충당한다는 법取耗補用 그 자체뿐만 아니라 그것의 운영이 문란해짐에 따라 많은 폐단을 야기했다. 가장 큰 문제는 환곡을 운영하던 수령과 향리 들의 농간이었다. 이들은 환곡을 나누어주고 거두어들이는 과정에서 온갖 불법을 자행했고, 지역 간 가격차를 이용해 막대한 이익을 남기기도 했으며, 쭉정이를 나누어주거나 심지어 환곡 자체를 전부 떼어먹고는 이것을 다시 농민에게 강제로 거두어들이기도 했다.

이 같은 사정은 단성에서도 크게 다를 것이 없었다. 단성은 아주 조그마한 고을임에도 환곡의 폐단이 전국에서 가장 심하다고 할 정도였다. 단성의 문제는 환곡 양이 많기도 했지만, 그것이 장부상에만 존재한다는 것이었다. 수령과 향리가 중간에서 떼어먹었기 때문이다. 해결책은 이를 다시 농민에게서 거두어들이는 것이었다. 따라서 문제가 더욱 커질 수밖에 없었다.

김령과 김인섭은 관아에 들어가 현감의 불법 탐학을 성토하기도 했고, 의정부나 감영에 진정하기도 했다. 그러나 문제가 해결되기는 커녕 수령의 불법이 추가로 발각되는 일까지 있었다. 이에 단성의 백성은 1862년 새해 벽두부터 탐학한 수령과 향리를 성토하는 군중대회를 열어 보다 적극적으로 폐단을 바로잡고자 했다. 사태가 심각해지자 현감은 감영으로 도망쳤고, 향리와 관속官屬 또한 모두 흩어져 고을의 행정은 완전히 마비됐다. 이에 사족은 향회를 열어 수령을 제외한 모든 관리를 새로 선출하여 독자적으로 고을의 폐단을 척결하고자 했다.

그러나 중앙정부에서는 탐학한 수령을 파면하는 데 그쳤고, 이를 조사하기 위해 중앙에서 파견된 관리도 사족에게 책임을 돌리거나 적당히 무마하고자 했다. 결국 사족과 농민의 요구는 아무런 성과도 거두지 못했다.

고을 폐단의 해결은 고사하고 김령과 함께했던 많은 사족이 체포·구금됐다가 가혹한 형벌을 받았다. 아들 김인섭 역시 체포되어 의금부로 압송됐다. 김인섭은 곧 석방됐으나, 김령은 유배형에 처해져 전라도 임자도에서 1년간 유배 생활을 마친 뒤에야 풀려날 수 있었다.

김령이 주도한 단성항쟁은 1862년 삼남 지방을 휩쓸었던 임술농민항쟁의 출발점이었다. 같은 해 5월에는 진주에서 일어났고, 다음에는 개령과 선산 등지로 확산됐다. 이에 안동김씨 세도 가문은 삼정의 개혁을 위한 삼정이정청三政釐整廳을 설치하여 농민의 요구를 수용하는 척했다. 물론 이것은 기만책에 불과했고, 농민항쟁이 잦아들면서 이마저 폐지되고 말았다.

김령은 개혁에 대한 생각을 실학파와 같이 논리적·체계적으로 정리해내지는 못했지만, 농민의 입장에 서서 대변했다. 그리고 불법과 탐학을 저지른 관리를 징벌해야 한다고 주장했다. 하지만 그 대상은 주로 단성의 현감이나 그 하수인인 향리에게만 국한됐다. 관리의 불법 수탈 또한 개인의 문제로만 인식하는 한계가 있었다.

공교롭게도 김령이 유배된 임자도와 인근의 지도에는 임술농민항쟁 당시 수령으로서 불법 탐학을 일삼던 경상도 개령 현감 김후근金厚根과 전라도 화순 현감 서상복徐相福, 보성 현감 홍한주洪翰周도 유배와 있었다. 항쟁을 주도했던 김령의 입장에서 이들은 모두 도적과 같아야 했다. 그러나 김령은 전혀 그렇게 생각하지 않았다. 도리어 자신과 마찬가지로 "민란으로 견책譴責"되거나, "암행어사의 참소讒訴"를 당한 동병상련의 정의情誼를 느낄 뿐이었다. 그래서 수시로 만나 함께 술을 마시고 시를 읊었으며, 마음속 이야기를 나눌 수 있는 동지적 관계가 됐다. 임술년의 항쟁이 적어도 사족의 입장에서는 반봉건이나 반관反官 투쟁과는 거리가 멀었다고 할 수 있다.

유배지의 일상, 밤 새워 글을 외다

김령의 유배 생활을 기록한 『간정일록』에는 유배지에서 보낸 일상, 특히 독서와 관련한 글과 많은 시가 수록되어 있다. 독서는 김령의 유배 생활에서 아주 중요한 일과였다. 물론 김령뿐만 아니라 유배 일기를 남긴 유자儒者는 대부분 그러했다. 김령은 유배지에 도착하여 혼자 남게 되면서 "무료하고 즐거움이 없어서" 『주역』이나 『서경』, 『시경』 등을 외웠다. 이런 생활은 거의 매일 반복됐다. 특히 잠을 이루지 못하거나 마음이 번잡할 때면 밤을 새워 글을 읽었다. 임자도에서 함께 시를 주고받았던 해사海土 홍한주는 이런 김령을 두고 "천지옹(김령의 또 다른 호)은 59세인데도 아직 능히 입으로 삼경과 사서의 전문을 외우는데, 한 자도 틀리지 않는다. 또 제자백가를 두루 보았고, 각 문체를 정리하고 있으니, 이 또한 근세 영남의 한 거벽巨擘이다"라면서 감탄해 마지않았다.[1]

김령은 사서삼경의 암송이나 제가백가를 두루 꿰뚫었던 것만이 아니라, 시부詩賦에도 능했다. 주로 중국 명문장가의 시에 차운하는 경우가 많았는데, 대부분 직언直言으로 귀양살이를 했거나 불우한 시대를 살았던, 그러면서도 자신의 주장과 뜻을 굽히지 않았던 사람의 시가 그 대상이었다. 김령은 이런 시에 빗대어 자신의 생각과 뜻을 드러냈다. 즉 어지러운 나라의 운명이 걱정스러워 험하고 위험한 일을 무릅쓰고 상소하여 소인배를 쓸어버리고자 했으나, 도리어 참소를 입어 몇 번이고 쫓겨났음을 이야기했다. 그러면서도 그 충간忠諫의 일편단심을 임금은 알고 있으리라는 기대를 저버리지 않았다.

앞에서 언급했지만, 김령은 유배지에서 『역대천자문』을 저술했다. 중국의 『천자문』에서 사용하지 않은 글자만으로 엮었고, 무엇보다도 중국 역사만이 아니라 우리 역사도 함께 서술했다는 점에서 특기할 만하다. 『천자문』은 조선시대 양반가의 자식뿐 아니라 공부를 시작하는 사람이 처음 배우는 책으로, 가장 초보적인 교과서다. 대체로 7세 전후에 『천자문』을 배우는 것으로 공부를 시작했다. 『천자문』에는 우주의 생성 및 자연의 이치와 함께 중국의 역사와 문화가 담겨 있다. 따라서 조선의 학동은 어린 시절부터 중국 중심의 사고와 세계관을 자연스럽게 습득하고 형성할 수밖에 없었다.

한 개인의 주관이 형성되기 전, 그것도 배움의 첫걸음을 내디딜 때 습득한 세계관은 이후 성년이 되어서도 쉽게 바뀌지 않는다. 더구나 한자에 전적으로 의존하던 조선의 선비는 더 말할 나위가 없다. 오늘날이라 하여 크게 다를 것이 없다. 한글도 배우지 않은 어린아이를 영어 교육으로 내모는 극성 부모들이 적지 않으니 말이다. 하긴 우리보다 미국의 이익을 먼저 걱정하고, 어디에서든 태극기와 함께 성조기를 펄럭여야 안심이 되는 어른들이 '보수'를 외치는 세상이니 중국의 역사에 매몰된 조선의 지식인만을 탓할 수는 없다.

더 나아가 조선의 선비는 어린 시절 『사략』과 『통감』으로 시작하여 『자치통감』과 역대 정사에 이르기까지 중국 역사에 비교적 상세하게 배우고 익히는 과정을 거친다. 그러나 정작 우리 역사에는 아예 관심이 없거나 마지막에 겨우 익힐 뿐이다. 이런 분위기는 실학파의 시대에도 마찬가지였다. 이런 자국사自國史에 대한 무관심은 역으로 중국 중심의 사고와 편향성을 더욱 강화했을 것임이 틀림없다. 아울

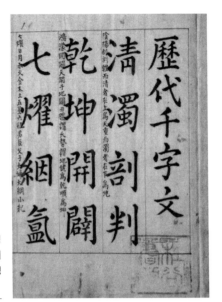

「역대천자문」 『역대천자문』은 해기옹 김령이 손자들의 교육을 위해 임자도 유배 중에 쓴 책이다. 이 책은 뒷날 아들 김인섭이 정서하고, 해설한 것이다. 단계 태허루 소장.

러 우리 역사에 대한 무관심은 위정자의 불법과 탐학을 조장하기도 했다. 비록 자신의 행위가 역사에 기록된다 하더라도 아무도 관심을 가지지 않을 것이기 때문이다. 이런 상황에서는 '역사를 두려워하라'는 말도 그저 공허할 뿐이다. 왜 역사가 필요한지, 누가 역사를 말살하고자 하는지 자명해진다.

조선의 학문적 풍토가 이러함을 염두에 둘 때 김령의 『역대천자문』은 우리 역사를 서술했다는 점에서, 그것도 중국의 요순시대와 같이 하는 단군의 역사를 수록했다는 것에서 큰 의미를 가진다. 『천자문』이 공부를 시작하는 어린이의 교과서였다는 점에서 더욱 그러하다.

김령은 이름난 학자도 아니었고, 높은 벼슬에 오르지도 못 했다. 따라서 행적이 그렇게 두드러지지 않았다. 그렇다고 조선의 흔한 향촌 유자로서 주어진 삶만을 살았던 인물도 아니다. 김령은 지식인으로서 그 누구 못지않게 치열한 삶을 살았다. 성재 허전은 이런 김령을 "기질은 호걸같이 시원하고, 뜻은 굳세고도 굳세다. 고을 사람 중에 착한 자는 좋아하고 착하지 않은 자는 미워한다"라고 표현했다.[2]

김령이 살았던 19세기는 정치사회적 모순이 전면화하는 참으로 어려운 시기였다. 그는 이에 굴복하지 않는 격렬한 삶을 살았다. 그러나 그의 생각과 학문이 그 모순을 구조적으로 이해하거나 개혁 차원의 대안을 제시할 수 있을 정도는 아니었다. 그저 지방행정 담당자인 수령과 향리의 부정과 비리로만 문제를 이해할 따름이었고, 이 또한 임금이 징벌함으로써 해소될 수 있다고 생각했다.

김령의 삶은 적극적이고 격렬했지만, 어디까지나 전형적인 유자로서의 삶 안에서였다. 비록 임술농민항쟁을 주도했다 하더라도, 그것은 난세에 충신과 우국지사가 왕에게 직언이나 간쟁을 한 것과 다를 것이 없었다. 따라서 그의 유배 생활도 참소를 당한 것이나 마찬가지였으니, 그의 일편단심을 임금이 헤아려주길 바랄 뿐이었다. 김령은 임금의 명령을 따르지 않는 관리를 징벌함으로써 유학의 이상理想인 민본民本을 실현하고자 했다. 19세기에도 유학적 이상을 포기하지 않았던 실천적 지식인은 적지 않았던 것으로 보인다.

1894년 동학농민전쟁기 향촌 지배층의 동향

19세기 후반 향촌의 양반 지배층

19세기 조선 사회는 경제적 변화를 바탕으로 전개된 신분제의 동요·해체와 삼정의 문란으로 표현되는 봉건 수탈을 중심으로 크게 변화하고 있었다. 따라서 19세기의 사회 구성은 이전과는 큰 차이가 있었다. 신분이 사회적 존재를 규정하는 척도가 될 수 없었고, 경제적 부의 유무 또한 사회적 모순 관계를 판단하는 기준이 될 수 없었다. 말하자면 양반이라고 해서 사회적 조건이 동일했던 것도, 지주나 부농이라고 해서 농민과 적대적 관계만을 지속했던 것도 아니었다. 이러한 상호 관계는 경제적 성장의 정도와 국가의 부세 수탈 강도에 따라 얼마든지 재편될 수 있었다. 따라서 19세기, 특히 후반기에는 그어느 때보다도 사회적 모순 관계가 복잡다기하게 얽히고설키어 있었다. 이러한 상황에서는 사회적 모순 관계를 신분이나 계급으로만 획일화할 수 없게 된다.

1894년의 동학농민전쟁은 19세기 조선의 일반적인 사회 모순으로 인해 전국으로 확대됐지만, 개별 지역에서는 좀 더 다양한 이해관계에 기초한 사회 세력 간의 갈등 관계를 반영하면서 전개됐다. 그러나 많은 경우 양반층과 동학농민군의 관계를 미리부터 적대적인 것으로 전제한다. 동학농민군의 개혁과 반외세 주장은 동학농민군만의 요구가 아니라 당시의 시대적·민족적 요구이기도 했다. 따라서 동학농민군의 주장은 전적으로 양반 지배층의 이해와 배치되거나 용납될 수 없는 것만은 아니었다.

　이 같은 사정을 이해하려면 동학농민전쟁기 향촌 지배층을 우선 살펴봐야 한다. 당시 향촌 지배층의 존재 형태는 복잡다기했다. 이는 18세기 이래 사회경제적 변화에서 기인한 것이었고, 구체적으로는 재지사족의 향론鄕論 분열과 그에 따른 향촌 지배권의 약화 혹은 상실, 이와 달리 기존 지배 조직에 참여할 수 없었던 향반층鄕班層의 성장 때문이었다. 따라서 향촌 지배층의 범위는 문벌가와 향반을 포함한 양반층으로 설정할 수 있다.

　19세기 재지 양반층은 개별적으로는 몰락 양반과 지주층으로, 족적으로는 동성촌락으로 결집한 가문과 몰락한 가문으로 분화되어 있었다. 동성촌락을 통한 혈연적 결집력을 강화할 수 있었던 문벌가는 관권과 결탁해 여전히 기득권을 유지하거나 도리어 강화함으로써 토호로서 존재할 수 있었다. 이들은 또한 촌락과 군현 단위를 넘어서는 광범위한 인척 관계를 맺고 있었고, 학문적 사승이나 서원을 통해서도 문벌가 상호 간의 횡적 유대 관계를 형성하고 있었다. 게다가 16~17세기에 만들어진 다양한 향촌 지배 조직이 경우에 따라서는 여전히 운영되고 있었고, 좀 더 강한 규약으로 정비되기도 했다. 그러나 이러한 조직과 규약이 곧 사족의 향촌 지배를 확인해주는 것은 아니었다. 문벌가 또는 이들 가문이 기반한 동성 집단과 동성촌락 내부에도 지주전호제의 경제적 모순과 적서嫡庶 간의 신분 갈등이 있었다.

향반층은 지역 사정에 따라 다양한 형태를 보이지만, 신향新鄕으로 호칭되던 양반의 서얼 가계, 16~17세기 향안에 참여할 수 없었던 하층 양반, 이전 시기에는 재지사족 가문이었으나 점차 과거와 관직 그리고 혼벌을 상실한 가문 등으로 구성되어 있었다. 말하자면 문벌가가 16세기 중반 이래 향촌 사회의 각종 지배 조직을 장악해온 재지사족의 후예라면, 향반층은 신분상 양반이지만 재지사족의 지배 조직에 참여할 수 없었던 신향·향족鄕族·향품鄕品·토반土班 등으로 불리던 계층이었다. 그러나 이들 향반층은 조선 후기의 사회경제적 변화에 보다 쉽게 적응함으로써 지주로서 경제 기반을 구축하기도 했고, 이를 바탕으로 하여 관직에 나아가기도 했다. 하지만 결코 문벌가와는 교류하지 못했다.

향반층은 18세기 중반 이후 향촌의 지배 조직에 적극 참여하고자 했다. 향반층의 이러한 노력은 불가피하게 문벌가와의 대립을 초래했다. 이것이 바로 향전이었다. 향전은 신향·구향 간, 유儒·향鄕 간의 대립일 뿐만 아니라 사족 상호 간에도 전개됐다. 그러나 어느 경우든 개별적인 대립이 아니라, 가문 간 또는 사회 세력 간의 집단적 대립·갈등이었다. 향촌 사회에서 벌어지는 이러한 대립과 갈등은 쉽게 해소되지 못하고 도리어 계속 확대, 재생산됐다.

혈연적 기반이 미미하거나 사회경제적으로 실세한 몰락 양반은 향

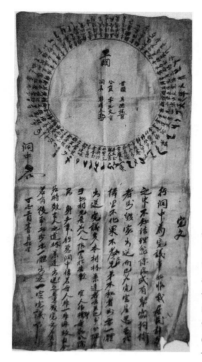

사발통문 통문(通文)이란 어떤 사안을 널리 알리거나 동의를 구하는 데 사용되던 글이다. 여기에는 참여자의 이름이 나열된다. 사발통문이란 사발을 엎어놓고 참여자들이 서명한 것이어서 붙여진 이름이다. 이로써 주모자를 숨기고자 했다. 옆 도판의 완문(完文)은 1897년(정유) 3월 12일 일송리(日松里) 동중(洞中)에서 결정된 사항이다. 이해준 제공.

촌 사회 하층민의 신분적 도전 및 수령과 향리·향임의 경제적 침학에서 벗어날 수 없는, 말하자면 더 이상 향촌 사회의 지배층이 될 수 없는 처지였다.

동학농민전쟁기 향촌 사회 지배층의 존재 형태는 이처럼 복잡다기했다. 이는 중세사회 해체기의 현상이라고도 할 수 있다. 상황이 이러하니 봉건적 모순을 해결하기 위한 방안을 두고 입장이 다양할 수밖에 없다. 거듭 말하지만 신분이나 경제 상황만으로 대립 또는 모순 관계를 획일화할 수는 없다는 것이다. 더욱이 봉건 모순에 민족 모순이 중첩되던 상황에서는 더욱 그러했다.

이름난 선비, 명망 있는 문벌도 참여하다

동학농민전쟁을 이끌던 지도부는 보다 많은 농민의 적극적인 참여를 유도할 필요가 있었지만, 향촌 사회의 지배층을 동학농민군으로 끌어들이는 것 또한 중요한 과제였다. 향촌 사회 지배층으로서도 봉건체제의 전면적 위기와 외세의 침략이라는 민족적 위기 앞에서 어떠한 입장을 견지해야 하는지는 바로 그들 자신의 생존 문제와 직결된 것이었다. 동학농민전쟁기 향촌 지배층의 동향은 물론 개개인의 존재 형태와 현실 인식에 따라 좌우됐지만, 보다 일반적으로는 계급적 이해관계와 개별 향촌 사회가 가지는 특수성 그리고 그 내부의 복잡한 상호 갈등 관계를 바탕으로 움직이고 있었다. 이러한 사정에서 이들의 동향을 계급적·신분적으로 단순하게 도식화할 수는 없다.

19세기 후반 조선 사회가 안고 있었던 문제의 핵심은 봉건체제의 모순과 외세의 침략이었고, 후자는 전자를 더욱 심화시키고 있었다. 이러한 대내외적 모순을 어떻게 극복할 것인지는 당시 진보지식인의 공통된 고민이 아닐 수 없었다. 동학의 창도唱導 또한 여기에 있었다. 특히 동학의 개벽사상開闢思想은 농민 대중뿐만 아니라 현실을 개혁하고자 했던 진보지식인과 당시 사회의 모순을 질곡으로 인식했던 많은 불만 세력에게 활동 무대를 마련해주고 있었다.

진보지식인과 불만 세력은 종교적 입장에서, 혹은 사회변혁을 목적으로 동학에 참여하거나 이를 적극 이용했다. 그러나 동학은 새로운 세상을 어떻게 만들 것인지에 대해 구체적이고 현실적인 계책을 가지고 있었던 것은 아니었다. 따라서 동학에 참여한 많은 하층 접주

接主는 점차 농민의 요구에 보다 적극적으로 대응하면서 농민 대중과 결합해 나갔다. 이들은 농민의 요구를 대변하거나 해결함으로써 향촌 사회에서 일정한 역할을 담당할 수 있었고, 농민 또한 이들의 지도력을 절실히 필요로 했다. 이러한 과정에서 이들 접주층은 자연스럽게 농민군의 지도자로 등장할 수 있었다.

동학농민전쟁의 지도부는 이러한 과정에서 형성됐고, 따라서 이들 중에는 몰락 양반뿐만 아니라 상당한 학문적 소양과 지주적 기반을 갖춘 이름난 선비와 문벌양반도 있었다. 예를 들면 상주의 진사 접주 조재하趙在廈, 금산 소모사召募使 조시영曺始永과 일가인 양반 접주 조순재曺舜在, 유회군儒會軍을 결성해 농민군과 합류하고자 했던 이유상 李裕尙 · 이영해李寧海 등이 바로 그들이다.[1]

그리고 향촌 사회에서 다소간의 경제적 부와 양반의 신분을 유지하고는 있었지만 향권에 참여할 수 없었던 향반층도 있었다. 예컨대 김덕명金德明, 김개남金開男, 최경선崔敬善, 이방언李芳彦(1838~1895) 등을 비롯해 상주·김산(오늘날의 김천)의 농민군 지도자 대부분이 이에 해당한다. 전봉준全琫準(1855~1895) 또한 이들과 크게 다르지 않았을 것으로 보인다. 물론 당시 판결문에는 이들의 직업과 신분이 모두 '농업, 평민'으로 기록되어 있다. 경제적 부를 축적해 신분 상승과 관직을 매득함으로써 기존의 지배 신분층에 편입하고자 했던 부민층 또한 농민군 지도부에서 빼놓을 수 없다.

다양한 이들 계층은 밑으로부터의 요구에 추동되거나 또는 농민전쟁을 수행하는 과정에서 보다 많은 사회 세력을 결집해 나갔다.

향촌의 문벌가, 일본과 손잡다

동학농민전쟁기에 제시된 '제폭구민除暴救民'과 '척왜양斥倭洋'은 농민군이 지향하는 이념과 목표이기도 했지만, 한편으로는 좀 더 많은 지지 세력을 확보하기 위한 구호이기도 했다.

제폭구민, 곧 정치와 사회경제적 폐단을 제거해 민생을 안정시키자는 주장은 양반층 일반에서도 그 필요성과 명분이 널리 인식됐고, 이에 따른 다양한 개선·개혁론이 일찍부터 제시되고 있었다. 그러나 개혁은 중앙의 거대 양반층과 향촌의 세력 있는 향리층의 반대로 추진될 수 없었다. 따라서 1862년의 농민항쟁은 이 같은 개혁을 추진할 수 있는 절호의 기회로 인식되기도 했다. 또한 개항과 더불어 전개되던 척사운동에서도 국내의 정치·사회 문제 개선이나 개혁은 도리어 더 중요하게 인식되고 있었다.

진보지식인은 이러한 입장에서 동학농민군에 가담할 수 있었다. 그러나 문벌양반은 개혁 문제를 결코 농민군에게 일임할 수 없었고, 개혁을 한다 해도 봉건체제의 모순에 대한 전면적 개혁이 아니라 제도의 보완과 운영상의 문제를 개선해 나가면 충분하다고 생각했다.

도리어 동학농민군의 개혁 요구는 개화파가 일부 수용했는데, 예를 들어 문벌과 반상班常의 등급을 혁파하여 귀천에 관계없이 인재를 뽑는다는 것이 그러하다.[2] 이는 반봉건 문제를 두고 동학농민군과 개화파의 결합 가능성을 보여주는 반면에, 개화파와 문벌양반 간의 적대 관계를 드러내는 것이었다. 그러나 이러한 상호 관계는 그저 논리상의 가정일 뿐이었다. 특히 전자의 경우가 그러했다.

동학농민군의 개혁·개선에 대한 주장과 요구가 문벌양반층 일반의 이해와 일치하지 않았다 하더라도 당시 지방 양반층이 권력에서 소외된 상황과 민씨 척족 세력의 전횡에서 오는 정치사회적 혼란은 여전히 농민군과의 결합 가능성을 열어두고 있었다. 더욱이 일본군의 경복궁 쿠데타 이후 친일 개화 정권의 등장과 이들에 의한 갑오개혁의 추진은 그 가능성을 현실적인 것으로 만들었다. 그리고 정치적 재기를 시도하던 대원군의 입장에서도 이러한 사정은 충분히 이용될 수 있었다.

일찍이 영남 유생은 실각하여 경기도 양주에 나가 있던 대원군의 봉환을 위한 상소운동을 전개하기도 했고, 동학농민군은 대원군의 국정 참여監國를 요구하고 있었다. 이 점은 당시 집권층을 불안하게 했다. 당시의 집권 세력이 소모사召募使로 지방의 문벌양반층을 임명한 것은 이 같은 사정을 고려했기 때문이었다.

문벌양반층의 소모사 임명은 양반층의 농민군 또는 대원군과의 연결을 차단하는 한편, 동학농민군 탄압에 이들의 적극적인 참여를 이끌어내기 위한 것이었다. 집권 세력의 입장에서 이는 성공적이었다. 결국 문벌양반층의 계급적 속성은 동학농민군과의 결합보다는, 도리어 그들이 적대적 세력으로 인식하던 개화 정권이나 일본군과 결탁하게 만들었다. 따라서 문벌양반층이 동학농민군 대열에 참여했다 하더라도 이는 조직적이거나 혈연적인 기반에서가 아니라 어디까지나 개인적인 것에 불과했다.

'척왜양'은 이미 보은·금구 집회 당시의 주된 구호였고, 2차 봉기 때는 좀 더 분명하게 제시됐다. 이는 막연한 구호가 아니었다. 서학西

동학농민군 2차 봉기 동학농민군의 2차 봉기를 그린 것이다. 동학농민군은 1차 봉기 후 관군과 폐정 개혁을 실시한다는 조건으로 전주화약(全州和約)을 맺고 해산했다. 그러나 일본은 1차 봉기를 빌미로 군대를 파견하여 친일 내각을 구성하고 내정간섭과 함께 청일전쟁을 일으켰다. 이에 동학농민군은 다시 봉기했다. 2차 봉기에는 전라도뿐만 아니라 충청도, 경상도, 강원도 등 전국적인 범위에서 참여했다. 동학농민혁명기념관 제공.

學의 해독과 일본 상인의 폐단에 대한 분명한 인식을 바탕으로 개항 이후의 반외세 분위기를 반영한 것이며, 특히 양반층의 참여를 적극 유도할 수 있는 명분을 제공하는 것이었다. 더욱이 농민군의 1차 봉기 이후 일본군의 침략과 내정간섭 그리고 청일전쟁 발발로 일본과의 민족 모순은 더욱 깊어지고 있었다. 이러한 사정에서 농민군의 2차 봉기 때는 좀 더 많은 양반이 참여했고, 농민군 지도부는 보수 지배층의 대일전對日戰 참여를 힘써 강조했다. 척왜의 명분과 반일감정의 조장은 공주전투를 전후하여 더욱 적극적으로 전개됐다.

그러나 민족 모순과 일본에 대한 적대적 인식의 심화에도 문벌양반층의 적극적인 참여는 극히 제한적이었고, 참여했다 해도 어디까지나 개인적인 이유에서였다. 반대로 집강소기執綱所期 동학농민군의 활동은 동학농민군에 대한 양반지주층의 적대감을 더욱 증폭시키고 있었다. 동학농민군은 횡포한 부호와 불량한 유림·양반을 징계하여 다스리는 한편, 대일전에 쓰일 군자금을 이들에게서 강제 징수하기도 했다. 더욱이 산송山訟 문제를 둘러싼 외촌外村 지역의 양반층에 대한 적대행위는 예전의 굴욕과 억압을 설욕하는 차원에서 진행됐다.

집강소기 동학농민군의 이 같은 활동은 결국 양반층과 결합할 수 있었던 가능성을 단절하는 데 결정적 역할을 했던 것으로 보인다. 집강소의 설치 이전에는 다수의 수령과 사족이 농민군에 참여하기도 했다. 매천梅泉 황현黃玹(1855~1910)은 『오하기문梧下記聞』에서 "(1894년) 5월 이후에는 수령과 사족이 도적을 많이 따랐다"라고 했으며, 동학농민군에 참여한 익산 군수 정원성鄭源成 등 10여 명의 양반과 관료를 일일이 지적하기도 했다. 그러나 집강소기를 거치면서 이들의 참여는 다만 농민군의 토색討索과 생존의 위협에서 벗어나기 위한 일시적 방편으로 이해될 뿐이었다.

향반층, 동학농민군을 이끌다

문벌양반층과 계급적 이해가 크게 다르지 않았던 향반층은 보다 적극적으로 농민군과 결합하는 모습을 보였다. 이들은 향촌 사회에서 배타적인 문벌 집단으로부터 철저히 소외되고 있었다. 이것은 향촌 사회에서 중요한 문제였다. 이들은 물론 수령이나 중앙의 세도가와 결탁해 문벌가의 향권에 도전하거나 향촌 운영에 참여하기도 했고, 또 관직에 나아가기도 했다. 그러나 이는 일시적일 뿐 항구적일 수 없었고, 더욱이 어느 곳에서든 권력의 핵심에는 결코 접근할 수 없었다. 수령의 교체는 빈번했고, 세도정권 또한 이들의 든든한 후원자가 될 수 없었다.

향반층의 이 같은 사정은 농민에게 문벌가와 같은 강력한 경제 외적 강제를 가하는 데 많은 한계로 작용했다. 따라서 이들의 대부분은 지주 또는 부농이었지만, 농민과 상호 적대적이지만은 않았다. 도리어 농민에 대한 일정한 양보와 농민의 이해를 대변함으로써 쉽게 적대 관계를 해소할 수 있었다. 즉 이들은 흉년에 기민을 구제한다거나 농민의 부세 문제를 대변함으로써 향촌 사회에서 신망을 얻었던 진보적 사족과 같이 농민군의 존경과 보호를 얻었다. 더욱이 부세 문제에서 농민의 이해를 대변하여 자신들의 농민 수탈을 관의 수탈로 쉽게 전가할 수도 있었다.

이는 이미 1862년의 농민항쟁에서 경험한 상황이었다. 여기에 동학의 균산화均産化운동과 상호 평등사상은 이를 더욱 현실적인 것으로 만들어갔다. 즉 향반층의 경제적 기반은 농민을 적대 관계가 아니라 동학과 농민군으로 끌어들이는 데 큰 역할을 했다. 이러한 모습은 여러 농민군 지도자를 통해 쉽게 찾아볼 수 있다. 대표적 인물이 전라도 장흥의 농민군 지도자 이방언이다.

이방언은 전라도 장흥 지역에서 일찍부터 세거해온 인천이씨로 양반지주였다. 그는 장흥에서 대한제국 말 유학자로 이름을 얻은 오남吾南 김한섭金漢燮(1838~1894) 등과 더불어 고산鼓山 임헌회任憲晦 (1811~1876)에게 배움으로써 학문적 배경도 갖추었다. 그는 장흥 남 상면의 향약계를 주도하기도 했다. 말하자면 장흥에서 재지적 기반 을 갖춘 양반인 셈이었다. 그러나 그는 동학에 가담했고, 공주 우금 치전투 이후 최대의 격전이었던 장흥전투를 이끈 농민군 지도자였 다. 이방언은 왜 동학과 농민군의 대열에 가담했을까?

이방언은 양반이기는 했지만, 장흥의 문벌가는 아니었던 것으로 보인다. 말하자면 장흥향교를 중심으로 향촌 사회를 주도적으로 이 끌어가는 집안은 아니었다. 따라서 이방언은 향촌 운영에서 소외되 어 있었고, 또한 김한섭 등과 함께 동문수학했지만 가문의 명망으로 는 그들을 능가할 수 없었다. 또한 성리학을 바탕으로 한 기존의 학 문적 기반도 주도적 집단들이 이미 장악하고 있었다. 따라서 이방언 이 새롭게 마련할 수 있는 공간은 사실상 없었다.

더구나 당시 농민이 겪는 참담한 현실 속에서 성리학은 더 이상 학 문적 이상과 현실의 간격을 좁히거나 현실에 봉사할 수 있는 학문이 아니었다. 도리어 현실과는 어긋나고 있었다. 이방언은 이 같은 현실 과 학문 사이의 괴리를 타파하기 위해 새로운 사상, 새로운 학문 그 리고 새로운 지지 기반을 모색했을 것이고, 이것이 그가 동학에 참여 하게 된 중요한 요인이었다고 생각된다. 특히 그는 농민의 어려운 처 지를 이해할 수 있는 입장이었고, 부세 수탈로 고통스러워하는 농민 의 짐을 덜어주기 위해 감세減稅를 적극 주장하기도 했다.

이 같은 과정과 결과를 통해 이방언은 농민의 신망과 존경을 받을 수 있었고, 이것이 향촌 사회에서 그의 기반을 튼튼하게 하는 데 얼

마나 큰 힘으로 작용하는지도 실감할 수 있었다. 농민의 절대적 신뢰
와 지지야말로 더할 나위 없는 진정한 힘이었다. 농민의 지지가 기존
사족 집단은 물론이고 관권도 능가함은 임술농민항쟁을 겪으면서 이
미 경험한 바였다.

그러나 농민의 절대적 지지는 봉건 왕조 또는 보수 지배 세력으로
부터 가혹한 탄압을 초래하는 것이었다. 개인의 힘으로는 이를 감당
할 수 없었다. 이방언은 변혁을 이끌 농민의 절대적 지지를 획득하
고, 보수 지배층의 보복에서 벗어날 수 있는 길을 동학과 동학의 조
직에서 확인하게 된다. 이것은 동학에 참여했던 많은 진보지식인과
향반층의 공통된 사정이었을 것으로 보인다.

이방언 등과 같은 향반층이 가지는 이러한 위상과 입장은 개인적
인 것만이 아니었다. 그들은 강한 혈연적 결속을 유지하던 동성촌락
의 대표자라고 할 수 있었다. 이러한 사정에서 이방언과 비슷한 손화
중孫化中(1861~1895) · 김개남 · 김학삼金學三 등을 비롯한 대부분의 향
반층도 동학과 동학농민전쟁에 거족적으로 참여할 수 있었던 것이
다. 즉 손화중 가문에서는 동생 손익중, 처남 유공선, 족질族姪 손여
옥 등 20여 명이 동학농민전쟁에 참여한 죄로 처형됐고, 김개남 가문
에서는 24명의 접주가 나왔으며, 장흥의 김학삼 가문은 이방언 가문
과는 인척 관계였고 일족 다섯 명이 역시 농민전쟁에 참여하여 희생
됐다.

이들은 부농이거나 지주로서 경제적 기반을 가지고 있었다. 이러
한 경제적 기반은 동학과 동학농민전쟁에 보다 많은 농민을 동원할
수 있는 물적 토대로 작용했다. 수령의 수탈에 시달리던 빈한한 농민

으로서는 생계유지가 보다 현실적인 문제일 수밖에 없었다. 그것은 경제적 기반을 확보했던 접주 휘하의 동학 조직에 참여함으로써 일정 부분 해결할 수 있었다. 아무튼 향반층이 가지는 족적 배경과 사회경제적 기반은 동학과 동학농민전쟁에 하층민의 참여를 더욱 고양시켰고, 이것은 또한 동학과 동학농민전쟁에서 차지하는 향반층의 위치와 활동을 가늠하게 해준다. 동학 또는 동학농민전쟁의 중요 지도자의 상당수는 바로 이들 향반층이었다.

보수 지배층, 동학농민군 색출에 적극 나서다

동학농민군이 봉기해 활동하던 지역과 그 인근에는 민보군民保軍·수성군守城軍·집강소執綱所·유회군儒會軍·의병義兵 등 다양한 이름의 반反동학농민군 세력이 조직되어 동학농민군을 색출하고 탄압했다. 말하자면 이들은 향촌 사회의 지배층을 중심으로 조직된 반동학농민군 세력의 결집체였던 셈이다. 이들 세력의 결집과 활동은 동학농민전쟁 발발과 동시에 시작된 것이 아니다. 그것은 이미 그 이전 동학이 확산되던 초기부터 보수 지배층에 의해 적극적으로 전개되고 있었다.

향촌 사회의 사족층은 관권과 연합하거나 서원과 향교를 통해, 또는 개별 촌락을 단위로 하여 직접적이면서도 보다 적극적으로 동학 확산에 대응했다. 그러나 동학은 도리어 지배층의 농민 통제 조직을 해체하면서 농민과 결합함으로써 반봉건운동을 전개해 나갔다. 동학농민군이 봉기하여 그 위세를 드높였을 때 향촌 지배층의 이러한 조직은 아무런 문제가 되지 않았다. 그러나 농민군의 활동이 미약한 곳이나, 2차 봉기 이후 농민군의 주력 부대가 다른 지역으로 이동했을 때 그리고 농민군의 패배가 확실해지는 시기에는 지배층이 면·리의 조직 등을 완전히 장악함으로써 민보군 또는 수성군의 활동을 뒷받침해주었다.

아무튼 동학농민전쟁기 농민군에 참여했던 향촌 지배층은 농민전쟁 패배와 더불어 철저히 제거됐지만, 민보군에 참여했던 향촌 지배층, 특히 보수양반은 결코 가능해 보이지 않았던 개화 정권 및 일본 제국주의 침략 세력과 연합함으로써 일시적으로 계급적 모순을 해소할 수 있었다. 그러나 이것은 그야말로 일시적인 것에 불과했다. 개화 정권과 일제 침략 세력에 의해 얻어진 향촌 지배층의 계급적 이해는 민족 모순의 심화 속에서 보장될 수 없었다. 향촌 지배층과 일제 침략 세력과의 연합은 이들이 민족 모순보다 계급 모순의 해결을 더욱 시급한 것으로 인식했음을 뜻한다. 이것은 바로 이후 이들이 중심이 되어 전개한 반일 의병 활동의 결정적 한계로 작용할 수밖에 없었다.

동학농민군의 패배는 밑으로부터의 개혁이 좌절된 것이며, 동시에 이후 일본의 침략이 더욱 본격화·구체화되는 것을 의미한다. 그리고 동학농민군의 패배는 그들 자신의 주체적 역량 부족으로 인한 것이었다기보다는 외세의 간섭과 침략, 이를 불러들인 정부, 이들과 결국은 결탁을 하고 만 보수 지배층이 만들어낸 결과였다. 따라서 동학농민군의 패배는 그들만의 것이 아니라 결국은 우리 모두의, 우리 역사의 좌절이고 실패였던 셈이다.

혁신 유림,
신학문을 배우다

유림, 위정척사에 매진하다

19세기를 흔히들 제국주의의 시대라고도 하고, 서세동점西勢東漸의 시대라고도 한다. 서양의 세력이 동양으로, 조선으로 밀려들어오기 시작한 것이다. 프랑스와 미국, 곧 서양 오랑캐가 조선에 들어와 소란을 일으킨 두 차례의 양요洋擾가 그것이다. 흥선대원군은 쇄국의 빗장을 걸고 이들과 맞서 싸워 물리쳤다. 조정의 확고한 정책과 재야 유림의 굳센 신념이 합쳐지면서 그런대로 선전할 수 있었다. 그러나 이것은 맛보기에 불과했고, 대원군 또한 권좌를 오래 지키지 못하면서 안팎으로 흔들리기 시작했다. 조정에서는 개화를 들먹였고, 재야의 유림은 위정척사衛正斥邪를 부르짖었다. 개화란 문호를 개방하여 통상通商과 함께 서양의 근대 문물을 받아들이자는 것이고, 위정척사란 반대로 서양의 종교와 제도·문물을 배척함으로써 조선의 사상과 체제를 지키자는 것이었다.

1876년 강화도 앞바다에서 계획된 일본의 무력 도발은 왜와 서양 오랑캐를 분리해 대응하고자 했던 조선의 자주적 개항開港조차 무산시키고 말았다. 개항은 대원군 집권 이래 구체화된 척사의 분위기를 더욱 고조시켰다. 유림의 입장은 조정의 생각과 달리 왜적과 서양이 전혀 다를 바 없다는 것이었다. 그러나 조정의 입장을 바꿀 수도, 서로 타협할 수도 없었다.

비록 개항을 했다 한들 모든 문제가 해결되는 것은 아니었다. 당시 조선이 해결해야 할 문제는 한편으로는 제국주의 침략 세력으로부터 국권을 어떻게 지켜낼 것인가였고, 다른 한편으로는 봉건적인 조선의 체제를 어떻게 개혁하여 근대 체제로 전환해 나갈 것인가였다. 어느 것 하나 쉬운 일이 아니었다.

당시 조선의 조정은 대체로 청과 맺은 전통적 관계 위에서 동양의 유교 도덕 같은 정신을 유지한 채 서양의 기술 문명만을 받아들여 부국강병을 이룩하자고 생각했다. 그러나 위정척사론자와 백성은 이를 받아들일 수 없었다. 우선 이런 정책으로 피해를 입은 군인이 불만을 터뜨렸다. 임오군란壬午軍亂(1882)이 그것이다. 사건을 수습할 능력이 없었던 민씨 정권은 청나라에 더욱 의존했다. 일부 젊은 개화파 관료는 이런 친청親淸 정책을 강력히 반대하면서, 일본의 메이지유신을 본보기로 삼아야 한다고 주장했다. 말하자면 개화파 내부가 급진파와 온건파로 갈라진 것이다. 이들은 여러 문제로 서로 부딪쳤다. 젊은 급진개화파는 1884년 마침내 정변을 일으켰다. 그러나 아쉽게도 일본에 너무 의존했고, 따라서 대중의 지지도 받지 못했다.

급진개화파가 실행한 위로부터의 개혁은 실패했다. 개혁은 여전히 더 절실히 필요했다. 마침내 동학농민군이 일어났다. 조정에서는 급기야 외세를 불러들이기까지 했다. 청군에 이어 출병한 일본군은 경복궁에서 쿠데타를 일으키고 친일 개화 정권을 등장시켜 동학농민군 토벌에 나섰다. 재야의 유림은 민족 모순의 심화와 왜에 적대적 인식을 가졌음에도 개화 정권, 나아가 일본과 손을 잡았다. 결국 외세의 침략을 물리치기보다는 양반의 계급적 이익을 지키기에 더 급급했다. 이로써 동학농민군은 철저히 궤멸됐고, 이제 일본은 거칠 것이 없었다.

1895년 음력 8월에는 명성황후 시해 사건이 일어났고, 10월에 이르러 단발령이 공포됐다. 의병이 곳곳에서 일어났다. 시해 사건보다는 단발령이 더 큰 문제가 됐다. 시해 사건은 먼 조정에서 일어난 일이었고, 그 진위도 분명치 않았다. 무엇보다 관료들이 알아서 할 일이었다. 반면에 상투가 잘리는 문제는 지금 당장 자신들에게 닥친 일이니 더 절실하게 와 닿을 수밖에 없었다. 단발은 조상으로부터 물려받은 신체의 일부를 훼손하는 것이라 문제가 되기도 했지만, 친일 개화 정권에서 강압적으로 실시했기에 반발이 더욱 컸다. 상투는 곧 조선 문명의 상징이었다. 따라서 단발은 조선 문명의 상실임과 동시에 오랑캐로 전락하는 것을 의미했다. 이를 막기 위해서 사람들은 죽음조차 두려워하지 않았다.

일본의 침략 야욕은 거칠 것이 없었다. 마침내 1905년 을사늑약이 체결되어 대한제국은 외교권을 빼앗겼다. 뜻있는 지사는 자결과 상소운동으로 대응했다. 각국 공사관에도 그 부당함을 호소했지만, 누구도 귀 기울여주지 않았다. 맞서 싸운 것은 역시 의병이었다.

충효재 충효재는 1905년 경상도 영천 일대에서 의병 활동을 했던 정환직·정용기 부자의 전공을 기리기 위한 재사. 정환직은 을사늑약이 체결된 후 아들과 함께 의병을 일으켜 강릉을 거쳐 서울로 진격하고자 했다. 그러나 아들 정용기가 일본군과의 전투에서 전사하자 아들을 대신하여 산남창의진(山南倡義陣)의 제2대 대장에 취임했다. 이후 여러 전투에서 승리했으나 1907년 청하군 각전에서 패배하여 총살됐다.

의병은 두 개의 큰 적과 맞서야 했다. 하나는 계속되는 고종의 의병 해산 명령이었고, 다른 하나는 최신식 무기로 무장한 일본군이었다. 둘 다 쉬운 상대가 아니었다. 고종의 의병 해산 명령은 고종의 진의眞意가 무엇인지를 두고 늘 헷갈리게 했다면, 일본군은 무서운 화력과 조직력을 가지고 있었으니 이 역시 대적하기 어려웠던 것이다. 의병은 수적으로 월등한 우위에 있었는데도 소수의 일본군에게 크게 패할 수밖에 없었다. 사실 제대로 된 전투조차 불가능했다.

초기에 의병을 주도했던 이들은 다름 아닌 유림이었다. 이들을 척사유림이라 한다. 의병전쟁을 거치면서 유림이 겪은 손실은 대단히 컸다. 안동의 퇴계 종택이 두 번이나 불탔고, 경상도 영천에서는 의병을 일으킨 정환직鄭煥直·정용기鄭鏞基 부자가 전사하기도 했다. 무엇보다도 최초의 의병전쟁이었던 안동의 태봉전투에서 패전과 희생이 적지 않았고, 을미의병 당시에는 1천 호에 달하는 안동 시가지가 불태워졌다. 의병 활동의 자금은 안동의 각 문중에 배당됐다. 내앞川 前 문중은 800냥을 부담했다. 이로 인한 경제적 손실도 적지 않았다. 그러나 거듭되는 패배에도 물러서지 않았다.

이들의 위정척사 의지는 한결같았다. 지배층으로서 또는 지식인으로서 그들 나름의 책무를 다했다. 그들은 당연히 가야 할 길을 갔던 것이다. 나라가 망하는 마당에도 그들의 생각은 바뀌지 않았다. 위정척사 정신은 이후에도 계승되어 일제강점기 독립운동의 든든한 한 뿌리가 됐다.

척사에서 개화로

의병전쟁을 겪으면서 일부 유림은 그 한계를 절감하기 시작했다. 의병전쟁만으로는 국권을 지킬 수 없다고 생각했다. 산업 부흥과 인재 양성이 필요하다는 것을 절감했다. 이를 위한 계몽운동은 이미 일찍부터 일어나고 있었다. 독립협회의 활동이 그러했고, 대한자강회나 대한협회가 그러했다. 이들은 유림의 의병 활동에 대해 적대적인 생각을 가지고 있었다.

유림 또한 계몽운동을 배척했다. 어느 세월에 실력을 양성할 것이며, 결국은 일제의 앞잡이가 되는 것이 아닌가 하는 의구심을 떨치지 못했다. 이런 사정에도 유림의 일부는 계몽운동으로 전환했다. 특히 척사의 전통이 강한 영남에서, 그것도 그 핵심지인 안동에서 변화가 있었다. 이들은 일찍부터 척사로부터 멀리 떨어져 있거나, 방관자적 입장을 견지했던 것이 아니다. 직접 의병에 참여해 활동했고, 서원 복설을 청원하거나, 사재를 털어 가야산에 의병 기지를 건설하여 각지의 의병과 함께 일제에 대항하고자 했다. 말하자면 척사 이념을 몸으로 실천하던 유림이었다. 동산東山 류인식柳寅植(1865~1928), 석주石洲 이상룡李相龍, 백하白下 김대락金大洛, 일송一松 김동삼金東三 등이 바로 그들이다. 이들은 실패와 좌절을 통해 마침내 새로운 세상을 볼 수 있었다.

척사에서 개화로 가장 먼저 눈을 돌린 대표적 인물은 류인식이다. 그는 안동의 전주류씨 명문가 출신으로, 당시 영남의 유림을 대표하던 척암拓庵 김도화金道和(1825~1912)의 문인이었다. 그는 29세에 과거길에 나섰다가 온갖 부정과 폐단을 직접 목격하고는 고향에 돌아와 학문에만 몰두했다. 그러나 급변하는 세상은 그를 학문에만 전념하게 버려두지 않았다. 과거를 포기한 다음 해에 동학농민전쟁이 곳곳에서 일어났다. 이를 감당하지 못한 정부는 청에 군대를 요청했고, 이를 빌미로 일본 또한 파병했다. 류인식은 내란에 외국 군대를 끌어들이는 일은 나라가 망하는 길이라고 크게 탄식했지만, 달리 방도를 찾지 못했다.

1895년에는 일제가 을미사변乙未事變을 일으키고 단발령을 실시하자 안동에서도 이를 반대하는 의병이 일어났다. 류인식은 격문을 보내 동지를 규합하여 청량산에 들어가 의병 항쟁을 펼쳤다. 그러나 관군에게 패하고 말았다. 이후 그는 산에 은거하거나 전국의 산수를 찾아 지형을 살펴 구국 항쟁을 도모하고자 했다.

1903년 무렵 한계를 느낀 류인식은 다시 학문에 매진하고자 성균 관으로 유학했다. 서울에 머물면서 여러 동지를 만났다. 특히 단재丹 齋 신채호申采浩(1880~1936)를 통해 개화사상에 눈을 뜨기 시작했다. 신채호는 고루한 영남의 학술을 개혁하지 않으면 안 된다고 역설했 다. 물론 쉽게 승복하거나 납득할 수 없어 몇 날을 두고 다투기도 했 다. 그러나 그가 내민 "신서新書 몇 권을 보면서 이전에는 알지 못했 던 여러 가지 사실에 눈이 휘둥그레지고 정신이 어리둥절하여 그 형 상을 무어라고 말할 수 없는 충격"[1]에 휩싸이게 됐다. 여기에 러일전 쟁이 일어나자 그 본질이 우리나라를 차지하기 위함임을 사람들이 알지 못하는 현실을 크게 안타까워했다. 이런 과정을 거치면서 류인 식은 무엇보다도 교육의 필요성을 절감했다. 이러한 인식의 변화는 그가 영남에서, 그것도 40여 년간 정통 유학자의 가문에서 자라고 공 부해왔다는 점에서 더욱 주목할 만한 일대 사건이었다. 류인식과 같 은 경우는 전국적으로도 그리 흔한 일이 아니었다.

이후 류인식은 성균관에 머물면서 청나라 사람이 경영하던 서점에 가서 신서적을 종일토록 탐독하기도 했고, 혁신을 위해서는 형식부 터 바꾸어야 한다는 생각에 단발을 단행하기도 했다. 겨레가 죽음과 멸망의 길로 내몰렸는데, 상투가 무슨 소용이냐는 것이었다. 큰 결단 이었다.

서울 생활을 접고 고향 안동으로 돌아온 류인식은 학교를 설립하 고자 노력하는 한편, 노비를 해방하고 적서의 차별을 타파하는 데 앞 장섰다. 학교 설립은 완고한 보수 유림의 반대로 쉽게 뜻을 이룰 수

안동 협동학교 교사들 둘째 줄 왼쪽이 류인식이다. 이들 모두는 단발을 했다. 단발과 신식 교육을 했다는 이유로 보수 의병의 공격을 받아 교사 두 명과 직원 한 명이 살해당했다. 류인식을 제외하고는 모두 서울에서 온 선생님으로 보인다. 경상북도 독립운동기념관 소장.

없었다. 그러던 차에 1906년 반포된 고종의 흥학興學 조칙과 경상도 관찰사의 흥학 훈령이 아주 좋은 빌미를 제공했다. 더구나 이를 통해 기존의 서당 재산을 전용하는 것이 가능해져 재정을 확보함으로써 학교를 설립할 수 있게 됐다. 김동삼이나 이상룡, 김대락 등 많은 동지와 선배도 뜻을 같이했고, 의성김씨와 고성이씨의 지지와 문중 재산이 무엇보다도 큰 힘이 됐다.

이렇듯 보수 유림으로서 새로운 사상, 새로운 학문을 받아들인 이들을 혁신 유림이라 한다. 유학의 가치와 생활 의례를 준수하면서도 서양의 학문을 수용한 것이다. 말하자면 보수와 진보를 통합한 셈이다.

안동의 신식 학교는 1907년 마침내 가산서당可山書堂에서 협동학교協東學校라는 이름으로 개교하게 됐다. 이후 김대락의 사랑채, 정재 류치명의 종택을 교사校舍로 이용하면서 1918년까지 5회의 졸업생을 배출했다. 1919년 3·1운동을 계기로 휴교 조치됐다가 결국 강제 폐교되고 말았다. 여기서는 민족교육과 함께 서구의 신학문도 중요한 교과목이었다. 80명 정도로 파악되는 졸업생 대부분은 이후 만주로 망명하거나 안동에 남아 독립운동의 주역으로 성장했다.

협동학교의 여정은 결코 순탄할 수 없었다. 개교 직후 내려진 일제의 사립학교령(1908)은 협동학교의 민족교육을 방해했다. 그러나 더 큰 시련은 류인식이 아버지로부터 의절당하고 스승으로부터 파문당한 것이었다. 이것은 가슴 아픈 일이었지만 개인의 문제일 뿐이었다. 1910년에는 급기야 예천 등 인근 지역에서 활동하던 의병이 기습하여 교사와 서기 등 세 명을 학살하는 어처구니없는 사건이 발생했다. 단발과 신식 교육에 대한 적대감은 이렇게 컸다. 보수 유림과 혁신 유림 간의 갈등과 대립을 여실히 보여주는 사건이었다.

류인식은 기습 사건 때의 광경을 "머금었던 눈물이 마구 흐르고 손가락에 흐르는 피가 흥건했으니, 그 괴로운 심정과 순수한 마음은 신명神明에게 물어볼 수 있을 것"이라고 했다. 그러면서도 "물이 충격을 받으면 그 흐름이 급해지고, 바위에 눌려도 죽순이 곧게 자라듯이 일반 임원 및 생도들과 더불어 지극히 어려운 일을 용감하게 결단한 것은 나아감만 있고 물러섬이 없다는 의지를 보여준 것"이라고 했다.[2]

의병 기습 사건에도 류인식은 절망하지 않고 꿋꿋하게 계몽운동을 계속해 나갔다. 비록 "반대하는 일파에서 온갖 수단으로 방해하여 비방하는 의론이 함께 일어나고 원수처럼 여기는 이들이 서로 이어 져" 있음에도 한결같이 꺾이지 않고 맹세코 전진할 것을 천명하기도 했다. 협동학교도 각지의 위로와 의연금, 토지를 기부받아 회생할 수 있었다. 신문에서는 애도와 함께 영남의 보수 유림을 비판했다.

류인식은 협동학교뿐만 아니라 다양한 조직을 설립하는 데 앞장서 거나 적극적으로 참여하여 활동했다. 류근柳瑾·장지연張志淵 등과 함 께 대한협회의 발기인으로 그리고 안동지회 설립에도 직접 참여했 다. 중앙의 교남교육회와 안동의 지회 설립에도 적극적이었다. 이들 조직은 정치운동에 중점을 둔 활동이나 신식 교육을 진흥하기 위한 일을 주로 했다.

그러나 이러한 교육계몽운동도 나라가 망하는 것을 막지는 못했 다. 계몽운동을 주도하던 혁신 유림 대부분은 1910년에 나라가 망하 자 만주로 망명했다. 물론 서울에 있던 신민회新民會와 같이 상의한 계획에 따른 것이었다. 안동의 망명객은 간도에 세운 독립운동 기지 인 삼원보三源堡에 자리를 잡았다. 불순한 기후와 풍토병, 마적의 창 궐 등 생존이 급급한 상황에서도 경학사耕學社와 신흥학교新興學校를 세워 생활 안정과 독립군 양성에 힘을 쏟았다. 이로써 청산리전투 승 리의 토대를 만들었다.

류인식도 협동학교를 다른 사람에게 맡기고 만주로 망명하여 독립 운동 기지 건설에 온 힘을 쏟았다. 1912년에는 독립운동 자금을 모으 기 위해 귀국했다가 체포된 이후 국내에 남아 『대동사大東史』 3권 11 책을 집필했고, 계몽운동을 펼쳤다. 『대동사』는 만주 지역을 한민족

역사의 중심 무대로 설정하여 단군조선에 이어 기자조선과 부여, 고구려와 신라·백제, 발해와 통일신라를 각각 남북조南北朝로 파악해 서술한 역사서. 1920년대에는 노동운동, 특히 좌우합작체인 신간회新幹會 안동지회의 초대 회장을 맡기도 했다. 그는 1928년 64세를 일기로 파란 많은 일생을 마감했다.

스승으로부터 파문당하다

류인식은 서울에서 스스로 상투를 자르고 고향에 돌아와 교육계몽운동을 펼치고자 했다. 이것은 보수적인 안동 사회에서 혁명적인 사건이었다. 뜻을 함께하는 사람도 있었지만 소수였고, 대부분은 비방하고 방해했다. 아버지도 스승도 친척도 친구도 마찬가지였다. 몹시 슬퍼하고 괴로워하지 않을 수 없는 일이었다. 그러면서도 자신의 생각과 행동은 하루아침에 바뀐 것이 아님을 강조했다. 즉 40여 년이나 가친家親의 가르침으로 시례詩禮의 전통을 익힌 자신이 지난 10년 동안 스스로 경험하고 연구한 결과라고 했다.

나는 10여 년 이래로 산을 넘고 바다를 건너며 갖은 풍상을 겪었다. … 산을 바다로 떠내려 보낼 만큼의 비방과 그 험하다는 구당협瞿塘峽이나 맹문산孟門山보다도 더 험난한 험담이 사방에서 몰려들어 7척 단신을 천지간에 용납할 수 없게 됐다. 그러나 스스로 마음을 살펴보아도 다른 생각 없이 근실함을 하늘에 질정할 수 있으니, 사람들이 능멸하여도 마음을 움직일 수 없다. 차라리 한 고을의 완고한 사람들에게 죄를 얻을지언정 온 나라 사회에 죄를 지어서는 안 되며, 차라리 한 시기 향원鄕愿에게 죄를 지을지언정 백세의 공의公議에 죄를 지어서는 안 되는 것이다. 바라건 대 하늘에 계신 영령의 도움으로 10여 년의 시간을 빌릴 수 있다면, 동포 의 손을 이끌고 청년을 불러일으키며 일개 국민의 책임을 저버리지 않고 그것으로 우리 2천만 형제와 동고동락하고 싶다. 그 성패는 오직 하늘의 명을 들을 뿐 미리 내다볼 일이 아니다.[3]

저 또한 10년 전에는 완고한 사람이었습니다. 병신년(1896)과 정유년 (1897) 이후에 천하의 사변을 한 번 겪고, 나라 안의 명사들과 교제를 맺 으며, 해외의 기이한 책을 열람했습니다. 이에 놀라고 두려우면서도 시원 하게 깨달아서 유신사상에 걷잡을 수 없이 쏠리는 마음을 막을 수 없었습 니다. 그 때문에 천전의 여러분들과 협동학교를 창설하고자 눈물을 씻으 며 마음속으로 맹세했습니다. 그러나 반대하는 기세가 날마다 더욱 팽창 하고 원한이 서로 이어지고 재앙의 변고가 끝이 없어 이제까지의 험난함 을 말하려고 하면 눈물이 줄줄 흐릅니다.[4]

오늘날 문족은 걸핏하면 선조의 향화香火가 중하다고 합니다. 그러나 이뿐만 아니라 다만 어리석고 지식이 없어 집요하게 옛것에 집착하고 세 계의 풍조가 어떠한지 알지도 못합니다. 그런데도 그들의 주장은 대개 "차라리 (나라를) 빼앗길지라도 저 이적 금수를 배우는 자와는 같이 살 수 없다"라고 하며 조화하기를 부끄러워합니다. … 지금 신학을 반대하는 자는 반드시 "저 학교는 외래의 학문이요 바르지 않은 주장이니 선비는 가까이하지 않아야 한다"라고 합니다. 모르겠습니다만 이런 주장을 하는 자가 공맹의 학문을 탐구하여 무엇을 알며, 과연 척사부정斥邪扶正의 책임을 맡을 수 있는 자이겠습니까?[5]

앞의 인용문은 족질에게, 뒤의 두 인용문은 족숙族叔에게 보낸 편지다. 비방은 옛날만이 아니라 나라를 빼앗긴 이후에도 계속됐다. 신학문을 하는 자는 금수이고, 이를 배운 자와는 비록 나라가 망하더라도 함께할 수 없다는 것이 보수 유림의 생각이었다. 류인식은 이런 비방 가운데서도 협동학교를 세워 청년에게 신학문을 가르쳤다.

그리고 신학문을 하지 않을 수 없음을 바로 구학문의 폐단에서 찾았다. 구학문의 폐단이란 "시골 선비는 마을 서당에서 시나 짓고 표表니 책策이니 또는 운韻에 맞추는 글이나 가르치고, 문장가는 유림에서 꽃피는 아침이나 해 지는 저녁의 풍경을 곱게 꾸미는 기술이나 가르치며, 산림의 나이 든 유학자는 이러니저러니 장황한 해설이나 하는 문장과 이기理氣 문제에 깊이 파고드는 학설을 가르치니, 이것이 과연 수신修身·제가齊家·치국治國에 얼마나 긴요한 문제이며, 만일 이런 선비들이 세상에 쓰이게 된다면 이것으로 무슨 일을 할 수 있겠느냐"고 류인식은 항변했다.[6]

나아가 구학문은 사람 가르치는 법도가 얕고 비루하기 때문에 인재가 나오지 않고, 풍습이 날로 무너지며, 학술이 크게 잘못되어 선비라는 자도 다만 개인의 이득만 알 뿐 공익을 알지 못하고, 보신책만을 알 뿐 나라의 우환을 알지 못한다고 했다. 그러니 이런 선비가 억만 명인들 장차 어디에 쓸 수 있겠느냐고 묻는다.

더구나 지금 우리나라는 작은 반도 국가로서 호랑이와 승냥이가 서로 다투며 병탄하려는 상황에 처했다. 학술은 고루하고 선비의 기상土氣은 부패하며 재원은 고갈되고 정령政令은 문란해졌으니 누구라도 나라가 망하고 민족이 궤멸할 것을 알 텐데, 이런 상황에서 민족을 유지할 사람은 국왕도 아니고 정부도 아니며 백성은 더더구나 아니다. 그 책임을 감당할 사람은 다름 아닌 사대부라고도 했다.

그런데도 유독 영남만은 옛것을 고집하여 변하지 않음으로써 스스로 멸망의 길로 나아가고 있으니 어찌해야 하느냐고 그는 울분을 토했다. 그러니 스승(김도화)께서는 신학문을 배척해서는 안 되며, 자식과 문하의 제자에게도 학교에 가도록 명해야 한다고 했다. 그렇게 하지 않는다면 나라가 망할 것이며, 젊은 신진기예新進氣銳는 향후 반드시 요란하게 떠들며 스승을 비난할 것이라고 했다.[7] 비난받을 사람은 오직 스승뿐만이 아니었다. 나라의 멸망에 대해서는 황실과 정부에도 책임이 있지만, 유림과 구학자舊學者 또한 그 죄에서 벗어날 수 없다고 했다.

지금 우리나라가 이런 지경에 이른 것이 어찌 그 까닭이 없겠습니까? 황실의 기강이 힘이 빠져 당연히 화를 불렀으나 전적으로 황실에 떠넘기는 것은 마땅하지 않으며, 정당이 부패하여 멸망에 이르렀으나 오로지 정부에만 책임 지우는 것도 마땅하지 않습니다. 지난날의 이른바 유림과 구학자에게 어찌 그 죄가 없겠습니까?[8]

아, 슬프다. 논자들은 망국의 근원이 오로지 정부에 있다고 하지만, 나는 유림도 그 책임을 피할 수 없다고 생각한다. 정부가 그 시작을 열고 유림이 그 마침을 이루었고, 정부가 그 원인을 심었고 유림이 그 열매를 맺었으니 서로가 돕고 서로가 의지했다.⁹

그래서 류인식은 장문의 편지를 써 스승에게 고하면서 스승도 변할 것을 당당하게 건의했다. 그뿐 아니라 나라가 이 지경에 이르게 된 데는 스승과 영남의 유림에게도 책임이 있음을 지적했다. 만일 통렬히 개혁하여 일신하지 않는다면 국가는 유지될 수 없고, 민족은 보존될 수 없을 것이라고 경고하기도 했다.

류인식을 비방하는 사람은 스승뿐만이 아니었다. 친척도 그러했고 친구도 그러했다. 다름 아니라 상투를 잘랐다는 것과 신학문을 배운다는 것 때문이었다. 그렇지만 그는 좌절하거나 절망하지 않았다. 대신 그들에게 당당하게 맞섰다.

한번 외양을 바꾼 이래 만났던 친척이나 친구들에게 노여워하는 이에게는 노여움으로 답하고, 비웃는 이에게는 비웃음으로 답하고, 말이 없는 이에게는 말 없음으로 답하고, 비꼬아 비방하는 이에게는 비꼬아 비방함으로써 답했습니다. … 귀하께서는 그들을 구속하고 붙잡아매어 물들지 말라고 경계하고 가까이하지 말라고 가르치면서, 신학문을 가리켜 거짓 학설이라고 하고 생도들을 보기를 마치 짐승처럼 하시니, … 새나 짐승과는 함께 무리를 이룰 수 없는 법, 제가 지금부터 더불어 교유할 사람은 단지 민머리에 검은 옷을 입고 사회 활동에 분주한 사람일 것이며, 감히 다시는 사대부 복장으로 산림에서 도를 강마하는 인사와는 대오를 이루지

않을 것입니다.¹⁰

비방에 당당하게 맞설 뿐만 아니라, 신학문을 거짓 학설이라 하고 생도를 짐승처럼 대하는 사대부와는 교유하지도, 함께 대오를 이루지도 않을 것임을 단호하게 말한다. 류인식이 이런 사대부를 단호하게 배척한 것은 이들이 신학문을 비방하고 생도를 짐승처럼 대하기 때문만은 아니었다. 이들이 나라를 멸망으로 내몬 장본인이기 때문이었다. 그래서 그의 문집인 『동산문고東山文稿』 「태식록太息錄」에서는 정부와 함께 유림의 갖은 부패를 논한 다음, 거듭하여 "오늘날 민족의 책임은 전적으로 유림에게 있다"라고 단언하기까지 했다. 그러나 아쉽게도 이 부분은 자료가 결락되어 그 구체적인 내용을 살펴볼 수 없다.

류인식의 보수 유림에 대한 비판은 이렇듯 『동산문고』 곳곳에서 보인다. 여기서 전부를 소개할 수 없음이 아쉬울 따름이다. 혹 관심이 있다면 그의 문집을 살펴보길 권한다. 현대문으로 잘 번역되어 있으니 읽기에 불편함이 없을 것이다. 조선 후기, 특히 이 시기의 문집은 류인식이 지적했듯이, 시부詩賦나 풍경을 읊고, 안부나 묻고 죽음을 애도하는 글이 대부분이다. 그래서 연구자들로부터도 크게 주목받지 못한다.

그러나 류인식의 문집에서는 나라가 망하고 민족이 궤멸되어가던 시기에 무수한 비방과 방해를 딛고 신문물의 수용과 유림 사회의 개혁을 주장했던 그의 절규를 생생하게 마주할 수 있다. 말하자면 혁신 유림으로서 독립운동에 앞장섰던 그의 삶이 오롯이 담겨 있다. 오늘날에도 유림을 자처하는 사람이 많으니, 한번 읽어보길 거듭 권한다. 류인식의 절규를 오늘날 우리가 다시 되새겨야 할 것은 아닌지 한 번쯤 되짚어볼 일이다. 그리고 판단하라. 보수 유림의 구습을 답습할 것인지, 아니면 혁신 유림의 정신을 계승할 것인지.

미 주

제1부 신분

양반은 누구이고, 선비란 무엇인가
* 정진영, 「안동에는 왜 양반이 많은가」, 『안동문화의 수수께끼』, 지식산업사, 1997; 정진영, 「안동 양반의 성격과 활동」, 『안동양반의 생활문화』, 국립안동대학교 민속학연구소, 2000; 정진영, 「향촌 사회에서 본 조선 후기 신분과 신분변화」, 『역사와 현실』 48, 한국역사연구회, 2003 등을 참고할 수 있다.
1. 박지원, 『연암집(燕巖集)』 권10, 「잡저(雜著)」, '원사(原士)'.

양반의 조건, 성과 이름
* 정진영, 「한국의 성과 본관」, 『역사비평』 53, 2000; 정진영, 「왜, 김씨 이씨가 많은가: 우리 성과 본관의 역사」, 『내일을 여는 역사』 22, 2005; 정진영, 「성씨와 촌락」, 『지방사연구입문』, 2005 등을 참고할 수 있다.
1. 이수건, 「조선 초기 토성(土姓)연구」, 『민족문화논총』 18, 1997, 영남대학교 민족문화연구소.

족보, 양반의 가계 기록
* 정진영, 「족보에도 가짜가 있나요」, 『조선시대 사람들은 어떻게 살았을까』 1, 청년사, 1996; 정진영, 「한국의 성과 족보」, 『한국의 문화유산』, 부산대학교 출판부, 1998 등을 참조할 수 있다.
1. 정약용, 다산연구회 역주, 『역주 목민심서』 4, 「병전(兵典) 6조(條)」, '첨정(簽丁)', 창작과비평사, 1985.

양반이 되고자 한 '새로운 세력'
* 정진영, 「농민전쟁기 향촌지배층의 대응」, 『1894년 농민전쟁연구』 5, 1996; 정진영, 「조선 후기 향촌 양반사회의 지속성과 변화상 1: 안동 향안의 작성과정을 중심으로」, 『대동문화연구』 35, 1999; 정진영, 「국가의 지방 지배와 새로운 세력」,

『조선은 지방을 어떻게 지배했는가』, 아카넷, 2000 등을 참고할 수 있다.

1. 『정조실록』 권3, 정조 원년 3월 21일(정해).
2. 『용성지(龍城誌)』 권3, 「완의(完議)」.
3. 『일성록』, 철종 2년 4월 7일.
4. 『신증수교집록(新增受敎輯錄)』, 「호전(戶典)」, '호적조(戶籍條)'.

신분제 개혁 방안, 실학자의 생각

＊ 정진영, 「실학파의 사회개혁사상」, 『담수(淡水)』 23, 재단법인 담수회, 1994를 참고할 수 있다.

1. 박지원, 『연암집』 권17, 「한민명전의(限民名田議)」.
2. 『경종실록』 권4, 경종 1년 9월 6일(갑오).
3. 정약용, 『다산시문집』 권9, 「신포의(身布議)」.
4. 『영조실록』 권8, 영조 1년 11월 3일(정유).
5. 유형원, 『반계수록(磻溪隧錄)』 권10, 「교선지제(敎選之制)」 하.
6. 유수원, 『우서(迂書)』 권2, 「논문벌지폐(論門閥之弊)」.
7. 정약용, 『다산시문집』 권14, 「발고정림생원론(跋顧亭林生員論)」.
8. 정약용, 『다산시문집』 권9, 「신포의(身布議)」.
9. 정약용, 다산연구회 역주, 『역주 목민심서(牧民心書)』 4, 「예전(禮典)」, '변등(辨等)', 창작과비평사, 1985.
10. 정약용, 다산연구회 역주, 『역주 목민심서』 3, 「호전 6조」, '호적', 창작과비평사, 1985.

양반과 친비, 야유와 조롱의 대상이 되다

＊ 정진영, 「(안동의 인물) 초랭이」, 『(향토문화의 사랑방) 안동』 통권 6, 1989; 정진영, 「왜 '이 양반, 저 양반'인가」, 『(향토문화의 사랑방) 안동』 통권 67, 2000 등을 참고할 수 있다.

1. 1168년에 중국 남송의 여조겸이 『춘추좌씨전』의 중요한 기사를 뽑아 그 역사적 사실에 대한 득실을 평론한 책. 문장이 아름답다고 한다.
2. 정석종, 「조선 후기 사회신분제의 붕괴」, 『19세기의 한국사회』, 성균관대학교 대동문화연구원, 1972.

제2부 학문과 과거

공부와 학교
* 정진영, 「독서와 교육을 통해 본 19세기 지방지식인의 삶」, 『선생님·학생·교과서』, 국립민속박물관, 2000; 정진영, 「도산서원, 또 하나의 하늘: 양반이 아닌 사람들에게 도산서원이란 무엇인가?」, 『도산서원을 통해 본 조선 후기 사회사』, 새물결, 2014 등을 참고할 수 있다.

1. 조선총독부, 『통계연보』, 1915.
2. 이해준, 『조선 후기 문중서원연구』, 경인문화사, 2008.

과거, 출세의 관문
* 정진영, 「조선시대 양반들의 과거공부」, 『과거, 몸을 일으켜 이름을 떨치다!』, 소수서원박물관, 2010; 정진영, 「간찰, 윤색되지 않은 삶의 보고서: 안동 내앞 의성김씨 청계종택 소장 간찰자료」, 『안동 의성김씨 천전파 종택 간찰』, 한국국학진흥원, 2016 등을 참고할 수 있다.

1. 이성임, 「16세기 조선의 양반관료의 사환과 그에 따른 수입」, 『역사학보』 145, 역사학회, 1995.
2. 김건태, 「16세기 양반지주층의 경제활동」, 『역사와 현실』 16, 한국역사연구회, 1995.
3. 이상정, 『대산집(大山集)』 권42, 「잡저(雜著)」, '과거사의(科擧私議)'.

한양 천 리 길, 길을 나서다
1. 김수로(金壽老), 『중계집(重溪集)』, 「서행록(西行錄)」(1894).

유교 문화의 유물·유적
* 정진영, 「유교 문화의 유물유적」, 『한국문화와 유물유적』, 한국방송통신대학교, 2017을 참고할 수 있다.

서원, 또 하나의 '하늘': 양반이 아닌 사람들에게 서원이란 무엇인가
* 정진영, 「예안역동서원의 연구」, 『안동문화연구』 3, 안동문화연구회, 1989; 정진영, 「도산서원, 또 하나의 하늘: 양반이 아닌 사람들에게 도산서원이란 무엇인

가?」, 『도산서원을 통해 본 조선 후기 사회사』, 새물결, 2014 등을 참고할 수 있다.

1. 『서원규범(書院規範)』, 『도산원규(陶山院規)』, 임고서원(臨皐書院) 소장.
2. 이황(李滉), 『퇴계선생문집』 권41, 「이산원규(伊山院規)」.
3. 『노강서원지(魯岡書院誌)』 권3, 「재규(齋規)」.
4. 『무성서원지(武城書院誌)』 권1, 「학규(學規)」, '물론장유귀천(勿論長幼貴賤)'; 『미호집(渼湖集)』 권14, 「잡저」, '석실서원학규(石室書院學規)'. 여기서 말하는 천(賤)이란 '교생서파지류(校生庶派之類)'를 지칭한다.
5. 『헌종개수실록』 권28, 헌종 15년 7월 3일(을축).
6. 노비를 세는 단위는 '구(口)'이나 여기서는 명으로 바꾼다.
7. 이수환, 『조선 후기 서원연구』, 일조각, 2001.
8. 권상일(權相一), 『청대일기(淸臺日記)』, 계축(영조 9, 1733) 12월 11일.
9. 「도산서원 성토(聲討)와 도초쟁의(都草爭議)에 격문(檄文)」, 『동아일보』 1925년 11월 4일 자; 『동아일보』 1925년 11월 27일 자.

제3부 정치

머나먼 귀양길
* 정진영, 「섬, 소통의 공간: 김령의 『간정일록(艱貞日錄)』(1862~3년)을 통해 본 19세기 섬의 형상」, 『역사와 경제』 88, 부산경남역사연구회, 2013; 정진영, 「해기 옹 김령, 19세기 한 향촌 지식인의 삶」, 『한국인물사연구』 24, 한국인물사연구회, 2015 등을 참조할 수 있다.

벼슬에서 물러나다
1. 『명종실록』 권31, 명종 20년 12월 26일(기축).
2. 이황, 『퇴계선생문집』 권47, 「묘갈지명(墓碣誌銘)」, '가선대부 예조참판 겸 동지 춘추관사 오위도총부부총관 이공 묘갈명 병서(嘉善大夫禮曹參判兼同知春秋館事 五衛都摠府副摠管李公墓碣銘 幷序)'.
3. 박지원, 『연암집』 권10, 「잡저」, '원사(原士)'.
4. 『맹자』, 「진심(盡心)」 상.
5. 『명종실록』 권24, 명종 13년 8월 5일(기유).

6. 이황, 『퇴계선생연보』권2, 「연보」(70세).

의병, 몸을 던져 나라를 구하다

* 정진영, 「임란 전후 상주지방 사족의 동향」, 『민족문화논총』7, 영남대학교 민족문화연구소, 1987; 정진영, 「학봉 김성일과 임진왜란」, 『안동문화연구』7, 안동문화연구회, 1993; 정진영, 「경상도 임란 의병의 활동 배경과 의의」, 『지역과 역사』18, 부경역사연구회, 2006 등을 참고할 수 있다.

1. 김윤곤, 「임진란 발발 직전의 지방 군현 실태: 단양현과 언양현의 경우」, 『혜암(惠庵) 유홍렬박사화갑기념논총』, 1971.

2. 김성일, 『국역 학봉전집』권1, 「재앙을 만나 수성(修省)하기를 청하는 차자(箚子)」, 민족문화추진회, 1998.

3. 『명종실록』권22, 명종 12년 5월 7일(기미).

4. 이황, 『도산전서』권1, 「무진경연계차(戊辰經筵啓箚)」(1568).

5. 조식(曹植), 『남명집(南冥集)』, '을묘(1555)사직소', '유두유록(遊頭流錄)' 등.

6. 김성일, 『국역 학봉전집』권1, 「재앙을 만나 수성하기를 청하는 차자」, 민족문화추진회, 1998.

7. 조정(趙靖), 『임란일기(王亂日記)』, 임진 6월 24일.

8. 오희문(吳希文), 『쇄미록(鎖尾錄)』권1, 「곽재우상소(郭再祐上疏)」.

9. 이로(李魯), 『역주 용사일기(譯註 龍蛇日記)』, 부산대학교 한일문화연구소, 1960.

10. 이로, 『역주 용사일기』, 부산대학교 한일문화연구소, 1960.

11. 『선조실록』권31, 선조 25년 10월 25일(신해).

상소, 유생들의 정치 활동

* 정진영, 「19세기 후반 영남유림의 정치적 동향: 만인소를 중심으로」, 『지역과 역사』4, 부경역사연구회, 1997; 정진영, 「통문(通文), 뜻을 전하고 공론을 모으다」, 『(향토문화의 사랑방) 안동』통권 97, 2005. 3·4; 정진영, 「만인소, 영남 유생들의 집단적 정치 참여」, 『(향토문화의 사랑방) 안동』통권 100, 2005 등을 참고할 수 있다.

1. '우율승무'란 우계 성혼과 율곡 이이를 문묘(文廟. 공자를 모신 사당) 곧 성균관과 지방 향교에 배향하자는 것을 말한다. 성균관 대성전에는 공자를 비롯하여

중국의 명현과 우리나라 최치원, 이황 등 18현(賢)이 모셔져 있다. 우율의 승무
는 조선 인조 때부터 논의됐으나 인조와 효종 그리고 영남 남인들의 반대로 성
사되지 못하다가 70여 년이 지난 숙종 때에 이르러 성사됐다.

2. 정직우(鄭直愚), 『소행일기(疏行日記)』, 「통유일향문(通諭一鄕文)」.

3. 정진영, 「18~19세기 대구지역 토지거래와 지가변동」, 『조선시대사학보』 89, 조선시대사학회, 2019.

제4부 시대와 인물

16세기 비판적 재야지식인의 현실 인식과 대응

* 정진영, 「남명 조식의 현실 인식과 대응」, 『한국의 철학』 27, 경북대학교 퇴계연구소, 1990을 참고할 수 있다.

1. 조식, 『남명집』, 「을묘사직소(乙卯辭職疏)」.

2. 조식, 『남명집』, 「정묘사직정승정원장(丁卯辭職呈承政院狀)」.

3. 조식, 『남명집』, 「무진봉사(戊辰封事)」.

4. 조식, 『남명집』, 「사선사식물소(辭宣賜食物疏)」.

5. 조식, 『남명집』, 「무진봉사(戊辰封事)」.

6. 조식, 『남명집』, 「무제(無題)」.

7. 조식, 『남명집』, 「을묘사직소」.

8. 조식, 『남명집』, 「무진봉사」.

9. 조식, 『남명집』, 「차서화담운(次徐花潭韻)」.

10. 『명종실록』 권19, 명종 10년 11월 19일(경술).

11. 이이(李珥), 『율곡전서』 권29, 「경연일기(經筵日記) 2」, 선조 5년 정월조 .

12. 『서경』, 「소고(召誥)」, "오호 유왕 수소 원자재. 기비능함우소민 금휴 왕부감후용고외우민암(嗚呼 有王 雖少 元子哉. 其丕能諴于小民 今休 王不敢後 用顧畏于民嵒)".

13. 『태종실록』 권18, 태종 9년 10월 27일(을축).

14. 『태종실록』 권13, 태종 7년 6월 1일(계미).

17세기 말, 한 영남 선비의 정치 역정

* 정진영, 「『창구객일』을 통해 본 갈암의 유배와 밀암의 시종 생활」, 『창구객일연구』, 서울대학교 출판문화원, 2014를 참고할 수 있다.

1. 이현일(李玄逸), 『갈암연보(葛菴年譜)』, 갑술년(1694) 정월 11일.

2. 이현일, 『갈암연보』, 계유년(1693) 11월 23일.

19세기 한 향촌 지식인의 실천적 삶

* 정진영, 「섬, 풍요의 공간: 19세기 중반 한 유배객의 임자도 생활」, 『고문서연구』 43, 한국고문서학회, 2013; 정진영, 「해기옹 김령, 19세기 한 향촌지식인의 삶」, 『한국인물사연구』 24, 한국인물사연구회, 2015; 정진영, 「『간정일록』과 『역대천자문』 해제」, 『해기옹 김령의 임자도 유배 생활』, 국립안동대학교 안동문화연구소, 2016 등을 참고할 수 있다.

1. 홍한주(洪翰周), 『해옹시고(海翁詩藁)』 권6, 「지수집초(智水集鈔)」.

2. 허전(許傳), 『성재집(性齋集)』 권21, 「해기옹묘갈명(海奇翁墓碣銘)」(1867).

1894년 동학농민전쟁기 향촌 지배층의 동향

* 정진영, 「19세기 향촌 사회 지배구조와 대립관계」, 『1894년 농민전쟁연구』 1, 한국역사연구회, 1991; 정진영, 「농민전쟁기 향촌 지배층의 대응」, 『1894년 농민전쟁연구』 5, 한국역사연구회, 1996 등을 참고할 수 있다.

1. 『동학란기록(東學亂記錄)』 상, 「선봉진일기(先鋒陣日記)」, 국사편찬위원회, 1971.

2. 군국기무처의 1894년 6월 28일 의결.

혁신 유림, 신학문을 배우다

1. 류인식, 『국역 동산문고』, 「척암 김 선생께 올리다」(1908), 경상북도독립운동기념관, 2022.

2. 류인식, 『국역 동산문고』, 「정가범에게 보내다」, 경상북도독립운동기념관, 2022.

3. 류인식, 『국역 동산문고』, 「족질 덕윤에게 보내다」(1917), 경상북도독립운동기념관, 2022.

4. 류인식, 『국역 동산문고』, 「영암 족숙께 보내다」, 경상북도독립운동기념관,

2022.

5. 류인식, 『국역 동산문고』, 「영암 족숙께 보내다」, 경상북도독립운동기념관, 2022.

6. 류인식, 『국역 동산문고』, 「척암 김 선생께 올리다」(1908), 경상북도독립운동기념관, 2022.

7. 류인식, 『국역 동산문고』, 「척암 김 선생께 올리다」(1908), 경상북도독립운동기념관, 2022.

8. 류인식, 『국역 동산문고』, 「영암 족숙께 보내다」, 경상북도독립운동기념관, 2022.

9. 류인식, 『국역 동산문고』, 「태식록(太息錄)」, 경상북도독립운동기념관, 2022.

10. 류인식, 『국역 동산문고』, 「정가범에게 보내다」, 경상북도독립운동기념관, 2022.

참고문헌

단행본

정진영, 『조선 후기 재지사족의 촌락지배와 그 해체 과정』, 영남대학교 대학원 국사학과 박사학위논문, 1992.

_____, 『조선시대 향촌 사회사』, 한길사, 1998.

_____ 외 편, 『영남향약자료집성』, 영남대학교 민족문화연구소, 1986.

_____ 외, 『경북의병사』, 경상북도 · 영남대학교, 1990.

_____ 외, 『조선 후기 향약 연구』, 대우재단학술총서, 민음사, 1990.

_____ 외, 『경북의 향교』, 경상북도 · 영남대학교, 1991.

_____ 외, 『1894년 농민전쟁연구』 1, 한국역사연구회 · 역사비평사, 1991.

_____ 외, 『생활문화와 옛 문서』, 국립민속박물관, 1991.

_____ 외, 『원경산의 전통문화』, 경북 경산시전통문화발간위원회, 1994.

_____ 외, 『조선시기 사회사연구법』, 한국정신문화연구원, 1994.

_____ 외, 『순천시사』, 전남 순천시사편찬위원회, 1996.

_____ 외, 『1894년 농민전쟁연구』 5, 한국역사연구회 · 역사비평사, 1996.

_____ 외, 『조선시대 사람들은 어떻게 살았을까』, 한국역사연구회 · 청년사, 1996.

_____ 외, 『한말 영남유학계의 동향』, 영남대학교 민족문화연구소, 1997.

_____ 외, 『안동문화의 수수께끼』, 지식산업사, 1997.

_____ 외, 『한국사 31 : 조선 중기의 사회와 문화』, 국사편찬위원회, 1998.

_____ 외, 『한국의 문화유산』, 부산대학교 한국민족문화연구소, 1998.

_____ 외, 『우리 역사의 7가지 풍경』, 역사비평사, 1999.

_____ 외, 『한국민속의 이해』, 국립민속박물관, 1999.

_____ 외, 『경상도 700년사』, 경상북도 경상도 700년사 발간위원회, 1999.

_____ 외, 『내앞(川前) 500년』, 청계선생탄신500주년기념논문집, 2000.

_____ 외, 『안동금계마을』, 국립안동대학교 안동문화연구소, 2000.

_____ 외, 『안동양반의 생활문화』, 국립안동대학교 민속학연구소, 2000.

_____ 외, 『한국지방사 연구의 현황과 과제』, 한국사연구회총서 1, 경인문화사, 2000.

_____ 외, 『조선은 지방을 어떻게 지배했나』, 대우학술총서 477, 아카넷, 2000.

_____ 외, 『퇴계학과 남명학』, 지식산업사, 2001.

_____, 『우리 전통문화의 이해』, 중문, 2002.

_____, 『우리 역사와 현실』, 중문, 2003.

_____ 외, 『단성호적대장연구』, 성균관대학교 대동문화연구원, 2003.

_____ 외, 『고려시대의 안동』, 국립안동대학교 안동문화연구소, 2006.

_____, 『흔들리는 세상』(조선시대 24), 웅진씽크빅, 2006.

_____ 외, 『안동양반 그 겉과 속』, 성심, 2006.

_____ 외, 『지방사연구입문』, 민속원, 2006.

_____ 외, 『안동 무실마을: 문헌의 향기로 남다』, 국립안동대학교 안동문화연구소, 2006.

_____ 외, 『질문하는 한국사』, 서해문집, 2008.

_____ 외, 『한국유학사상대계 4: 사회사상편』, 한국국학진흥원, 2008.

_____ 외, 『문경 산북의 마을들』, 국립안동대학교 안동문화연구소, 2009.

_____ 외, 『경북의 민속문화』 1, 국립민속박물관, 2009.

_____ 외, 『과거, 몸을 일으켜 이름을 떨치다』, 소수박물관(영주), 2010.

_____ 외, 『안동 근현대사』 1, 국립안동대학교 안동문화연구소, 2010.

_____ 외, 『안동 근현대사』 3, 국립안동대학교 안동문화연구소, 2010.

_____ 외, 『안동 원촌마을: 선비들의 이상향』, 국립안동대학교 안동문화연구소, 2011.

_____ 외, 『안동 부포마을: 물 위로 되살려낸 천년의 영화』, 국립안동대학교 안동문화연구소, 2012.

_____ 외, 『대소헌 조종도의 행적과 사상』, 경상대학교 남명학연구원, 2013.

_____ 외, 『500년 공동체를 움직인 유교의 힘』, 한국국학진흥원, 2013.

_____ 외, *Everyday Life In Joseon-Era Korea*, Leiden(Boston), 2014.

鄭震英 外, 『契約と紛爭の比較史料學: 中近世期の社會秩序と文書』, 吉川弘文館(東京), 2014.

정진영 외, 『도산서원을 통해 본 조선 후기 사회사』, 한국국학진흥원, 2014.

_____ 외, 『전주정신과 동학농민혁명』, 동학농민기념사업회, 2014.

_____ 외, 『창구객일 연구: 밀암 이재의 유배시종일록을 통해 본 17세기 조선』, 서울대학교 출판문화원, 2014.

_____ 외, 『조선시대사 2: 인간과 사회』, 한국역사연구회, 2015.

_____ 외, 『한국학과 인문학』, 오래된 생각, 2015.

_____, 『혼인, 세상을 바꾸다』, 한국학중앙연구원 출판부, 2015.

_____ 외, 『한국문화와 유물유적』, 한국방송통신대학교 출판문화원, 2017.

논문

정진영, 「임술민란의 성격」, 석사학위논문, 영남대학교 대학원 국사학과, 1981.

_____, 「조선 후기 향약의 일고찰: 부인동 동약을 중심으로」, 『민족문화논총』 2·3, 영남대학교 민족문화연구소, 1982. 12.

_____, 「조선 전기 안동부 재지사족의 향촌지배」, 『대구사학』 27, 대구사학회, 1985. 6.

_____, 「16세기 안동지방의 동계」, 『교남사학』 창간호, 영남대학교 국사학과, 1985. 12.

_____, 「16세기 향촌 문제와 재지사족의 대응」, 『민족문화론총』 7, 영남대학교 민족문화연구소, 1986. 9.

_____, 「임란 전후 상주지방 사족의 동향」, 『민족문화론총』 7, 영남대학교 민족문화연구소, 1987. 8.

_____, 「『경자향변일기(庚子鄕變日記)』 해설」, 『민족문화논총』 9, 영남대학교 민족문화연구소, 1988.

_____, 「예안역동서원의 연구」, 『안동문화연구』 3, 안동문화연구회, 1989. 2.

_____, 「18, 19세기 사족의 촌락지배와 그 해체 과정」, 『조선 후기 향약 연구』, 민음사, 1990.

_____, 「안동지역 임란 의병의 활동」, 『안동문화연구』 4, 국립안동대학교 안동문화연구소, 1990. 1.

_____, 「16, 17세기 재지사족의 향촌지배와 그 성격」, 『역사와 현실』 3, 한국역사연구회, 1990. 12.

_____, 「조선 후기 예안향교: 교안과 전답안의 분석」, 『안동문화연구』 5, 안동문화연구회, 1991. 5.

_____, 「19세기 향촌 사회 지배구조와 대립관계」, 『1894년 농민전쟁연구』 1, 한국역사연구회, 1991. 7.

_____, 「대소헌 조종도와 존재 곽준의 의병활동」, 『남명학연구』 2, 경상대학교 남명학연구원, 1992. 12.

_____, 「조선 후기 동성마을의 형성과 사회적 기능」, 『한국사론』 21, 국사편찬위원회, 1991. 12.

_____, 「영남 향약의 형성과 변천」, 『한국향토사연구』 4, 전국향토사연구회, 1992. 12.

_____, 「학봉 김성일과 임진왜란」, 『안동문화연구』 7, 안동문화연구회, 1993. 10.

_____, 「조선 후기 촌락의 구조와 분동」, 『국사관논총』 47, 국사편찬위원회, 1993. 12.

_____, 「실학파의 사회개혁사상」, 『담수』 23, 재단법인 박약회, 1994. 10.

_____, 「조선 후기 양사재의 성격」, 『정신문화연구』 7권 4호, 한국정신문화연구원, 1994. 12.

_____, 「조선 후기 경주지역 재지사족의 향촌 지배」, 『민족문화논총』 15, 영남대학교 민족문화연구소, 1994. 12.

_____, 「조선 후기 국가의 촌락지배와 그 한계」, 『교남사학』 6, 영남대학교 국사학과, 1994. 12.

_____, 「동학농민전쟁과 안동」, 『안동문화』 15, 국립안동대학교 안동문화연구소, 1994. 12.

_____, 「조선 후기 동성촌락의 형성과 발달」, 『역사비평』 28, 역사비평사, 1995. 3.

_____, 「농민전쟁기 향촌 지배층의 대응」, 『1894년 농민전쟁연구』 5, 한국역사연구회, 1996.

_____, 「족보에도 가짜가 있나요」, 『조선시대 사람들은 어떻게 살았을까』, 한국역사연구회, 1996.

_____, "Construction et developpement du village homo-patronymique dans la deuxieme moitie de l'epoque Choson", *Revue de Coree 28-2*, Leiden(Boston), 1996. 12.

_____, 「안동에는 왜 양반이 많은가?」, 『안동문화의 수수께끼』, 지식산업사, 1997.

_____, 「19세기 후반 영남유림의 정치적 동향: 만인소를 중심으로」, 『지역과 역사』 4, 부경역사연구회, 1997. 12.

_____, 「한국의 문화유산」, 부산대학교 한국민족문화연구소, 1998.

_____, 「영남지역 지방사연구의 현황과 과제」, 『지방사와 지방문화』 1, 한국역사문화학회, 1998. 11.

_____, 「(임란 후) 사족의 향촌 지배 조직 정비」, 『한국사 31: 조선 중기의 사회와

문화』, 국사편찬위원회, 1998. 12.

_____, 「19세기 조선의 향촌 사회(고석규, 1998, 서울대출판부)」(서평), 『역사학보』 161, 역사학회, 1999. 3.

_____, 「조선시대 지방 양반들의 일상생활」, 『고문화』 53, 한국대학박물관협회, 1999. 6.

_____, 「남명 조식의 현실 인식과 대응」, 『한국의 철학』 27, 경북대학교 퇴계학연구원, 1999. 12.

_____, 「조선 후기 향촌 양반사회의 지속성과 변화상 1: 안동 향안의 작성과정을 중심으로」, 『대동문화연구』 35, 성균관대학교 대동문화연구원, 1999. 12.

_____, 「안동 양반의 성격과 활동」, 『안동양반의 생활문화』, 국립안동대학교 민속학연구소, 2000.

_____, 「국가의 지방지배와 새로운 세력」, 『조선은 지방을 어떻게 지배했는가』, 아카넷, 2000. 4.

_____, 「독서와 교육을 통해 본 19세기 지방지식인의 삶」, 『선생님·학생·교과서』, 국립민속박물관, 2000. 7.

_____, 「18세기 호적대장 '호구(戶口)' 기록의 검토」, 『한국중세사논총』, 이수건교수정년퇴임기념사업회, 2000. 8.

_____, 「안동 금계마을의 형성과 변천」, 『안동금계마을』, 국립안동대학교 안동문화연구소, 2000. 10.

_____, 「조선 후기 내앞 김문의 정치·사회 활동」, 『청계탄신기념논총』, 청계선생탄신500주년기념사업회, 2000. 11.

_____, 「한국의 성과 본관」, 『역사비평』 53, 역사비평사, 2000. 12.

_____, 「18세기 호적대장 '호(戶)'와 그 경제적 기반」, 『역사와 현실』 39, 한국역사연구회, 2001. 3.

_____, 「조선 후기 향촌 양반사회의 지속성과 변화상 2: 안동 향안의 입록인물 검토」, 『대동문화연구』 38, 성균관대학교 대동문화연구원, 2001. 6.

_____, 「백불암 최흥원의 학문과 향약」, 『한국의 철학』 29, 경북대학교 퇴계연구소, 2001. 6.

_____, 「조선 후기 호적대장 '호구' 기록의 검토」, 『대동문화연구』 39, 성균관대학교 대동문화연구원, 2001. 12.

_____, 「조선 후기 호적 '호'의 편제와 성격」, 『대동문화연구』 40, 성균관대학교 대

동문화연구원, 2002. 6.

_____, 「조선 후기 호적 '호'의 편제양상」, 『역사와 현실』 45, 한국역사연구회, 2002. 9.

_____, 「조선 후기 향촌지배정책연구(오영교)」(서평), 『한국사연구』 119, 한국사연구회, 2002. 12.

_____, 「고문서 정리카드와 서술규칙」, 『고문서연구』 22, 한국고문서연구회, 2003. 2.

_____, 「향촌 사회에서 본 조선 후기 신분과 신분변화」, 『역사와 현실』 48, 한국역사연구회, 2003. 6.

_____, 「조선 후기 호적 '호'의 새로운 이해와 그 전망」, 『대동문화연구』 42, 성균관대학교 대동문화연구원, 2003. 6.

_____, 「19세기 물레방아의 건립 과정과 그 주체」, 『고문서연구』 23, 한국고문서학회, 2003. 8.

_____, 「조선 후기 호적자료의 노비 기재와 그 존재양상」, 『고문서연구』 25, 한국고문서학회, 2004. 8.

_____, 「송암 김면의 임란 의병 활동과 관련 자료의 검토」, 『대구사학』 78, 대구사학회, 2005. 2.

_____, 「19~20세기 전반 한 몰락 양반가의 중소 지주로의 성장 과정: 경상도 단성현 김인섭가의 경우」, 『대동문화연구』 52, 성균관대학교 대동문화연구원, 2005. 12.

_____, 「경상도 임란 의병의 활동 배경과 의의」, 『지역과 역사』 18, 부경역사연구회, 2006. 4.

_____, 「고려 말 조선 전기 안동 재지사족의 성장과정」, 『고려시대의 안동』, 국립안동대학교 안동문화연구소, 2006. 10.

_____, 「촌락문서의 연구 현황과 과제」, 『영남학』 10, 경북대학교 영남문화연구원, 2006. 12.

_____, 「역사인구학 자료로서의 호적대장 이용을 위한 기초 연구: 대구부호적대장과 촌락문서의 비교 검토」, 『대동문화연구』 59, 성균관대학교 대동문화연구원, 2007. 9.

_____, 「혼인을 통해 본 영남의 양반사회(조강희, 『영남지방 양반 가문의 혼인 관계』, 경인문화사, 2006)」(서평), 『지방사와 지방문화』 10-2, 한국역사문화학회, 2007. 11.

_____, 「전주류씨와 무실마을」, 『안동 무실마을』, 국립안동대학교 안동문화연구소, 2008. 2.

_____, 「성씨와 촌락」, 『지방사연구 입문』, 민속원, 2008. 2.

_____, 「조선 후기 호적자료를 통해 본 사노비의 존재양태: 대구 경주최씨가를 중심으로」, 『지방사와 지방문화』 11-1, 한국역사문화학회, 2008. 5.

_____, 「19세기 중반~20세기 초반 재촌 양반지주가의 농업경영: 경상도 단성 김인섭 가의 가작지 경영을 중심으로」, 『대동문화연구』 62, 성균관대학교 대동문화연구원, 2008. 6.

_____, 「19세기 후반~20세기 전반 재촌 양반지주가의 농업경영 2: 경상도 단성 김인섭 가의 병작지 경영을 중심으로」, 『역사와 경제』 67, 부산경남역사연구회, 2008. 6.

_____, 「조선시대 성리학적 향촌자치제의 전개와 추이」, 『한국유학사상대계』 4, 한국국학진흥원, 2008. 12.

_____, 「이해준 『조선 후기 문중서원 연구』(2008, 경인문화사)」(서평), 『역사민속학』 29, 한국역사민속학회, 2009. 3.

_____, 「문경 산북의 마을 형성과정과 세거성씨, 자치조직」, 『문경 산북의 마을들』, 국립안동대학교 안동문화연구소, 2009. 11.

_____, 「고문서 자료 정리의 성과와 활용방안」, 『서지학보』 34, 한국서지학회, 2009. 12.

_____, 「대구지역 한 양반가의 호적자료 검토: 호(戶)의 이거와 혈연결합을 중심으로」, 『사학연구』 98, 한국사학회, 2010. 6.

_____, 「조선시대 양반들의 과거공부」, 『과거, 몸을 일으켜 이름을 떨치다!』, 소수서원박물관(영주), 2010. 11.

_____, 「개항기·대한제국기 안동의 사회경제」, 『안동 근현대사』 1, 국립안동대학교 안동문화연구소, 2010. 12.

_____, 「위정척사와 만인소, 동학의 확산」, 『안동 근현대사』 1, 국립안동대학교 안동문화연구소, 2010. 12.

_____, 「19세기 후반 정치동향과 안동」, 『안동 근현대사』 1, 국립안동대학교 안동문화연구소, 2010. 12.

_____, 「안동의 성씨와 동성마을」, 『안동 근현대사』 3, 국립안동대학교 안동문화연구소, 2010. 12.

_____, 「안동 원촌마을과 진성이씨」, 『안동 원촌마을』, 국립안동대학교 안동문화 연구소, 2011. 12.

_____, 「함께하는 삶, 부포사람들의 상부상조」, 『안동 부포마을』, 국립안동대학교 안동문화연구소, 2012. 2.

_____, 「조선시대 향촌 제 조직과 규약의 '계약'적 성격」, 『고문서연구』 42, 한국고 문서학회, 2013. 2.

_____, 「농법으로 조선시기 '영남의 부침'을 읽다(김성우, 『조선시대 경상도의 권 력 중심 이동: 영남농법과 한국형 지역개발』, 태학사, 2012)」(서평), 『지방사 와 지방문화』 16, 한국역사문화학회, 2013. 5.

_____, 「『서당의 사회사: 서당으로 읽는 조선 교육의 흐름』(정순우, 2013, 태학 사)」(서평), 『역사학보』 218, 역사학회, 2013. 6.

_____, 「섬, 풍요의 공간: 19세기 중반 한 유배객의 임자도 생활」, 『고문서연구』 43, 한국고문서학회, 2013. 8.

_____, 「섬, 소통의 공간: 김령의 『간정일록』(1862~1863년)을 통해 본 19세기 섬 의 형상」, 『역사와 경제』 88, 부산경남사연구회, 2013. 9.

_____, 「조선의 유교적 향촌공동체」, 『500년 공동체를 움직인 유교의 힘』, 한국국 학진흥원, 2013. 12.

_____, 「향약, 퇴계가 꿈꾼 이상사회」, 『안동학연구』 12, 한국국학진흥원, 2013. 12.

_____, 「한중고문서의 외형적 비교 고찰: 영남과 휘주를 중심으로」, 『고문서연구』 45, 한국고문서학회, 2014. 8.

_____, 「도산서원, 또 하나의 하늘: 양반이 아닌 사람들에게 도산서원이란 무엇인 가?」, 『도산서원을 통해 본 조선 후기 사회사』, 새물결, 2014. 12.

_____, 「'동학농민혁명＝전주정신' 정립을 위한 제언: '한국정신문화의 수도 안동' 의 사례를 중심으로」, 『전주정신과 동학농민혁명』, 동학농민혁명기념사업회, 2014. 12.

_____, 「『창구객일』을 통해 본 갈암의 유배와 밀암의 시종생활」, 『창구객일(蒼狗客 日)연구』, 서울대학교 출판문화원, 2014. 12.

_____, 「마을의 탄생, 그리고 미래: 우리는 어디에 어떻게 살고 있는가?」, 『한국학 과 인문학』, 오래된 생각, 2015. 2.

_____, 「18세기 서원 건립을 둘러싼 향촌 사회의 갈등 관계: 영조 14년(1738) 안 동 김상헌서원 건립문제를 중심으로」, 『조선시대사학보』 72, 조선시대사학

회, 2015. 3.

_____, 「사족과 농민: 대립과 갈등, 그리고 상호 의존적 호혜관계」, 『조선시대사학보』 73, 조선시대사학회, 2015. 6.

_____, 「재지사족, 향촌의 지배자가 되다」, 『조선시대사 2: 인간과 사회』, 한국역사연구회, 2015.

_____, 「해기옹 김령, 19세기 한 향촌지식의 삶」, 『한국인물사연구』 24, 한국인물사연구회, 2015. 9.

_____, 「조선시대 영남 재지사족의 연구성과와 새로운 전망(장동표, 『조선시대 영남재지사족 연구』, 2015)」(서평), 『지방사와 지방문화』 18, 한국역사문화학회, 2015. 11.

_____, 「18세기 영남 노론의 존재 형태: 영조 14년(1738) 안동 김상헌서원 건립과 훼파를 통해 본 새로운 세력에 대한 검토」, 『한국사연구』 171, 한국사연구회, 2015. 12.

_____, 「간찰, 윤색되지 않은 삶의 보고서: 안동 내앞 의성김씨 청계종택 소장 간찰자료」, 『안동 의성김씨 천전파 종택 간찰』, 한국국학진흥원, 2016.

_____, 「조선시대 향촌 양반들의 경제생활: 간찰과 일기를 통해 본 일반적 고찰」, 『고문서연구』 50, 한국고문서학회, 2017. 2.

_____, 「조선 후기 간찰 자료의 존재 형태: 문집 '서'와의 비교를 중심으로」, 『역사와 경계』 102, 부산경남역사연구회, 2017. 2.

_____, 「부자들의 빈곤 2: 18세기 중반 영남 한 향촌 양반지주가의 경제생활」, 『대구사학』 129, 대구사학회, 2017. 11.

_____, 「18세기 일기자료를 통해 본 사노비의 존재 형태: 백불암 최흥원의 『역중일기』를 중심으로」, 『고문서연구』 53, 한국고문서연구회, 2018. 8.

_____, 「대구지역 한 양반가의 일기자료를 통해 본 18세기 혼인풍속: 백불암 최흥원의 『역중일기』(1735~1786)를 중심으로」, 『고문서연구』 54, 한국고문서학회, 2019. 2.

_____, 「18~19세기 대구지역 토지거래와 지가변동: 경주최씨가의 전답 매매자료 분석」, 『조선시대사학보』 89, 조선시대사학회, 2019. 6.

_____, 「18세기 대구지역 한 양반가의 일상의례, 상례와 제례: 백불암 최흥원의 『역중일기』(1735~1786)를 중심으로」, 『민족문화논총』 73, 영남대학교 민족문화연구소, 2019. 12.

_____, 「대구지역 미가와 그 추이: 1743~1905」, 『역사와 경계』 114, 부산경남역사연구회, 2020.

_____, 「19세기 대구지역 한 양반 가문의 추수기 분석: 경주최씨가 소장자료 소개를 겸하여」, 『지방사와 지방문화』 24-1, 한국역사문화학회, 2021. 5.

기타

정진영, 「임진왜란과 남명조식 제자의 의병활동」, 『영대문화』 17, 영남대학교 영대문화편집위원회, 1984.

_____, 「일송 김동삼 선생의 삶과 그 의미」, 『(향토문화의 사랑방) 안동』 통권 5, 안동문화 사랑방, 1989. 봄.

_____, 「(안동의 인물) 초랭이」, 『(향토문화의 사랑방) 안동』 통권 6, 안동문화 사랑방, 1989. 여름.

_____, 「의병장 신돌석」, 『(향토문화의 사랑방) 안동』 통권 7, 안동문화 사랑방, 1989. 가을.

_____, 「학봉 김성일과 임진왜란」, 『(향토문화의 사랑방) 안동』 통권 23, 안동문화 사랑방, 1992. 11·12.

_____, 「안동에는 왜 갑오년의 동학농민전쟁이 없었는가」, 『(향토문화의 사랑방) 안동』 통권 35, 안동문화 사랑방, 1994. 11·12.

_____, 「독도문제, 어떻게 볼 것인가」, 『(향토문화의 사랑방) 안동』 통권 44, 안동문화 사랑방, 1996. 5·6.

_____, 「성씨와 족보」, 『한국의 문화유산』, 부산대학교 한국민족문화연구소, 1998.

_____, 「흥선대원군과 영남」, 『(향토문화의 사랑방) 안동』 통권 56, 안동문화 사랑방, 1998. 5·6.

_____, 「골라 쓴 성씨, 바꿔 쓴 본관」, 『(향토문화의 사랑방) 안동』 통권 61, 안동문화 사랑방, 1999. 3·4.

_____, 「족보, 믿을 수 있나」, 『(향토문화의 사랑방) 안동』 통권 62, 안동문화 사랑방, 1999. 5·6.

_____, 「김씨, 이씨 왜 모여서 사는가」, 『(향토문화의 사랑방) 안동』 통권 63, 안동문화 사랑방, 1999. 7·8.

_____, 「왜, 삼년상인가」, 『(향토문화의 사랑방) 안동』 통권 64, 안동문화 사랑방, 1999. 9·10.

_____,「남자가 장가를 가다」,『(향토문화의 사랑방) 안동』통권 65, 안동문화 사랑방, 1999. 11·12.

_____,「여자들은 문밖출입을 삼가라」,『(향토문화의 사랑방) 안동』통권 66, 안동문화 사랑방, 2000. 1·2.

_____,「왜 '이 양반, 저 양반'인가」,『(향토문화의 사랑방) 안동』통권 67, 안동문화 사랑방, 2000. 3·4.

_____,「동해, 조선해 그리고 일본해」,『(향토문화의 사랑방) 안동』통권 87, 안동문화 사랑방, 2003. 7·8.

_____,「교지, 가문의 영광」,『(향토문화의 사랑방) 안동』통권 90, 안동문화 사랑방, 2004. 1·2.

_____,「과지와 홍패, 백패」,『(향토문화의 사랑방) 안동』, 통권 91, 안동문화 사랑방, 2004. 3·4.

_____,「호구단자와 준호구」,『(향토문화의 사랑방) 안동』통권 92, 안동문화 사랑방, 2004. 5·6.

_____,「분재기, 재산을 상속하는 문서」,『(향토문화의 사랑방) 안동』통권 93, 안동문화 사랑방, 2004. 7·8.

_____,「사고파는 문서, 매매문기」,『(향토문화의 사랑방) 안동』통권 94, 안동문화 사랑방, 2004. 9·10.

_____,「양반의 명부, 향안」,『(향토문화의 사랑방) 안동』통권 95, 안동문화 사랑방, 2004. 11·12.

_____,「왜, 김씨 이씨가 많은가: 우리 성과 본관의 역사」,『내일을 여는 역사』22, 재단법인 역사와 책임, 2005.

_____,「소지(所志): 억울하면 소송을 하라」,『(향토문화의 사랑방) 안동』통권 96, 안동문화 사랑방, 2005. 1·2.

_____,「통문(通文), 뜻을 전하고 공론을 모으다」,『(향토문화의 사랑방) 안동』통권 97, 안동문화 사랑방, 2005. 3·4.

_____,「향교의 고문서들」,『(향토문화의 사랑방) 안동』통권 98, 안동문화 사랑방, 2005. 5·6.

_____,「만인소, 영남 유생들의 집단적 정치 참여」,『(향토문화의 사랑방) 안동』통권 100, 안동문화 사랑방, 2005. 9·10

찾아보기

조선시대 양반과 선비 1

삶 그리고 이상

지은이 정진영
펴낸이 윤양미

펴낸곳 도서출판 산처럼
등 록 2002년 1월 10일 제1-2979
주 소 서울시 종로구 사직로8길 34 경희궁의 아침 3단지 오피스텔 412호
전 화 02) 725-7414
팩 스 02) 725-7404
E-mail sanbooks@hanmail.net
홈페이지 www.sanbooks.com

제1판 제1쇄 2024년 4월 25일

값 24,000원

* 잘못된 책은 바꾸어드립니다.

ISBN 979-11-91400-15-1 94910
ISBN 979-11-91400-14-4 94910(세트)